往事並不如煙

章詒和

獻給我的父親和母親

章伯鈞（後左一）、李健生（前左一）、章詒和（懷抱）1943年攝於重慶。

上：反右前夕的章伯鈞。
下：章伯鈞1956年出訪歐洲六國。

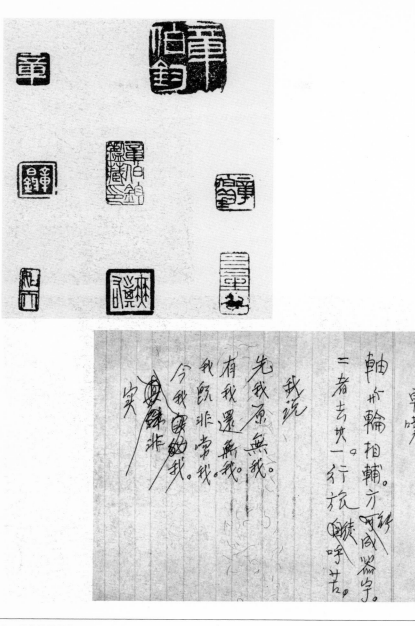

上：章伯鈞的印章。

下：章伯鈞手跡。

章伯鈞对人說：

中国社会主义里没有加上英美的議会政治是一件大憾事

正是想草宪法，以周总理为首的中共代表团代表全国人民用尽心机向蒋介石争民主权利的时候，在一个月色朦朧之夜，漫步回中山新村的途中，章伯鈞向邵力子和我談心事时說，"今天我們是同志、朋友，大家一样。将来一旦揭开二帘子，登了政治舞台，君就是君，臣就是臣"。我們听了不禁为之毛骨悚然，君臣之分，即主奴之分。这就是"社会主义"者章伯鈞理思中的"民主""自由"的王国。章伯鈞認为中国没有經过资产阶级民主，中国的社会主义里没有加上英美的議会政治，是一件大大的憾事。其实章伯鈞之志，何止于资产阶级的民主。惟常乐道刘邦、朱元璋屠殺開国的大功臣，認为是历史規律。苏共二十次代表大会揭露斯大林后，他認，你争、古今争，包括社会主义国家都是一样。历史肯定的是不会倒退回去的。讓殺功臣魂的章伯鈞于著急吧！

抗战胜利前夕，农工民主党中央商議改换党名（当时一般称之为第三党），章伯鈞一个人坚持用民主工民主党名称。大家反对的理由是：共产党是工人阶级的政党，同时也真正代表了农民的利益。即农工二字，不仅可能被人認为是要与共产党争天下，且与党的實質相冲突之干。章伯鈞的意見会上呈然沒有通过，但他事后說到处散布第三党改名农工民主党的窗气，渐渐蜕皮成事实。到1947年在上海开第四次干部会議时，大家只好承認了。事后章的对人說了，"你們怕与共产党有抵触，我說，就是要和共产党争天下！"

夸耀蔣介石　鄙視共产党

希望在"南北朝"中施展抱負

抗战胜利后，当我們陪侯于遯宁过上，每当他回到上海的时候，我們期待好消息的心情，常因他生疏遲鈍的一套沉重起来。如蒋的实力多少，装备如何，战斗力如何，将領們又是怎样。最后，还有美国心心之意，美国一定不会讓蒋介石失败。对马歇尔，司徒雷登更是贊不絕口。談到共产党，人民解放軍时色觉得有些溷气，这也不行，那也困难，好像章人看不起劳方的样子。起初認为共产党只能活动在黄河流域，后来的結論是："誰也消灭不了誰，誰也不能战性谁。"至多是个"南北朝"，是个相持的局面。即長江以北是共产党，江南是蒋介石及其他。在这相持的局面下，第三方面大有可为。后来民盟被追解散，章伯鈞悲观失望，躲在楊虎公

（右上截去部分文字）章伯鈞对中共当时对香港的几位负責人的看法，过去某某等領导工作，无能，不激大体，不济，結果搞乱，搞坏了工作，大失人心，才是潘认到情况有所改變，認为潘能干，有办法。但这还只是表面的一套，事实上章伯鈞对中共是誤入骨髓的。

我因为出乎意料以来，章伯鈞怀疑我入了共产党。最近，（三个礼拜前）他还听季的談吐，严信我当初是共产党嵌来監視他的。所以想見了我，有时感情有些拘束起来。

有一天上午，我專訪談到九老章伯鈞寓所去談話，有李健生在場。我介紹了解放区情况，談到各种政情，談到统一战线，談到周总理对他的期望。我看章伯鈞的臉色发白，他猛然站起身来，翻抖抖地喊叫"毛澤东是中国历史上第一个大流氓"。我猛还是勸他冷静一点，理智一点。一場談話就是这样地不欢而散了。

这就是章伯鈞对六亿中国人民热爱的领袖，对一向与中国人民由胜利走向胜利的毛澤东主席的报告——彭隆基說，把他的骨头熬成灰，也找不到反对社会主义反对社会主义的企圖和阴谋。我借这句話说，把人民和它的先鋒队章伯鈞的骨头熬成灰，我找到的也只是反对共产党，反我們的国家社会主义的道路上去，反主义的企圖和阴谋。

可是大家都听到章伯鈞的口口声声說：他热爱中国的面統一下子就全站共产党，热爱毛主席。好，到北京后的事情再突觉。

（标题是编者加的）

章伯鈞：「我这个部长，就是守灵牌」

资本主义之位

米谷　1956/1 谷

（右栏残缺）
"你們不能夠，只能……理，要办个政治性
潘政治性是什么呢，……像光明日报、文匯报……共反人民反社会主义……越过这个界限来賺美……办个刊物来源源交，攻……來指导全盟走英美式的……这个阴谋之所以过分……一时还找不到别他們……住了，却做不到彼此……为，就是企圖在我……与中国人民由胜利走向……——全国人民代表大会……目的不外是要使这……产党反对社会主义的企圖阴谋……

章罗合作……
章伯鈞组织……
党内部的部署……
制，把政协变……
院，政协有篇……
大有希选举权……
不同意见，實……
他还說这个主……
們还应该在……
有什么人反对什么人反对……
本院小說是水……
大资阶，而且是……
一、二百万部……
了能爭坐这个……
石也曾坐在一……
一起沒有拆散他的……
一切反人民没……
定是要被人民……
靠的。

他們未攻……
党，他是想对……

1957年反右期間的報紙。

上：三十年代章伯鈞、李健生在日本。
下：1950年章伯鈞（前右）、李健生（前左）、彭澤民（後右）和丘哲在中山公園的合影。

上：李健生在黃山（攝於八十年代中期）。
下：李健生在題詞（攝於八十年代）。

上：六歲的章詒和在香港和六十年代大學讀書時期的章詒和。
下：1964年的章詒和與母親在成都的合影。

上：四十年代的史良。
下：五十年代的史良與外國友人合影。

上圖：1957年反右前的《光明日報》報頭。

下右：儲安平三十年代在英國。

下左：儲安平主編的《觀察》是1946年9月1日於上海創刊的政治時事性周刊。

上：三十年代的張伯駒。
下：1956年張伯駒、潘素夫婦捐獻《平復帖》等八件的褒獎狀。

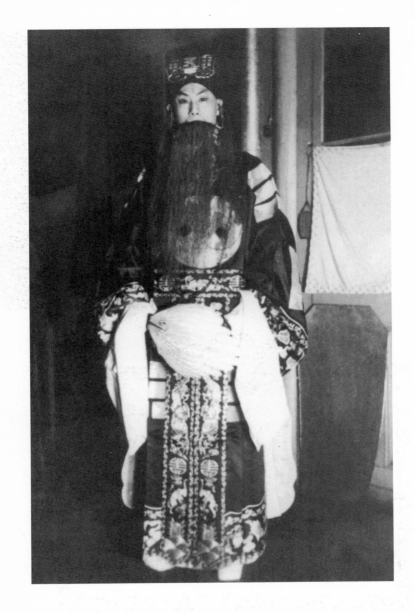

張伯駒在京劇《空城計》裡扮演的孔明。

上左：三十年代的潘素。
上右：張伯駒、潘素合作的《梅菊圖》（潘素寫菊石、張伯駒寫梅並題）。
下圖：潘素在寫字（攝於八十年代）。

上：京劇名家余叔岩的便裝照。
下：京劇名伶孟小冬。

上：京劇《甯武關》，左為余叔岩，飾周遇吉；右為錢金福，飾李過。
下：京劇《四郎探母》，左為余叔岩，飾楊延昭，右為張伯駒，飾楊延輝。

右：京劇名演員小翠花的便裝照。

左：京劇《馬思遠》中由小翠花扮演的趙玉兒。

上左：1920年前後的康有為。
上右：1903年的康有為。
下圖：康有為（中）與次女康同璧（左一）、長女康同薇（右二）之合影。

康有為一家在上海，攝於1921年。

上：年輕時的康同璧。下：晚年的康同璧。

左為康同璧贈章伯鈞水墨山水圖。右為康同璧贈李健生青綠山水圖。

上右：聶紺弩1928年在南京與周穎結婚。
上左：聶紺弩和李健生（攝於七十年代末）。
下圖：聶紺弩（後左二）出獄回京，1976年11月2日在北京站與迎接他的周穎（前中），
　　　駱賓基（前右一）、戴浩（後右二）等人合影。

上左：聶紺弩在家裡下棋。
上右：聶紺弩五十年代與女兒海燕攝於北京。
下圖：1985年樓適夷看望聶紺弩。

上：羅隆基在辦公室。
中：周穎和朱靜芳（攝於七十年代末）。
下：朱靜芳（後左一）、王德芬、蕭軍（前左一）、聶紺弩、周穎攝於七十年代末。

后来章詒和向剧团领导呈上请求批准她待婚（时年廿六岁章剧团领导不但
予批准反而威胁她说要矛盾上缴逮捕法办艾时章詒和已怀孕在身感到
前途与望思目毅逐回京诀别老母不久四川省公安厅即派人来京将章
詒和逮捕回川（六九年十二月监禁一年之后突然判处有期徒
仍然是根据她笔记和日记中的思想友映罪徵成脉
尊敬的邓副主席，我目念和伯钊乡年未追随党和
伟大领袖和導师毛主席，並亲聆周恩理的教诲我相信党但这件了
使我惑痛惭愧疑虑不解。

（一我認为少女的问题是原打思想花畔的问题若说她思想样动切私自离京
即遭逮捕而所以逮捕她主要是保疑她有艾他反革命活动但在监禁一年期间已
她確与艾他现行反革命活动僅乡因么私自回。趣家兔说缺乏请假手续但足
不足以严重到构成刑事处分判处二十年的重刑

上：李健生手跡。
下：五十歲的章詒和。

1946年11月17日，民盟領導人到南京中共代表團駐地送別周恩來（左一）時的合影。
鄧穎超（左二）、羅隆基（左三）、李維漢（左四）、張申府（左五）、沈鈞儒（右五）、董必武（右四）、
黃炎培（右三）、章伯鈞（左六）、張君勱（右二）、王炳南（右一）。

彭澤民（後左四）、黃琪翔（後左五）、余心清（前左四）等人，於1934年3月21日晚歡送章伯鈞（前左三）、李健生（前左二）赴日，攝於香港皇后大道。

1922至1926年留學德國的章伯鈞（後左二）與張申府（前右一）、劉清揚（前右二）在柏林的合影。

章伯鈞（左一）、沈鈞儒（左三）、羅隆基（左四）、浦熙修（左五），攝於抗戰時期的重慶。

章伯鈞（左）、沈鈞儒（中）、羅隆基（右），1946年8月25日在民盟舉行的上海記者招待會上。

五十年代章伯鈞（前左一）、羅隆基（前左二）、史良（前左三）、郭沫若（右二），在世界和平大會期間參觀工廠。

1949年中國人民政治協商會議第一屆全體會議在北京舉行期間，中國民主同盟與會代表合影。
前排右起：史良、丘哲、沈鈞儒、張瀾、劉王立明、費孝通、李相符。
中排右起：李文宜、張東蓀、章伯鈞、羅子為、胡愈之。
後排右起：羅隆基、周鯨文、楚圖南、周新民、葉篤義、辛志超。

1949年中國人民政治協商會議第一屆全體會議期間,中華全國新聞工作者協會籌備會代表合影。
前排右起:王芸生、金仲華、胡喬木、楊剛、鄧拓。
中排右起:趙超構、郡宗漢、惲逸群、徐邁進、徐鑄成。
後排右起:儲安平、陳克寒、劉尊棋、張磐石。

目錄

煙霧繚繞中的真人實事

林博文

不信青春喚不回，不容青史盡成灰；

低徊海上成功宴，萬里江山酒一杯。

——于右任：壬子元日

近幾年來，中國大陸屢有轟動海內外的好書問世，如楊絳的《我們仨》、陳桂棣與春桃合著的《中國農民調查》以及章詒和的《往事並不如煙》。尤其是《往事並不如煙》，其中篇章在《老照片》雙月刊連載時，即人人談論；結集出書後，更是洛陽紙貴，傳誦寰宇；知識分子競相走告，紛以讀過《往事並不如煙》為傲，華人讀書界油然形成了「爭讀章詒和」的現象。

章詒和的父親章伯鈞，乃是四、五十年代鼎鼎有名的黨外人士、第三勢力領袖。章伯鈞熱中政治，也愛買書、藏書、讀書和結交朋友；章詒和從小在父母親身邊親眼看到父執輩的風采，親耳聽到他們的韻事，而她本人亦在青少年時期和這些長輩多所往來。家學淵源的章詒和，在動亂的政治環境中成長，並曾以「現行反革命」的罪名入獄十年，但她刻苦用功，為自己打下了深厚的國學根

底，而她又具有觀察入微、牢記於心（作者自謙「記性差得驚人」）的本事，故能為我們留下一部生動、感人的歷史記錄與時代投影。

《往事並不如煙》這本書所寫的人物包括：史良、儲安平、張伯駒夫婦、康同璧母女、聶紺弩和羅隆基，這些人都是中國現代史上有頭有臉、有血有肉的人物。律師出身的史良，一九三六年（民國廿五年）十一月為推動抗日，與沈鈞儒、沙千里、章乃器、王造時、鄒韜奮、李公樸等上海救國聯合會七名首腦，同被國民黨逮捕，史稱「七君子事件」。史良於一九四二年加入章伯鈞等人發起組織的中國民主政團同盟（兩年後改名為中國民主同盟）；中共建國後，出任司法部長。儲安平曾創辦《觀察》雜誌，四十年代末嚴厲抨擊國民黨一黨專政，讀者極多，影響至大。風骨嶙峋的儲安平可說是書生論政的偉大典範，有些人把雷震在台灣主持的《自由中國》半月刊，與儲安平的《觀察》，視為現代中國最光彩照人的時評刊物。

夙有「民國四公子」之一美稱的張伯駒，是個多才多藝的收藏家，琴棋書畫詩詞戲曲金石，無一不精，他親筆所寫的悼念陳毅的輓聯〈軍聲在淮海，遺愛在江南〉，毛澤東為之動容。張伯駒和潘素夫婦，以及康同璧與羅儀鳳母女，都是很注重生活品味的人，康同璧的父親是晚清名人康有為，章伯鈞說康同璧母女是「中國的最後貴族」，她們在灰色慘淡的制式年代，所懷念不已的，「還是風雅、細膩、高度審美化、私人化的日子。而康家老宅及舊式禮儀及衣冠所蘊含的溫煦氣息和超凡意境，又使每個人自動獲得了精神歸屬和身分確認。」

作家聶紺弩「對腐朽、污穢、庸俗的事物，有著超乎常人的敏感與憤怒」，他和張伯駒是兩個

完全不同典型的人，聶紺弩脾氣剛烈、嫉惡如仇，章詒和說：「他的精神和情感始終關注著國家、社會。就是押在大牢，也從未放棄這種關注。」又說：「聶紺弩的火氣不單屬於個性問題。他能恪守良知，清醒地保持著一個知識分子社會文化批判的堅韌和敏銳，使思想擺脫外力的操作，回到了自身的軌道，……」不少人認為章詒和寫得最好的一篇是〈一片青山了此身──羅隆基素描〉，她把風流才子羅隆基寫活了。與胡適、梁實秋都有交情的羅隆基，是個絕頂聰明的政治學者兼政治活動家，不到四年時間即獲哥倫比亞大學政治學博士學位。他和章伯鈞一樣酷愛政治也參與政治，兩人個性雖異，命運卻相同，都在毛澤東泛濫成災的整人哲學下，被套上所謂「章羅聯盟」的枷鎖。四十年代中期，羅隆基和他的好友聞一多激烈批評國民黨，黨喉舌《中央日報》蓄意影射羅、聞是紅色分子，謔而極虐地宣稱羅、聞應改名為「羅隆斯基」和「聞一多夫」。

章詒和筆下的人物，都各有各的人格特質，也都各有各的才情面貌。儘管如此，他們卻淪於同一命運，都在毛澤東的絕對控制下，苟延殘喘、恐懼徬徨，他們都在同一土地上經歷中國歷史上前所未見的一個荒謬時代與黑暗日子。人性的起碼尊嚴，非唯蕩然無存；個人的丁點自由，更是化為烏有。對章伯鈞、儲安平、羅隆基而言，經此世變，真是情何以堪！他們都是反國民黨的急先鋒，討厭國民黨的人，怎麼會喜歡共產黨呢？一個不把人當人的社會，一個只會踐踏知識分子的毛王朝，章伯鈞、儲安平、羅隆基怎麼能活下去呢！

章詒和有次與聶紺弩對話，引述其父的話說：「父親講，讀馬（克思）恩（格斯）要看德文版的，蘇聯的俄譯本不行。一九六○、六一年的時候，提出馬克思主義學說的核心是階級和階級鬥

爭，父親聽了怒不可遏，說：『把馬克思主義說成是階級和階級鬥爭學說，叫混蛋邏輯。』話的尖

銳以及聲音之大，把我和媽媽都嚇呆了。他很反感把馬克思主義說成之四海而皆準的眞理。」

在風聲鶴唳的文革年代，一天，章伯鈞約了老戰友、「七君子」之一的章乃器，秘密在康同璧住宅

見面。話題說到了文革，章乃器說：「從表面看來，這個運動像是突然發生的。但歷史從來沒有什

麼東西是突如其來的，其中不爲人知的原因，恐怕已醞釀多年。外因是有感於蘇聯的現實，看到

看，發動文革這個念頭，內因是源於他（指毛澤東）的帝王思想。」章伯鈞則一針見血地說：「依我

史達林死後出了個赫魯雪夫，他就憂慮得睡不好覺了，還給人家取了名字，叫修正主義。於是，在

反修的旗號下，趁著自己還活著，就先要把中國的赫魯雪夫挖出來。至於他和劉少奇的矛盾，決不

像報紙上寫的那樣吧。」

談到文革的後果，章乃器表示：「一場文化大革命，給中國形成了兩個極端。一個是極端個人

崇拜；一個是極端專制主義。這兩件東西，自古有之。文革是把它發揮頂峰了。」風趣的康同璧看

到二章侃侃而談，禁不住說道：「今天哪裡是兩個大右派的聚會，我看是三個大右派的沙龍。」

章詒和不僅生動、細緻地記述了史良、儲安平、張伯駒夫婦、康同璧母女、聶紺弩和羅隆基等

人，在人生困頓中的喜怒哀樂；更可貴的是，她也寫出了那個時代的陰影，以及活在陰影下的許多

大小人物，讀後總是令人掩卷太息。

最喜歡藉政治運動搞整肅、清算、鬥爭的毛澤東，於一九五七年上半年發動「百家爭鳴、百花

齊放」運動，號召知識分子對黨和國家政策發表意見，沒想到大批高級知識分子員的大鳴大放，紛

紛把心裏對黨和國家的不滿，盡情宣洩出來。社會學家費孝通寫了一篇膾炙人口的〈知識分子的早春天氣〉，儲安平批評中共「黨天下」，羅隆基尖銳地說：「現在是無產階級的小知識分子領導資產階級的大知識分子」。毛澤東看到知識分子的熱烈直言，他火大了，特別是羅隆基那句話和儲安平的「黨天下」論，老毛憤怒極了，大鳴大放變成引蛇出洞，他決定把鳴放運動轉向為整風運動，開始反右，大整知識界和政界的異己，至少五十萬人被戴上右派帽子，遭到人格上、生活上及政治上的極端歧視和嚴重打擊。一言以蔽之，反右運動打開了毛澤東以「哲學家皇帝」統治全中國的「潘朵拉的盒子」（Pandora's Box）。從此，直到老毛病死，中國大陸實際上就是一座「毛記煉獄」。

一九九〇年秋天，一群研究中國現代史的美國學者，在華盛頓和李大學（Washington & Lee）舉行三天的「二十世紀中國的反對派政治」研討會，這是西方學者首次聚集一地討論中國政治中最脆弱的一環──在野的反對勢力。與會學者提出了數十篇論文，探討張君勱、羅隆基、儲安平、鄧演達、黃炎培、梁漱溟、晏陽初、沈定一、吳晗、曾琦等人物；以及第三勢力、自由主義、救國會、中華職業教育社、鄉村建設、平民教育、民盟、國民參政會、無政府主義、青年黨等小黨派。

美國學者提出了一個令人深思的問題：如果在二十年代開始，當政的不是國民黨亦非共產黨，則中國政治將會是怎樣的一個局面？除了國民黨和共產黨，中國還有沒有別的政治選擇？有沒有第三條路可走？「二十世紀中國的反對派政治」研討會，即是要探討長久以來一直被忽略、被漠視的小黨派的命運。

德高望重的前民社黨領導人之一蔣勻田，七十年代在香港《中華月報》發表一系列參與國共和

談的文章，後由香港友聯出版社結集出書，書名就叫《中國近代史轉捩點》。書中提供了作者和章伯鈞、羅隆基、梁漱溟、黃炎培、毛澤東、周恩來、孫科等第三勢力、共產黨及國民黨領導層打交道的第一手資料，極為珍貴。中共要人葉劍英讀後，囑人傳話蔣勻田，謂該書：「所言皆真」。蔣勻田提到張君勱負責草擬《中華民國憲法》時，羅隆基、章伯鈞、沈鈞儒皆反對第一條條文〈中華民國基於三民主義〉一詞，周恩來、秦邦憲卻不表態。經討論後，大家贊成保留此句，章伯鈞則建議在「民有、民治、民享之共和國」內，加上「民主」二字，變為「民有、民治、民享之民主共和國」，全體皆無異議。

蔣勻田筆下各黨各派集思廣益的場面，而今安在哉！國民黨拒第三勢力於千里之外，共產黨亦視第三勢力如糞土。反右以後，大陸知識分子被整，讀書人對政治噤若寒蟬；同樣地，國民黨亦在蔣介石的主導下，封殺了《自由中國》半月刊，雜誌發行人雷震坐牢十載。常在《自由中國》發表政論的台大哲學系教授殷海光，更是慘遭國民黨特務的不斷壓制。國民黨的雷震當年在舊政協常和章伯鈞、羅隆基等人一起開會，然晚年卻同遭政治噩運，真是國共「隔海同唱」的一大諷刺！

章詒和說她偕母親於一九八五年前往北京八寶山公墓追悼史良，民盟中央的幹部已不知民盟創始人章伯鈞、李健生夫婦為何許人。其實，海內外中青年一代知道羅隆基、儲安平、聶紺弩、張伯駒、康同璧和史良的人，也已不多了。好讀書的人、關心兩岸民主走向的人，正好利用展讀《往事並不如煙》的機會，重溫那一段擾攘不安的歲月，重新認識章詒和筆下的人物。透過這些人物的身影，我們會更了解過去，也會更惕屬未來。

自序

這本書是我對往事的片段回憶，但它不是回憶錄。

在中國和從前的蘇聯，最珍貴和最難得的個人活動，便是回憶。因為它是比日記或寫信更加穩妥的保存社會真實的辦法。許多人受到侵害和驚嚇，銷毀了所有屬於私人的文字紀錄，隨之也抹去了對往事的真切記憶。此後，公眾凡是應該做為記憶的內容，都由每天的報紙社論和文件、政策、決議來確定。於是，歷史不但變得模糊不清，而且以不可思議的速度被改寫。這樣的「記憶」就像手握沙子一樣，很快從指縫裏流掉。從前的人什麼都相信，相信……後來突然啥都不信了。何以如此？其中恐怕就有我們這個社會長期迴避真實、掩蓋真實、拒絕真實的問題。

我這輩子沒有什麼意義和價值，經歷了天堂、地獄、人間三部曲，充其量不過是一場孤單的人生。我拿起筆，也是在為自己尋找繼續生存的理由和力量，拯救我即將枯萎的心。而提筆的那一刻，才知道語言的無用，文字的無力。它們似乎永遠無法敘述出一個人內心的愛與樂、苦與仇。

寂靜的我獨坐在寂靜的夜，那些生活的影子便不期而至，眼窗裏就會湧出淚水，提筆則更是淚流不止，毫無辦法，已成疾。因為一個平淡的詞語，常包藏著無數寒夜裏的心悸。我想，能夠悲傷

也是一種權利。

往事如煙，往事並不如煙。我僅僅是把看到的、記得的和想到的記錄下來而已，一共寫了六篇，涉及八人（不包括我的父母）。這些人，有的深邃如海，有的淺白如溪。前者如羅隆基、聶紺弩，後者如潘素、羅儀鳳。他（她）們有才、有德、有能，除了史良，個個心比天高、命比紙薄。可說而不可看，或者可看不可想。過去，咱們這兒總喊「解放全人類」，卻殘酷地踐踏身邊的人。

其實，不論貴賤和成敗，人既不應當變爲聖像，也不應當遭受蔑視。

書是獻給父母的。他們在天國遠遠望著我，目光憐憫又慈祥。

二〇〇三年八月二十一日於北京守愚齋

章詒和

這是《往事並不如煙》的臺灣版。與大陸版、牛津版（更名《最後的貴族》）相比，有以下兩點不同。

一，增加了題爲〈越是崎嶇越坦平〉的訪談錄。七年前的東西了，是應作家方方之邀而作。她在武漢將所問之題，用電話告訴我；我在北京用筆墨回覆。成文後刊於一九九七年五月《今日名流》雜誌的卷首。作爲主編的方方，還撰寫了一篇題爲〈必須回首的往事〉的社評。讀之淚下，對父輩

的苦難人生，她是懂的。今將這篇訪談錄列入其內，無非是想讓海那邊的朋友對先父生平概況有個大致的瞭解。因為《往事》述說的是父母幾個朋友的故事，但父母二人既是故事的背景，也是首尾之貫穿。二，最近大陸讀者仍有來函，指出書中的一些疏漏或錯誤，今借時報文化公司在臺灣出版之機，一一作出更正，特此說明。

章詒和

二〇〇四年十月二十八日於北京守愚齋

正在有情無思間

——史良側影

史良（一九〇〇——一九八五）江蘇常州人，女。一九三一年後，任上海律師公會執行委員，上海婦女救國會常委。一九三六年被國民黨所逮捕，為歷史上著名「七君子」之一。抗日戰爭期間，在武漢、重慶等地從事民主運動。一九三八年後，任婦女指導委員會委員兼聯絡會主任，第一、二屆參政員。一九四二年，任民盟中央常委、重慶市支部組織部長。解放戰爭期間，為上海民盟執行部負責人之一。一九四九年後，任國家司法部部長，全國婦聯副主席，民盟中央副主席、主席。是第二至四屆全國人大常委，第五、六屆全國人大常委會副委員長，第二至五屆全國政協常委。

——摘自《二十世紀中國名人辭典》

這個辭典上的史良，是以職務為材料，年經事緯，敘列出來的人。在民主黨派史料彙編裏或共和國部長傳記裏，對她的介紹要比這個條目詳盡些，約有千餘字。除了對「七君子事件」的敘述以外，還強調解放前的史良做為享有崇高威望的著名律師，如何敢於同邪惡勢力進行鬥爭，營救受迫

害的共產黨員和進步人士；中華人民共和國成立後的史良做爲首任司法部部長（她和衛生部部長李德全是當時僅有的兩位女部長），如何建立和健全了人民司法機構和工作，做爲一個民主黨派（民盟）負責人的史良，如何擁護共產黨的領導，即使在「文革」期中，也沒有動搖對社會主義的信念，等等。這些內容寫得準確又周正。但活在我心裏、刻在我記憶中的史良，就不僅是條目所寫的這麼一副乾巴巴的樣子。

她是我小時候崇拜的高貴又美麗的女性。史良無論走到哪裏，來到什麼場合，都與眾不同。只要父親說上一句：今天史大姐要來。我聽了，頓時就血液沸騰，興奮不已。自己長得不漂亮，常對著鏡子自語：不是說女大十八變嗎？我啥時能變得有點像史良，就好了。

我清楚地記得，頭一次在我家客廳見到史良的情形。父親把我推到她的跟前：「唔，我的小女兒，小愚（我的小名）。」又對我說：「這就是我們的史大姐，你該叫史阿姨。」

我深鞠一躬，叫道：「死（史）阿姨。」

父親一怔，史良卻笑了。

父親糾正道：「不是死，是史。這兩個音是不許弄混的，再重叫。」

滿臉通紅的我，再叫：「死（史）阿姨。」

父親盯著我的嘴，嚷道：「是史！不是死。」

我再叫一遍，仍是「死阿姨」。

父親瞪著眼，剛要張口，被史良擋住，笑著說：「死阿姨就死阿姨吧。」

瞧，多好的一個死（史）阿姨啊！

史良給我的第一印象，是在五十年代初的夏季。她讓秘書打來電話說，有事要來我家和父親商量。那時，父親官場得意，我家住的是座有七十九間房的大四合院。寬闊的庭院，已是綠葉成蔭，晨風拂來，透著涼意。在家中，沒有父親的容許，子女是不能隨便跑出來叨擾客人的。我便躲在耳房，兩眼直瞪窗外。

那年頭的北京，人稀車少。史良坐小轎車從她的住地東總布胡同到我家的地安門內東吉祥胡同，要不了多久。過一會兒，淡施脂粉的史良，身著白嗶嘰西服套裙，腳穿白色麂皮高跟涼鞋，飄然而至。庭院裏纏繞在竹籬笆上的鳥蘿松，正綻放著朵朵紅花。那小巧的花形和鮮麗的花色，勾起她的興致，俯身摘了幾朵，托在手心，便直奔北屋。接著，從大客廳傳來了一聲史良的吳儂軟語：

「伯鈞（父親姓章名伯鈞），你家的鏡子呢？」父親帶路，引她到母親的梳妝檯前。我瞅見史良仔細細地把小紅花一個個嵌入上衣的扣眼，嵌好後還左右端詳。公事談畢，她帶著胸前的那些「鳥蘿松」匆匆離去。

一個炎熱的下午，史良又來我家做客。這次，她穿的是用香雲紗[註釋二]做的「布拉吉」（即連衣裙）。她走後，母親把史良的這身衣服誇讚得不得了，對我說：「自從新中國的電影、話劇，把香雲紗的褲褂做為國民黨特務的專業服以後，人們拿這世界上最涼快的衣料，簡直就沒有辦法了。你爸爸從香港帶回的幾件香雲紗成衣，也只好在家休息的時候換上，成了業餘裝。看看人家史大

姐（這一直是母親對她的叫法），居然能做成『布拉吉』穿到司法部去。」此後四十餘載，我沒見過第二個女人像史良這樣地穿著。

直到九十年代末，北京的時髦女性在「懷舊風」的席捲之下，揀起了香雲紗。我跑遍大型商廈，終於也找到一件用它做的西式襯衫。面對三百多元的價格，我毫不猶豫地拿下。其實，這不是在買襯衫，而是為了複製出一種記憶。

一九五六年，母親與她同去印度訪問，史良是中國婦女代表團團長，母親是代表團的成員。印度方面請她們參觀一個比較先進的工廠。飛速旋轉的鑽頭切削下來的鋼絲捲曲如雲，柔細如髮，耀眼又美麗。史良伸出左手去拿剛剛旋出來的一根鋼絲，隨即把手縮了回去。旁邊的工作人員忙問：「燙著沒有？」史良微笑著搖了搖頭。

可母親注意到那隻伸出的手，始終像拳頭一樣緊握著。回到賓館，史良馬上把母親叫到自己的房間，把拳頭鬆開給她看。

「天啊！痛得很吧？」母親嚷了起來，只見手掌心那被鋼絲燙過的地方腫得老高。

史良點點頭，說：「千萬別聲張出去，我給大家丟臉了。健生（母親姓李名健生），你是學醫的，有什麼辦法嗎？」

母親告訴史良，自己帶了進口的安富消腫膏，正好派上用場。

一邊上藥，母親一邊怪道：「那車床裏刨出來的鋼絲，你居然想拿著玩，天真得像個幼稚園的孩子。」

史良不好意思地笑了。

一連幾天，母親都偷偷地給她換藥，並問：「洗澡時，需要我幫忙嗎？」

史良說：「不用，我自己可以應付。」

母親佩服地說：「史大姐，你真行。手掌腫成那樣，要換成別人早叫喚起來了。」

這些中國婦女界的精英們在參觀了醫院、學校、幼稚園，瞻仰了泰姬·瑪哈陵墓，被尼赫魯總理接見後，由接待人員將她們帶到新德里最繁華的地段去逛街，帶到一家最高級的服飾店去購物。

史良在華貴精美的眾多印度絲綢中細挑慢揀，抽出一匹薄如蟬翼且用銀絲繡滿草葉花紋的白色衣料，欣賞再三。她把末端之一角搭在肩上，對著鏡子左顧右盼，並招呼母親說：「健生，快來看，這是多好的衣料哇。」母親湊過去，看了一眼，扭身便走。

走出商店，史良氣呼呼地問：「那塊衣料，你覺得不好看嗎？」

母親說：「你光顧了好看，不想想我們口袋裏有幾枚銅板。團員每人八十盧比，你是團長，也才一百八十盧比。買得起嗎？」

史良說：「買不起，欣賞一下，也好。」

母親說：「老闆、夥計好幾個人圍著你轉，到頭來你老人家只是欣賞一下。這不叫人家看出咱們的窮相嘛。」

她不作聲了。

史良是考究生活的，希望別人也能如此，同她一樣。我的這個想法，是由一椿小事引起。一個寒冷的冬日，民盟中央的幾個負責人羅隆基、胡愈之、周新民、薩空了、楚圖南、鄧初民、吳晗、閔剛侯、許廣平等，在我家開會。但凡家有來客，父親必給每位沏茶。人多的話，還叫洪秘書事先在玻璃杯外壁貼上一個用白紙剪成的圓形小標籤，那上面有用毛筆工整地寫著的阿拉伯數字：1，2，3，4，5……客人按先後依次而拿。會開久了，茶喝多了，大人們陸續如廁。我和姐姐的書房緊挨衛生間。誰去方便，我都能瞧見，而且這些先生們進進出出，看到我都要打個招呼，聊上幾句。第一位如廁且多次方便的人，是羅隆基。因為他有糖尿病。這次的會可能是開得太長了，女士們也開始方便。許廣平先來，由於是第一次，不熟悉我家的衛生間，故讓我陪廁。

我告訴她：「您用過的手紙直接丟進馬桶，用水沖掉。」

許廣平聽了，極認真地對我說：「這個做法不好，手紙容易堵塞馬桶。要放個紙簍，用過的手紙就丟進去，每晚再把它倒進垃圾箱。」她又用手指著水箱底下的一角說：「紙簍可以放在這個地方。」

史良繼之。來了，又走了。她沒有對我家的衛生間及其使用，發表任何看法。翌日下午，我正在做功課，突然門鈴聲大作。洪秘書跑進客廳，對父親說：「史部長來了，手裏還提著兩大包東西。」聽罷，父母二人你看我，我看你，顯然不解其來由。

史良被請進客廳。她把牛皮紙包的東西，往客廳當中的紫檀嵌螺鈿大理石臺面的圓桌上一放，笑眯眯道：「我今天不請自到，是特意給你們送洗臉毛巾來的。一包是一打，一打是十二條。這是兩包，共二十四條。我昨天去衛生間，看了你家用的毛巾，都該換了。」她轉身對母親說：「健生，一條毛巾頂多只能用兩週，不能用到發黃。」母親的臉頓時紅了，父親也很不好意思。

我跑到衛生間，生平第一次用「不能發黃」的標準，去審視家族全體成員的洗臉毛巾。天啊！父親、母親、姐姐和我的四條毛巾，活像四條發黃的乾魚掛在那裏。尤其是我用的那條，尾梢已然抽絲並絡兒了。此後，我家的毛巾不再使到變硬發黃，但始終也沒能達到史良指示的標準：一條用兩週。那年月提倡的是艱苦樸素、勤儉節約。我問父親：「史阿姨的生活是不是過得有點奢侈？」

父親說：「這不是奢侈，是文明。我在德國留學，住在一個柏林老太婆的家裏。雪白的床單怎麼又要換？──我問老太太。她講，除了乞丐和瘋子，德國的家庭都如此。」

在民盟中央，一般人都知道史良與父親的私人關係，是相當不錯的。一隻小罐燜雞，也讓我看到了這一點。一次，父親患重感冒，癒後人很虛弱。史良得知後，很快叫人送來一隻沉甸甸的宜興小罐，母親揭開蓋子，一股雞湯的濃香直撲鼻底。她還帶話給母親：「不管伯鈞生不生病，他今後吃雞都要像這樣單做。」

父親用小細瓷勺舀著喝，一副心滿意足的樣子，說：「史大姐因高血壓住進北京醫院的時候，小陸都要送這種小罐雞湯。」

對父親吃小罐雞，我特別眼饞。一日，又見飯桌上擺著那隻史良送的宜興小罐，不禁歎道：

「什麼時候我能得上感冒，才好呢。」

母親問：「爲什麼？」

我說：「那樣，我不就也能喝上小罐雞湯了。」

父親大笑，並告訴了史良。

史良來我家，每次都是一個人，她的丈夫在哪兒呢？在我對史良產生了近乎崇拜的好感之後，便對她的一切都有了興趣和好奇。我問父親：「史阿姨的丈夫是誰？我怎麼從來沒見過？」

父親說：「她的丈夫叫陸殿東，外交部的一個專員，這個差事是周恩來安排的。他的年齡比史大姐小上十歲左右，所以大家都叫他小陸。當時在上海，史大姐已經是個名律師的時候，小陸還在法巡捕房當巡捕，是一名文員。」

母親小聲地矯正：「到了四六年，人家小陸也在上海掛牌當律師了。」

「那是跟她結婚以後的事。」父親接著說：「他們的結合幸福不幸福？大家心裏明白。有時我想史大姐一覺醒來，恐怕會發現自己的眼淚濕透了枕衾。」從語氣裏，看得出父親對她的憐惜與歎惋。

後來，我才從母親那裏知道，史良的婚姻與孫夫人（宋慶齡）有關。儘管史良因爲承辦案件早就認識小陸，但正式做爲異性朋友，卻是孫夫人介紹的。小陸年輕英俊，英語流利，法語也不錯。

在他們確立戀愛關係後，史良出資讓小陸到法國和美國留學，攻讀國際法。過了一段時間，史良卻從美國朋友那裏得知，小陸和一個漂亮姑娘關係親密，甚至不想回國。史良向孫夫人哭訴小陸的薄情，並中斷了對他的資助。孫夫人聽了十分生氣，把陸殿東召回。選了個良辰吉日，由沈鈞儒主婚，他們很快結為夫婦。成為史良丈夫的小陸，從此無比忠誠。在史良成為部長後，他一門心思都撲在妻子的身上。人前人後，常常是「史部長」、「史部長」地叫著。

我認識小陸是在全家去青島避暑的途中。在火車的軟臥車廂裏，他對妻子照料之周，體貼之細，令所有的男人自愧弗如，也讓所有的女人暗羨史良能有這樣的夫君陪伴，實在是福。小陸出進進，端茶、倒水、提拖鞋，送零食，都不在話下。午飯後，史良說要小憩片刻。小陸出來列車長，比比劃劃，低語幾句後，只見小陸攜工具爬到上鋪，把左右兩壁各打進一小釘，然後把打開行李箱，先拿出雪白的睡衣睡帽和一卷鑲有法式花邊的白色織物；繼而取出一個紙口袋，口袋裏裝的是一把小釘錘，兩粒小鐵釘，一節軟鐵絲。我們面面相覷，不知要搞什麼名堂。接著，他請那卷織物抖落開——原來是兩尺見寬的幃簾。幃簾上端綴著一個個小銅環，小陸將它們套入鐵絲，再把鐵絲的兩端繫於兩邊的鐵釘。這樣，一副床幃在幾分鐘之內便做成了。它質地輕薄，尺寸合適，既把上鋪遮得嚴嚴實實，又開闔自如。史良在簾內換上睡衣，戴好睡帽後，小陸從行李箱拿出一個木質衣架，把史良換下的衣服撫平撐好，掛於下鋪的衣帽鉤。

車在行駛，車內寂靜。幃簾將夏日的陽光擋在了外邊，也遮住了午休者的睡容。我只要從他身邊經過，叫聲「陸叔叔」，他都要點的水杯，站在通道的窗前，欣賞著窗外的風景。我只要從他身邊經過，叫聲「陸叔叔」，他都要點

點頭，圓圓的臉上泛起淺淺的笑……

後來母親告訴我，儘管小陸對史大姐的生活照顧得無微不至，比保母還保母。但人們都認為史大姐應該享有更好的婚姻生活，可惜她失去了機會。

「什麼機會？」我追問著。

母親說：「就是和你的羅伯伯（即羅隆基）唄。抗戰時在重慶，他倆的關係已基本被大家默認。史大姐對這件事是認真的，表現得從容大度。可誰也沒料到會冒出個浦熙修來，老羅遂又向浦二姐去大獻殷勤。史大姐察覺後，立即結束了這段浪漫史。」不想地位那麼高、每逢「三‧八」婦女節便要向全中國婦女大談或大寫女性解放問題的人，在內心深處同樣掩埋著一個普通女性在感情上的傷痛。

一九五六年的夏季，官方在北戴河召開什麼會議，參加會議的既有中共的高官，也有民主黨派的領導。會議規定：與會者可攜帶一名家屬，那時母親在北京市衛生局當副局長，幹得十分起勁。她說自己沒有時間休假，叫我去陪父親。會議似乎開得輕鬆、順利，父親的臉上總掛著笑容。趁著開會的空隙，他和交通部的人並邀請了蘇聯專家去視察秦皇島港（註：父親時任國家交通部部長）。大概父親覺得到海上一遊的機會難得，便請史良同行。

那天的風浪特別大，我們乘坐的船，是艘類乎快艇的玩意兒，顛簸得厲害。好多男人都受不了。他們一個個在大海的魔力下，像顯了原形一樣：或東倒西歪，或愁眉苦臉，或鉤腰駝背。我乾脆就趴下放平，如一隻壁虎，緊貼於地。這時，發現整條船上唯有史良正襟危坐，並保持著正常的

表情和原有的風度，連她腳上的高跟鞋也是那麼地昂然挺立。洋專家非常佩服這位端莊高貴的中國婦女，特別是當父親介紹她是中國司法部部長的時候，他們都情不自禁地驚呼起來，讚歎不已，並爭先恐後地要求和史部長合影。

翻譯把這些俄羅斯男人的要求轉達給史良的時候，她搖頭說：「不行。」且向父親及翻譯解釋道：「我今天來這裏，如果是外事活動的話，我一定同他們合影。但在這樣的私人活動中，當有我的先生在場。遺憾的是，他今天沒有來。沒有他或者有他在場卻不被邀請的話，我一個人是不和誰照相的。」

吃過簡單的午餐，看看蘇聯專家恭敬禮貌地與史良握手告別的情景，我心生感動。古人指的是聖人之德行，我雖未遇一個偉大的聖賢人物，但我面前的這個女人，確讓我感受到有容、有執和有敬。

「寬裕溫柔，足以有容也；發強剛毅，足以有執；齊莊中正，足以有敬也。」古書上說：

轉眼間，便到了一九五七年。這年的春與夏，對知識份子和民主黨派來說，天之所覆，地之所載，春暉霜露，乃是兩個完全不同的季節；對我的父母來講，則親歷了由天入地的墜落。

二月，是傳統的春節，適逢父親隨彭真參加全國人大代表團出訪東歐六國。以往過節，父親要把能找來的親戚都找來，吃喝玩樂，鬧到半夜方肯干休。這回，母親帶著我和姐姐過了一個清靜的除夕之夜。父親從國外打來電話說：想我們，還想稀飯。

臨睡前，母親說：「爸爸不在家，明天不會有人來拜年，咱們可以睡個懶覺了。」我們母女真

的大睡而特睡。萬不想初一的早上，約八點來鐘的樣子，史良便來拜年。

「伯鈞不在，你還跑來。」母親的話，埋怨中透著欣喜。

「知道他不在，我就更要來了。」史良的回答給了母親極大的快慰。

然而不久，這種快慰便隨著暗中變化的形勢迅速消失了。

二月二十七日，毛澤東在最高國務會議上做關於整風問題的講話。講者說：今後在中國，政治上實行「團結—批評—團結」；中共和民主黨派實行「長期共存、互相監督」；在科學文化領域實行「百家爭鳴、百花齊放」。這個在總結了史達林錯誤的背景下發表的談話，著實讓父親興奮異常。他說：「老毛對人民內部矛盾這一概念的提出，是政治的，也是哲學的，雖是矛盾的延續，但是有其創造性。這個概念還是一把時代的鑰匙，運用好了，能建立起一種社會主義的民主生活方式。」

在中共中央發出《關於整風運動的指示》後，父親的興奮立即轉化為動力，起勁地去到農工中央和民盟中央做報告，玩命地組織參加各種座談會，以幫助整風。在民盟中央除了父親和史良積極，羅隆基也積極，史良也沒落後。那個有名的「六六六」教授會議，就是在六月六日由父親和史良主持，有曾昭掄、吳景超、黃藥眠、費孝通、錢偉長、陶大鏞六位教授參加，在北河沿大街政協文化俱樂部召開的。會上，他們一個個頭冒傻氣，替我們的中國共產黨擔心著急，生怕大鳴大放在青年學生中搞出亂子。此時如果誰用刀子把他們的胸膛剖開看一看，我想裏面裝的都是不遜色於工農兵的顆顆紅心。最後，父親提出大家應該去見周恩來、彭眞、康生、李維漢，反映情況。當晚，熱情而焦急

的史良見到了周恩來，便把情況反映了。

第二天，六月七日國務院開會，父親和史良都去了。史良見到父親就說：「前一天晚上我已和總理談了，可總理未置可否。你是不是趁今天這個機會，再和總理談一談。」

會上，父親寫了個條子給周恩來，說明眼下的情況嚴重，民盟的同志反映問題的態度很誠懇。

周恩來看了條子，仍然不置可否。在政界搞了一輩子的父親，也不想想藏在這「不置可否」的後面是個啥東西？

六月八日，中共中央發出指示《組織力量反擊右派份子的猖狂進攻》；同日，《人民日報》發表社論〈這是為什麼？〉。讀後，父親傻眼了。氣不順、想不通的他，想找個人說叨說叨。他首先想到的是史良，當晚就找上門去。而此時此刻的史良，或許由於長期以律師為業，在判斷問題上要比父親理性得多，或許已有人指點迷津，替她撥正了船頭。她掂出了事情的份量，覺得前幾天儲安平的「黨天下」的發言問題嚴重，已經超出了被容許的界限。所以，為了自己、也為了父親，趁著這個單獨會面的機會，她要問個明白：「伯鈞，儲安平的發言稿，事先和你商量過沒有？」

父親答：「沒有，羅隆基是看過的。」

史良的問話，未能引起父親的警覺，卻引發他的對現實的不滿，針對中共的做法，又大發議論。在史良跟前能把肚子裏的話統統倒出來，父親覺得很痛快。回到家中，母親關切地問：「你和史良談得怎麼樣？」

父親答：「很好。」

是的，當下他感覺很好。當夜，他睡得也好。母親躺下後，打算再問問他與史良的具體談話內容，可那邊廂已是鼾聲大作。

六月九日、十日、十一日，《人民日報》又相繼發表了〈要有積極的批評，也要有正確的反批評〉，〈工人階級說話了〉等社論。接著，是密集如雨、鋒利如刀的批判會或以批判為內容的座談會。

六月十日，父親在民盟中央的座談會上表態說：「對我的批評，我暫不辯論。我的發言可能是百分之百錯誤，也可能是不利於社會主義，可能是對抗黨的領導、損害黨的領導權的大錯誤，也可能不是那麼嚴重的問題。如政治設計院的問題，討論文字改革和國務院開會程式等問題，也可能因為我是國家的一個負責人而不適於提出這些問題。也許我的話說得含糊，我決不辯護，不說言不由衷的話。總之，要用一番動心忍性的功夫，向大家學習。」

六月十二日，父親在農工中央擴大座談會上說：「我認為在這幾次會議曾經談到政治設計院，國務院會議程式拿出成品和文字改革問題，此外提到國務院機構下各辦各委應當改變，權放在各部會，多發揮管理機構的作用……。對這些問題我是有意見的，不是憑靈感和一時的高興，但語焉不詳。可能犯了反對無產階級專政、違背黨的領導、走資本主義道路的錯誤。」

六月十三日，父親在《光明日報》發表了〈我在政治上犯了嚴重錯誤〉一文。他承認自己在中共中央統戰部召開的座談會上的發言，是思想犯了嚴重錯誤，並寫道：「這說明我的立場不穩，認識模糊，以十分不嚴肅的態度，對待國家政策，以致造成政治上不良的影響，為右派份子所利

用。」

父親早被欽定爲右派之首，自己卻說「爲右派份子所利用」。人家要求的和自己理解的，相距豈止十萬八千里。上邊看到父親竟是那麼地不長進，不識相，不知趣，決定對其加溫，加壓，加碼。對一個民主人士而言，這個「溫」「壓」「碼」暫時不能直接來自中共，而必須彎曲地通過民主黨派內部去實施。實施的步驟從六月十四日的晚上開始——

六月十四日晚，民盟舉行中央小組會議。會上，史良做了長篇發言。這個發言可以分做三段。

第一段是她繼續幫助黨整風，給司法工作提意見。史良說：「關於司法，我認爲的確這幾年來成績是巨大的，爲人民做了很多事情，但缺點和錯誤是不容忽視的。審判機關歷年來在『三反』、『五反』和鎮反運動中，是錯判了一些案件，可是，我常聽見一些司法幹部、甚至是一些較負責的黨員幹部說：『我們的錯判案件只有百分之幾。』這是一種非常有害的自滿情緒。誠然，錯判案件在整個判案數中是只有百分之幾，甚至是百分之一，但對被錯判的人則是百分之百的遭受冤屈和不幸了。我是擁護毛主席關於『有反必肅、有錯必糾』的指示的，我看見很多地方是這樣做了。但是我看到也有些司法機關在執行這一原則中是有打折扣的。有的案件判錯了經過當事人申請，甚至有關方面和上級司法機關指出，審判人員也明知錯了，但不肯承認錯誤，宣告無罪釋放，還要硬找人家一點小辮子，宣判爲『教育釋放』，其實應教育的不是無辜被告而正是主觀主義的審判人員自己。更壞的是本來錯了，還遲遲不願改正，使被屈的人不能得到及時的平反。這是不能容忍的。其次，在對待我國原有的法學家上也是有缺點的。在高等學校院系調整中，在思想改造中，對待有些老教

授們是很不尊重的。當然，必須肯定，一切法律都是為階級服務的，所有舊司法人員是必須經過改造的。但是對一切願意改造和批判自己舊法觀點、並願意為我國社會主義服務的法學工作者也應給予機會，使其發揮作用。可是，在院系調整中，不少地方曾對某些教授在一個相當長期內，既不安排工作，又不組織學習，閒置一旁，無人理會，形同坐冷板凳。有的即使安排不當的，或者無法發揮其潛力。我認為這是由於某些共產黨員的官僚主義和宗派情緒，因而對本來想在共產黨領導下為我國法學事業貢獻力量而又不能發揮潛力的教授們的苦楚心情，是領會不夠的。因此，我們認為對原有教授和法學家們願為社會主義法制服務的熱誠及其潛力，應有恰如其份的估計，並進一步發揮他們應有的作用。」這段話，表現出一個著名法學家的水準，一個司法部長的責任心。

史良發言的第二段是以儲安平為靶子，要求民盟中央面對反右鬥爭的形勢，明確表態並劃清界線。她說：「這次共產黨的整風是我們國家政治生活中的重大事件。整風運動的目的是要整掉共產黨存在的歪風邪風，從而加強黨在國家事務中的核心領導作用，加強人民民主專政，使我國的社會主義建設事業突飛猛進。這個目的是必然會達到的。除此以外，整風運動和黨外人士的提意見到目前為止，已經發生了一種新的情況，那就是暴露了右派的反共反社會主義的真面目，從而在人民群眾中間展開了一場激烈的政治思想鬥爭，這場鬥爭的一方面是擁護社會主義，擁護黨的領導，另一方面是反對社會主義，反對黨的領導，而要教資本主義和資產階級的『民主自由主義』死灰復燃。現在在我們民主黨派中間發現了這樣的一種人：一面表示贊成社會主義，另一面反對無產階級專

政，硬說工人階級領導的人民民主專政是官僚主義、主觀主義、宗派主義的根源；一面表示接受共產黨的領導，另一面污衊共產黨存在著『黨天下』『家天下的清一色』思想；一面說是幫助共產黨整風，另一面散播詆毀共產黨、辱罵黨的領導人的言論，挑撥和煽動人民對黨和政府的惡感。對於這樣一種言論和行為，這幾天已經激起了工人、農民、學生群眾和社會人士的義憤，我們民主黨派的成員和領導人有責任要盡量揭發批判，把他們的真正面目充分暴露在群眾面前，以達到分清是非、教育群眾的目的。這也是我們幫助黨整風所必須擔當起來的一項重要工作。」

講到這裏，史良停頓片刻，並提高了語調，說：「同志們，你們一定都明白，我所說的那種人是誰？那就是儲安平，還有公開和暗地支持儲安平的那些人。上次座談會上，鄧初民同志建議民盟中央應該對儲安平的發言，表明態度。我完全同意，我做為民盟負責人之一，我要公開聲明，儲安平的整篇發言論點是徹底反共反人民反社會主義的。我們國家以工人階級為領導，以工農聯盟為基礎，是憲法所保障的；我們的國家領導人是通過民主程序，由全國人民代表大會選舉出來的。儲安平是民盟盟員，是《光明日報》總編輯，是全國人民代表大會的代表，他曾經莊嚴地舉手通過中華人民共和國憲法，並參加了國家領導人的選舉。他現在公開反對他自己參與的全國人民代表大會的決定，並且把責任推給全國人民所擁護愛戴的毛主席和周總理，誣衊毛主席周總理引起惡感，還是什麼的清一色思想。這不是要挑撥煽動全國人民對領導我們的黨和毛主席周總理有『黨天下』呢？這不是反共反人民反社會主義，還是什麼呢？已經有人這樣說，儲安平敢於做這樣反動的言論，要是背後沒有大力者加以支持是不可設想的。因此，我主張我們民盟中央必須明確表示，和儲

安平劃清界線。如果我們中間有誰支持儲安平的，應當公開站出來。我們容許批評，也容許反批評，這才是正確處理人民內部矛盾的方法。要使人民內部矛盾不轉變為對抗性的矛盾，也只有通過公開的批評反批評的方式才有可能。我們反對當面一套背後又一套的陰險做法。」

說到此，史良話鋒一轉，進入了最為重要的、矛頭直指父親的第三段：「在這裏我要向章伯鈞副主席提一點意見。在上次中央小組座談會上，伯鈞的發言中，對儲安平的批評，我認為是很不夠的，是含糊其詞、模棱兩可的。昨天看到伯鈞在《光明日報》上所寫的文章，對儲安平的批評，態度和立場仍然是不夠明確的。雖然伯鈞的文章裏說，儲安平反社會主義的錯誤言論，絲毫也不能代表《光明日報》。他的『黨天下』的論調是和《光明日報》的立場完全背馳的。但是伯鈞並沒有說明他自己對儲安平的發言，採取什麼態度？也並沒有分析儲安平的錯誤在哪裏？充其量，伯鈞只聲明了儲安平的發言不能代表《光明日報》，而沒有說明儲安平是在散佈反黨反社會主義的論調，企圖『達到從根本上動搖人民民主專政和黨的領導，破壞社會主義事業』。總而言之，伯鈞對儲安平的批評，並沒有接觸到問題的本質。

「我要問伯鈞，你是不是也有所顧慮，所以故意含糊其詞，或者你是真的不明白儲安平的本質呢？儲安平的發言，是以《光明日報》總編輯的身份發表的。伯鈞是《光明日報》社長，社長應當負報社的政治責任。因此儲安平的這一篇發言在事前是否向伯鈞請示商量，發表以後伯鈞有沒有向他追問，你有沒有向他表示過同意或者不同意的意見。像這樣的關鍵性問題，我認為伯鈞是有責任向大家交代清楚的。記得上星期六晚間（六月八日）伯鈞來找我談話，我是問過伯鈞的。我問他儲

安平的發言稿，事前和你商量過沒有？他說：『沒有，羅隆基是看過。』伯鈞又說：『有人對我說，儲安平的話擊中了要害。但我看是用不著寫社論的（社論即指〈這是為什麼？〉）。而且一再捐出盧郁文來【註釋二】。盧郁文這種人不過是一個小丑而已。我看，胡風、儲安平倒要成為歷史人物。』當時伯鈞說這樣的話，我真不明白是什麼意思。現在看了伯鈞在《光明日報》發表的文章，和他那天晚上所講的完全不同。因此，我必須請伯鈞說個明白。我懷疑伯鈞是不是也像在你的文章所說的那樣，在這次鬥爭中『不夠堅定，認識模糊』了呢？前天《人民日報》大字標題寫著：『可注意的民盟動向』。不錯，全國人民正在密切注意我們民盟中央在目前這場思想鬥爭中的動向。我們都是民盟中央領導人。十目所視，十手所指，我們再不能對於社會主義道路和黨的領導心懷異志的那些人，有所包庇了。今天我在民盟的會議上要求伯鈞表明立場和態度。」

史良的結束語，是落在了曾與自己最為親密的人的身上：「羅隆基現在出國，等到他回來以後，我也希望他能夠有所交代。」

史良的講話是按照要求，適時順勢而發。它像一包定向爆發的烈性炸藥，從內部炸開民主黨派的圍牆，炸出一條預先設計好的路線，使民盟這支進入反右運動祭壇的領頭羊，在這條路上蹣跚而行。

會散得很晚，在夜色中父親回到了家。他只對母親簡單地說了一句：「今天民盟的會，以史良的發言為主，她很有準備。」見他神情沮喪，母親沒好再問。

第二天近午時分，同時送來的《人民日報》、《光明日報》、《北京日報》、《中國青年報》均在頭版頭條的位置，刊載了史良發言的全文。這篇新華社的通稿是以史良在史良家中說的那段「……要求民盟中央表明態度劃清界線，質問章伯鈞是不是也有兩套做法」為通欄大標題，並將父親在史良家中說的那段「……我看，胡風、儲安平倒要成為歷史人物，所謂歷史人物要幾百年後自有定評」做為內容摘要，以黑體字排印。母親看罷，幾乎難以相信洋洋數千言，竟是從史大姐嘴裏說出來的。

但是，她更加責怪的是自己的丈夫：「那天，你說去史良家談談，我滿以為你是聽聽她的意見，請她幫你分析一下當前的形勢和自己的處境及問題，誰知道你跑去講這些！你嗚放得還不夠嗎？嫌人家手裏的辮子還少嗎？」母親氣得滿臉通紅。

父親一句話不講。吃午飯了，父親平時吃飯就快，今天吃得就更快。吃完，把筷子一放，對母親說：「我相信，史良發言之前是一夜未眠，因為她在決定開口以前，先要吃掉良心。」

民主黨派成員對史良的揭發性發言，震動極大。不少民盟成員私下議論，說她的發言一下子讓民主黨派的威信掃地了。

從此，章史二人再無往來。這件事，我不知道在他二人心中，各自佔據著怎樣的位置，留下多深的刻痕。我只是吃驚於三十年後的一件小事——八十年代初，全國政協舉行委員活動，母親和史良在禮堂前廳談天。民盟中央副主席徐伯昕見此情景，特意將我的姐夫拉到一邊，憤憤地說：「你岳母怎麼還能和史良有說有笑？當年就是她出賣了章先生，我們心裏都明白，誰也忘不了，難道李大姐自己倒忘了？」

一九五八年初，民盟上上下下眾多右派，被逐一處理。萬不想左派們也跟腳一一做了長篇書面檢查。這其中既有從一開始就積極投入的吳晗、鄧初民，也有半路甩出撒手鐧的史良，還有交叉身份（中共黨員、民盟成員）的薩空了、周新民等人。可見在毛澤東眼裏，不僅章（伯鈞）羅（隆基）是右翼，整個民主黨派都是右翼。

後來，有人告訴我：在反右後期史良批判「章羅聯盟」的文章，皆出自胡愈之手。連那個「六六六」教授會議，也是胡愈之一手策劃鋪排的。只不過臨到開會，他藉故走掉。而且運動的收尾時刻，他把具體操辦這件事的幹部也戴上右派帽子，全家調離北京，發配到大西北。我聽了，先是震驚，後也不覺奇怪。在民盟中央，別看沈老（鈞儒）的地位最高，是旗幟性人物，可中共黨員的胡愈之才是民盟的主心骨。當然，還有統戰部在後面指揮胡愈之。

再後來，我又聽說：大躍進時期，史良見一批黨外人士光榮加入了中共，也向周恩來提出了入黨的要求。但毛澤東不同意，周公稱她是一名黨外布爾什維克，不入黨，作用更大。

一九六三年六月十一日，沈鈞儒病逝。

民盟上上下下都以為史良會接替沈衡老，成為民盟中央的主席。羅隆基用諷刺的口吻對父親說：「我們的史大姐該當主席了，按座次也輪到了。再說中共也會讓她當的，反右全靠她打開了民盟的缺口。」

父親也這麼認為，說：「無反右之功，她的資歷也是足夠的。」

誰想得到，中共起用的是中共身份的楊明軒【註釋三】。別說章羅吃驚，恐怕連楊明軒自己也沒料到。

據說，自那以後史良的身體一直欠佳。民盟中央的政治學習，她常請假。楊明軒去世後，民盟就沒了主席，直到「文革」結束。粉碎「四人幫」後，民盟恢復了活動，一九七九年十月在民盟第四次全國代表大會上，史良才被選爲民盟中央主席。

一九六五年，羅隆基因突發心臟病，半夜死在家中。時年七十九歲。他的許多日記和一箱子情書被有關單位收走。母親偷偷對我說：「你的羅伯伯收藏的情書可多呢，據說還有青絲髮。寫給他情書的人多是名流，其中有劉王立明、史良……」

一九六六年「文革」爆發，我幾次從四川溜回北京。大概是一九六六年冬，我第一次返京，住在已被紅衛兵佔據的家中，陪伴著體質虛弱且終日擔驚受怕的父母。一日，民盟中央的人通知父親去王府井東廠胡同（即民盟中央所在地），接受革命群眾的大批判。會開了整整一個上午，焦急憂慮的母親，煮了稀飯等他回來。下午一點多，年邁的父親徒步而歸。

他喝完稀粥，把母親和我招呼過來，說：「我滿以爲民盟是批鬥我，到了會場才知道，我是個陪鬥。原來今天批鬥的對象是史良。她血壓高，那些民盟機關幹部，偏要她把腰彎得低低的。開初的批判，不過是些口號和空話。後來，他們居然把搜去的史良寫給老羅的情書，拿出來當材料宣讀，並質問史良到底和這個大右派是什麼關係。史良直起腰回答：『我愛他。』在中國，一個女人能這樣做，是很不簡單了，也可以說是很了不起的。史良好像又回到了從前。」顯然，父親所說的

從前，是指一九五七年以前。

父親接著說：「當初，他倆的戀愛失敗，史良曾經向老羅索討自己寫的書信。這個努生（羅隆基的字）就是不給，把風流餘韻繫於紙墨之間。現在它們都成了罪證和炮彈，投向這些從前愛過他、現在還活著的女人。」

「健生，」父親喚著母親的名字，又道：「今天這個會，最讓我心痛的是，民盟會墮落成這個樣子。一個批鬥會搞得如此下作。」

而這個如此下作的批鬥會，成了他們最後的會晤。

一九六九年父親病逝。

一九七八年，我從四川省第四監獄釋放回京。母親說，為了我的出獄，她找了許多關係，託了許多的人。現在要帶我去拜見、面謝他們。在這些人當中，有三個老大姐：史良、雷潔瓊、李文宜。我們母女先看李文宜，再看雷潔瓊，最後去的是東總布胡同二十三號。在路上母親告訴我，小陸已經去世。去世的情況非常意外：一九七六年周總理逝世，在外交部召開的追思會上，小陸談到總理對他的關懷時，激動萬分引發了心臟病而猝死的。

我們與史良的會面是在一樓客廳。幾十年未見，身著白衫青褲的她，略顯老態，但依舊是儀態雍容。光澤的肌膚、白皙的面龐和清澈的目光，使人很難相信她已年逾七十。

母親把我朝史良的面前一推，說：「喏，這就是剛從四川回來的小愚，沒有你的幫助和搭救，

她恐怕至今還蹲在大牢呢。」

我趕緊補充道：「數千人的監獄，我是平反釋放的第一人。這都得謝謝史阿姨了。」

史良擺擺手，說：「不要謝我，我沒有起關鍵性的作用，也不可能起這個作用，不過就是找找人，反映你的情況。我跟他們講，章伯鈞的女兒怎麼就一定是反革命？她在日記裏寫幾句對時政的看法，就算犯法？從法學觀點看，簡直不成道理。所以，我要替你講話。在這方面，史阿姨是有原則的。我史家有個遠房的姪子，前幾年犯了罪，判了刑。他的家人後來找到我，想讓我為他開脫。

我把這個遠房姪子的情況一摸，發現他不但品質不好，而且是真的有罪。我對他的父母說，這個忙我是不能幫的。孩子從小游手好閒，現在勞動幾年，恐怕對他今後的一生都有好處呢。」

吃午茶的時候，母親關切地問：「小陸走後，你的生活還好吧？」

不料母親尋常問語，引出史良眼淚無數。一邊拿出白手帕擦拭，一邊抽噎著說：「小陸一走，我的生活再也沒有好過。他的房間，他的東西，都原封不動地保留在那裏。我每天都在懷念他，回憶從前的日子。」

她哭聲淒婉，而那樣子又很像個冷不防被搶走了心愛的洋娃娃、一個人坐在大房子裏傷心抹淚的小女孩。母親後悔自己不該提到小陸，說了許多勸慰的話，隨後告辭。史良從沙發上站起來說：

「我就不遠送了。」

母親和我走出大門，便聽見有人在喊母親的名字：「健生！」回頭一看，原來是上到二樓寢室的史良靠在臨街的窗前，手裏左右搖動著那條擦拭過淚痕的白手帕。我倆走一段路，就回頭望一

眼，那白色始終在陽光下晃動，閃耀。我一向認為人老了，簡單的衣食住行，都是無比的沉重與艱難，他們的內心自不會再有熾熱之情或刻骨之思。但我面前的史良，以憂傷表達出的至愛，令我感動不已。當我跨入老齡，生活之侶也撒手人寰的時候，史良的涕泣和那方白手帕的記憶，便愈發地生動起來，也深刻起來。是的，脆弱的生命隨時可以消失，一切都可能轉瞬即空，歸於破滅，唯有死者的靈魂和生者的情感是永遠的存在。

回家的路上，母親告訴我：史良兄弟和姐妹有七個，六女一男，她排四。她與姊妹相處融洽，親密無間。對哥哥──這個史家的唯一男丁，就別提有多好了！百般照料，關懷備至，以至於有人說：史先生的一輩子是靠在史大姐身上過活的。

不管父親的右派帽子摘不摘，不問一九五七年的事平不平反，母親都決意要給自己的丈夫寫一點文字的東西，留給後人。在搞「章伯鈞生平」的同時，她還想搜集一些父親生前的照片。現在誰還保留著與章伯鈞的合影？數來算去，唯史良矣。一九八三年二月，趁著春節拜年的喜慶日子，母親帶著我又去東總布胡同。這時的她已身為全國人大常委會副委員長，要拜晤（包括拜年）均須提前聯繫，獲得同意。這次見面被安排在二樓的小會客室，樓梯的轉彎處是一株葉大如盆、油綠烏亮的龜背竹。上得樓去，便從一間敞開的房間牆壁上，看到懸掛著的小陸遺像。像很大，拍得也好，他一生的溫厚樸訥都印在那上面。我想，這間屋子就是史良珍藏愛情、持守亡靈的聖地了。

雖是冬日，穿著一件藍色對襟絲棉襖的史良，卻坐的是把藤椅，好像在我們未到以前，她已經

坐在那裏很久、很久了。此時的她，完全是個老邁之人，稀疏的頭髮，白多黑少。露出的手臂和手背分佈著星星點點的老年斑，目光似乎也有些遲緩、冷淡。見此情狀，母親盡快地說明來意，在重複兩遍之後，她聽明白了，對母親說：「這些事由我的秘書處理，他們會告訴你的。」

秘書的答覆是：「史副委員長的包括照片在內的所有資料都很珍貴，概不外借。很對不起，請李先生原諒。」

我們不便久留。聽說我們母女要走了。史良用微顫的手從棉襖的口袋裏，掏出一個小紙卷，遞到我的面前，說：「小愚，今天是春節，史阿姨要送你壓歲錢。」

我接過來，展開一看，是五元的鈔票。刹那間，心頭泛起縷縷難以名狀的傷感⋯是傷感於母親要求的被拒？是傷感於史良的垂暮之態？還是傷感於她視爲女童的我，已是中年婦人？──這一切，連我自己也無法辨識。

「清禽百囀似迎客，正在有情無思間。」歲月飛逝，留給我們的只有記憶，好在我們還有記憶。

一九八五年，史良病逝。患有心梗的母親執意要去八寶山參加追悼會。進得大廳，母親便痛哭失聲，站立在遺體前，幾乎跌倒在地，情緒難以自控。民盟中央的一個在職部長低聲問身邊的人⋯

「她是誰？」

一位老者答：「她叫李健生，是章伯鈞的夫人。」

另一個民盟中央機關的幹部，問：「章伯鈞是誰？」

老者無語，一片沉默。

在史良前半輩子的律師生涯中，援救過中共地下黨，其中最著名的是承辦施義（即鄧中夏）案。她是個女律師，自然也承辦婦女案件，但數量不多。史良承辦最多的、也是最拿手的，是遺產糾紛的訴訟。

史良逝後不久，我去民盟中央機關的宿舍，替母親探望她的幾個老友。閒談中，對其中的一位問及史良身後之事。他告訴我，史良無子女，她的幾個侄輩認為史良的首飾可能值些錢，便提出分割、繼承的要求。經過請示，決定由他代表組織拿著全部的首飾，領著這些親屬先去珠寶行鑑定其價值。鑑定出的結果是：所有的戒指、胸針、耳環、項鍊加在一起，也就值三千塊。聽到這個價碼，後輩一律表示放棄要求。當然，珠寶行的鑑定者，不知道這些漂亮的假首飾所有者，是一位全國人大常委會副委員長、國家首任司法部部長、中國民主同盟主席、全國婦聯副主席──一個叫史良的女人。

我想，即使曉得了姓名，他們也未必知道史良是誰。

二〇〇一年七─九月於北京守愚齋

二〇〇四年一月改於香港中文大學田家炳樓

【註釋一】香雲紗俗稱拷紗，即莨綢，是中國一種古老而傳統的天然絲料。它是將原色天然面料，直接用野葛（莨）莖中提取的汁液浸泡並經過淤泥塗封，放置一段時間後，經太陽曝曬等特殊工藝製成。由於是純手工生產，生產量很少，所以十分珍稀。夏天涼爽，冬天輕柔，穿洗越久，手感、色澤越好。

【註釋二】盧郁文時為國務院參事室參事，是一九五七年夏季黨外人士中最早站出來回擊右派言論的人，他的回擊行為立即以醒目位置刊於中央各大報紙。

【註釋三】楊明軒（一八九一──一九六七）陝西戶縣人。一八九七年入私塾攻讀八年，一九〇七年入西安公學堂，一九一三年公費留學日本，入東京同文書院學習。不久，第一次世界大戰爆發，於一九一四年回國。一九一五年夏考入北京高等師範學校數理部學習。一九一九年參加五四運動。同年九月回到陝西，先後擔任了省立二中教務主任、省立第一師範學校校長。一九二三年赴上海，任上海大學講師兼附中部主任。一九二五年與中共黨員魏野疇等組織「國民黨同志俱樂部」，又組成國民黨陝西臨時省黨部，並選為常委兼陝北二十三個縣的黨務特派員。一九二六年加入中國共產黨。一九二七年任國民黨西北政治分會委員和國民聯軍駐陝總司令部教育廳長，曾對陝西教育進行一系列重大改革。蔣介石「四・一二」政變後，楊明軒被通緝，一九二八年入獄。一九二九──一九三六年期間先後在上海、西安從事教育工作。一九三七年赴歐洲考察教育，曾代表學生界出席在巴黎召開的世界學生聯合大會。一九四二年與杜斌丞共同籌建中國民主政團同盟西北地方組織。一九四六年任陝甘寧邊區政府副主席。一九四八年任民盟西北地方組織部長。一九四九年後，先後擔任民盟西北總支部主任、西北行政委員會副主席、全國人大常委會副委員長、《光明日報》社社長、中國民主同盟副主席、主席等職。一九六七年八月二十二日因病在北京逝世。終年七十六歲。

兩片落葉，偶爾吹在一起

——儲安平與父親的合影

說我和她沒干係，

原不過像兩片落葉，

今天偶爾吹在一起，

誰保得明朝不要分離；

犯著去打聽人家的細底？

但你說奇不，她到東或西，

像太陽的昏暗月亮的缺，

總是那般的使我，

比自己的事更關切、更留意。

說，這是自己的願，不是勉強，

幫她的忙，為她提隻箱；

或者問一問天會不會下雨，

路上有沒有風浪。

但要是她真的說出了這話：

「謝謝你，用不著先生──

這樣關切，這樣忙，」

怕我又會像挨近了絕崖般

一萬分的失神，一萬分的慌張。──

　　　　　儲安平詩〈自語〉，一九三一年元旦作於北平西郊

在我所結識的父輩長者中，最感生疏的人，是儲安平【註釋二】。而我之所以要寫他，則是出於父親說的一段話：「人生在世，一要問得過良心，二要對得住朋友。五七年的反右，讓我對不住所有的人，其中最對不住的一個，就是老儲（安平）。」

父親最對不住的，確要算儲安平了。原因很簡單──把他請到《光明日報》總編室，連板凳都來不及坐熱，就頂著一個大大的右派帽子，獨自走去，一直走到生命的盡頭。雖然「黨天下」這句經典右派話語，是儲安平自己說的，但禍根不在於自身。事情還須從頭說起⋯⋯

一九四九年的春季，新政協召開在即。民盟總部（即民盟中央的前身）的人特別忙碌，也特別積極，幾乎天天在父親下榻的北京飯店一一三室開會。

四月九日下午三時，在這裏舉行民盟總部第六次會議。出席者有沈鈞儒、黃炎培、潘光旦、張

東蓀、曾昭掄、楚圖南、千家駒、周鯨文、吳晗等，共二十九人。會議主席是父親，會議內容之一是沈鈞儒提議：中共指定《中國時報》交由民盟接管，究竟本盟應否接管，請予公決。經討論，形成並通過了民盟決定籌辦報紙、成立盟報籌備委員會等三項決議。要知道，民盟素有辦報刊的志向和傳統【註釋三】。早在一九四一年三月，民盟在重慶成立的時候，它的機關報《光明報》於九月即在香港出版，是由民盟委託梁漱溟一手操持的。

四月十六日下午，民盟總部在北京飯店舉行的第七次會議上，暫時負責《中國時報》報館接收工作的胡愈之，做出書面報告說：《中國時報》不甚合用，請改為接收《世界日報》。

在一個月的時間裏，辦報的事情有了進展。五月十四日下午，在北京飯店一一三室舉行了民盟總部第十一次會議。這次會議就中共中央統戰部函請民盟接收《世界日報》的事宜，做出公決。在沈鈞儒的主持下，經二十二人討論後，通過決議如下：（一）由章伯鈞、胡愈之、薩空了、林仲易、嚴信民、謝公望、孫承佩七人組織盟報籌辦委員會；（二）盟報名稱定為《光明日報》；（三）於五月十六日接收報館，六月十六日出版新報；（四）開辦費請政府撥款；（五）辦報的政策與方針，另會討論。

六月六日下午二時，在北京飯店一二三室舉行民盟總部第十四次會議。會上，由父親、胡愈之、薩空了、林仲易擬就的《光明日報》組織大綱，經修正獲得通過；推章伯鈞、劉王立明、胡愈之、林仲易、薩空了五人為社務委員會委員；父親兼該委員會主席。

父親說：「民主黨派的機關報，除了時事新聞報導，報紙主要是承擔著以言論政的職責。」為

此，他和薩空了等人建議成立一個《光明日報》言論指導委員會，並提議就這個委員會如何組織進行公決。這個提議也很快形成決議，並公推父親、沈志遠、黃藥眠、周鯨文、楚圖南、胡愈之等九人擔任言論指導委員會的委員。父親為第一召集人。

十天後，即一九四九年六月十六日上午，中國民主同盟在北平創辦的機關報《光明日報》，出版了它的第一張報紙。它是全國性報紙，並向海外發行。社長章伯鈞，總編輯胡愈之，秘書長薩空了，總經理林仲易。

報紙出版沒幾天，中共中央宣傳部部長陸定一，在一個晚上來到報社慰問夜班職工，並表示對《光明》的祝賀。

七月，在胡愈之的邀請和陪同下，時任新聞署署長的胡喬木到報社發表題為「《光明日報》的任務」的講話。他說，《光明》的任務是把「兩個階級（即資產階級和小資產階級）和全國人民團結起來」。

報社下設夜班編輯室（主任吳江）、採訪部（負責人謝公望）、資料研究部（負責人孫承佩）和副刊編輯。副刊編輯是我的表姐夫、作家巴波，當然是父親請來的；胡愈之還請來了黃藥眠、柯靈。後來增設了新聞組。

自由——這個概念的內涵對知識份子來說，其中的言論自由、出版自由、結社自由，是最最重要的，也是最最寶貴的。它們幾乎與人身自由有著同等的份量，被一些人視為生命。所以，當父親得知做為高級知識份子政治派別的民盟能擁有一份報紙，且又由自己負責籌建的時候，其心情活像

一個男人在籌辦婚禮大典：激動、欣幸、亢奮，還有滿腦子的盤算和設想。

單是「光明日報」四字報頭的題寫，就讓父親大費心思。他甚至叫母親也來試寫好，連周恩來都知道。那時我們全家從香港抵京，暫住在北京飯店二層的一個套間。我記得母親從晚飯後，就開始練寫「光明日報」四字，父親一直伺候左右，還讓母親拿出從香港帶回的上等紙。每寫一張，他就誇一句，可還是請母親繼續寫，並說：「可能下一張會更好。」

我先守著桌子看，後坐在沙發上看，再後躺在床上看，再後便睡著了。其間，好像劉王立明還來訪，被父親三言兩語打發走了。等我一覺醒來，發現母親還在那裏書寫，父親仍在那裏伺候。寫著「光明日報」四個顏體正楷大字的十六開紙張，鋪滿了寫字枱、窗枱、茶几、沙發、地板。我想去衛生間小手，竟連條路也沒有了。母親題寫的「光明日報」四個字，一直使用到一九五七年的夏秋。反右剛結束，《光明日報》立即換了報頭。

父親常去報社開會。胡愈之、林仲易以及《光明日報》印刷廠廠長費振東（費孝通之長兄）也都常來我家彙報工作。一天上午，父親要到坐落在西單右駙馬大街甲九十號的《光明日報》社去談工作。

我對父親說：「我也要跟你一道去，行嗎？」

父親同意了，並高興地說：「到了報社，你一個人先玩。等我開完會，帶你去印刷廠參觀，看看一張報紙是怎樣印出來的。」

原以為報社有多麼氣派，一看，不過是個小四合院，充其量有十幾間平房，還不如我家大呢！

我說：「報社怎麼這樣小呀！」

父親說：「成舍我的《世界日報》的社址是座兩層洋房，很不錯的，在西長安街是最高的建築了。我們把它專門用來搞發行和廣告。」

報社的會開得特別長，等父親拉著我的手去印刷廠，已是近正午時分。我的肚子早就餓了，父親請一位專門剪報的女工作人員到食堂，買了個白麵大饅頭給我。那饅頭香極了，我邊吃邊走，隨著父親到了車間。父親請操作工人給我介紹印刷的過程，他自己則站在一邊仔細翻閱著當天的《光明日報》，好像並不覺得餓。

家裏的報紙有好多種。每當洪秘書把它們送進客廳，父親打開的第一份，必為《光明》。

一九五一年冬，民盟召開全國組織宣傳工作會議，日程非常緊。代表們白天遊覽了頤和園，晚上仍被大汽車拉到報社，結果安排在會議結束前一天的晚上。父親一定要大家參觀《光明日報》，結果安排在會議結束前一天的晚上。唯有父親西裝領帶，精神抖擻。在印刷車間，他還主動擔任講解。母親說：「你爸爸為了自己的《光明》，不顧他人死活。」

一個疲憊不堪。唯有父親西裝領帶，精神抖擻。在印刷車間，他還主動擔任講解。母親說：「你爸爸為了自己的《光明》，不顧他人死活。」

後來，有件事大大消損了父親辦報的熱情。一日清晨，父親還沒來得及起床，就接到上邊的電話，說當日剛出版的《光明日報》有了大問題，要全部追回，首先要追回送往大使館的。父親眉頭緊鎖，一聲不吭，也沒有去交通部（父親時任交通部部長）上班，一連幾天的心情都很壞。我很想知道報紙出了什麼事，可一瞅父親那張陰沉的臉，便不敢開口了。

過了半個月，《光明日報》的一個幹部來我家做客，我趁機偷偷地問：「前些日子，你們《光

明日報》出了什麼大問題？」

那人言：排版上出了政治性錯誤。有個重要新聞，是針對某件事件發表的兩個嚴正聲明——一個來自中共中央；一個爲各民主黨派中央的聯合表態，它們均爲新華社的通稿。《光明日報》把民主黨派的那個聲明放在了頭一，把中共的聲明放在了頭二。這就出了大亂子，上邊命令追回報紙，全部銷毀，立即重新排印；並指示《光明》必須要像《人民日報》那樣，將中共列在前，民主黨派擺在後。

我搞不懂，爲什麼民主黨派的報紙，非要和中共的報紙打扮得一模一樣。我拿了這個問題，又去問父親。

父親只是淡淡地說句：「大人的事，不要管。」卻很驚異於我的提問。

此後，這份報紙的面孔越發地死板、難看。父親去《光明日報》的次數越來越少。我卻始終惦念著再去報社玩，還惦記著報社食堂的大白饅頭。於是，忍不住問：「爸爸，什麼時候去《光明日報》辦公，再帶上我吧？」

父親答：「報社的大小事務，一般是胡愈之在管。」

慢慢地我才懂得：《光明日報》雖是民盟中央機關報，但它並非屬於民盟，是由中共直接插手的，屬於意識形態。

其實，《光明日報》自打一成立，內部就有了中共黨組。報社的人，心裏都清楚誰誰是中共幹部。不過，誰也不挑明，直到一九五四年才公開。

一九五三年一月，《光明日報》改為各民主黨派和全國工商聯聯合主辦。

一九五六年四月，毛澤東在中共中央政治局擴大會議上提出，要在藝術上百花齊放，在學術上百家爭鳴。

六月的一天，李維漢把父親、羅隆基、王芸生等人請到中央統戰部開會，告訴他們：中共打算重新考慮《光明》、《文匯》、《大公》三報的歸屬問題，請他們就三報重返民間的問題進行研究和座談。在中國，似乎再也沒有比政策的變動，更能調動人的情緒。父親、羅隆基、史良等這樣一批久立政壇的人，也不例外。頃刻之間，他們的工作熱情和自由理想被激發出來。為加速民間辦報的步伐，就連一向對立的章（伯鈞）羅（隆基）也很快取得了思想共識和行動的一致。

會上，李維漢說：「既然要恢復《文匯》【註釋三】，那就把《教師報》改過來吧。」

父親不贊成，說：「如果恢復，就恢復《文匯》的本來面目。」

興奮的羅隆基則在會下讓徐鑄成、浦熙修籌劃復刊《文匯報》的同時，上邊傳出消息，大意是說：《光明日報》既為一個民主黨派的機關報，除社長章伯鈞掛名外，負責具體報務工作的總編輯也應由民主人士擔任。

就在羅隆基和徐鑄成、浦熙修主動出擊，中止教育部有意拖延《文匯》復刊的打算。

「清露墜素輝，明月一何朗。」父親得知這個消息，舒展的心境好似清露明月一般。他毫不避諱地在一個公開場合說：「過去，什麼事情都要統戰部點頭，我們有些人常跑統戰部。不少職務安排的是交叉黨員。現在，民主黨派政治自由，組織獨立了，我們黨內的工作，應由自己負責任來

搞，不要統戰部過多的幫助⋯⋯民主黨派要有黨格，人要有人的精神生活。」

幾天後，父親請徐鑄成、儲安平和蕭乾來家吃晚飯，這是父親親自掏腰包的家宴。別看這三個人，均無官職，但父親把他們視爲貴客，特意叫洪秘書事先把擬好的菜單，拿來過目，改了又改，掂量再三，並叮囑廚師一定要亮出看家本領。父親在飯桌上告訴這三個資深報人、編輯兼記者⋯中共極有可能恢復《大公》、《文匯》、《光明》的民營性質，把《大公》還給王芸生，將《光明》、《文匯》做爲民主黨派報紙，交民盟去辦。

父親興高采烈地說：「社會主義建設是要靠知識份子的。現在知識份子有些牢騷，《文匯報》要好好地搞搞百家爭鳴，《光明日報》今後也要改組，這兩家報紙在新聞界放出一朵花來。」又說：「非黨報紙應該有自己的見解，在國際方面，要多登一些資本主義國家的新聞，在國內方面，也不要和黨報一樣。」

父親的這番話，給了徐鑄成極深的印象；蕭乾對滿桌的飯菜讚不絕口；而儲安平則向徐鑄成詳細詢問了《文匯報》編輯部的組織情況，外派了多少記者，還打聽了上海關於電影的討論情況，徐一一作答。

黃酒一罈，佳餚幾味，觥籌交錯本爲聯絡感情，疏通關係。他們之間似乎不用聯絡與疏通，彼此就很融洽了。與此同時，似乎每一個人都窺探到共產黨辦報政策的鬆動，爲中國高級知識份子展開的動人圖景。大家無不爲此而興奮。

我家的規矩是大人請客，小孩不上席。透過玻璃窗，我看見了這三位貴客。其中，最引人注目

一天下午我放學回家，到父親書房去問候他，只見紫檀雕花書桌上放著一冊黃色封面的新書，

會後，父親高興地對別人講：「以後，我要多管點《光明日報》了！」

由羅隆基負責，徐鑄成出任總編輯。

；提議千家駒擔任民盟中央《爭鳴》刊物的總編輯。上海《文匯報》復刊，經與羅隆基商議，決定

不久，在民盟的中常委人選增補會議上，父親提議儲安平接替胡愈之任《光明日報》總編輯【註釋四】

的《爭鳴》月刊，並將其學術性爭鳴刊物，改成政治性刊物，實施他們「以言論政」的辦刊方針。

一九五七年一月二十二日，民盟中央在父親和羅隆基的主持下，接辦原屬於民盟北京市委編印

而這一刻，也悄然開始了儲安平的人生厄運。

這一刻，「兩張落葉，偶爾吹在了一起。」

難以置信的儲安平，怔住了。夜色裏的炯炯眼神，如荒漠中的流星閃爍。

過來嗎？（儲的工作關係在九三學社）」

父親輕聲對儲安平說：「老儲，我向你透露一個消息。如果請你來辦《光明日報》，能從九三

芳。蕭乾、徐鑄成走在前，父親與儲安平行於後。

飯畢小憩後，客人告辭，大家漫步庭院曲徑。入夜時分，暑氣全消。微風解慍，又送來花的芬

果其側影很好看，那他（她）就是個真正的美人了。儲安平的側影，很美。

的自是儲安平。他面白，身修，美豐儀。記得一個上海資本家的大小姐曾告訴過我：無論男女，如

書名是《新疆旅行記》。打開扉頁，上面用鋼筆寫著：伯鈞先生指正，落款是儲安平。

我問：「儲安平到底是個什麼人，是個作家？還是個辦報紙的？」

父親說：「應該說，兩個身份他都有。但他的出名，主要是因為他辦的一本叫《觀察》的雜誌。」

我家裏訂閱和贈送的雜誌極多，其中的一本叫《新觀察》，卻不知還有個《觀察》，遂問父親：

「《觀察》是什麼？」

「我帶你去看《觀察》。」父親一邊領著我去南書房，一邊說：「這是解放前兩、三年在國統區出盡鋒頭的一個政論性刊物。因為它是純民營的，所以保持著超黨派的立場，有一種在野論政的特色。在國民黨一黨專政的條件下，儲安平能以批評政府為業，為言論界開闢出一條道路，是非常不易的。說他是中國自由思想的代表，毫不過份。這也是我最看中的地方。」

南書房是父親藏書的一長排南房。這裏的書架頂天立地，其中的一間房內，藏有幾乎全部的民國期刊。父親爬上為專門拿取頂層圖書而做的木梯，從許許多多的老舊期刊裏取出一摞《觀察》遞給我，說：「你拿去讀吧。」

從藏書房出來，父親拍著身上的灰塵，說：「儲安平是上海光華大學畢業的。我原以為他是羅隆基的學生。今天才知道，張東蓀教過他，而努生（即羅隆基）在光華教書的時候，他已不在學校了。他去英國留學，還是張道藩指示江蘇教育廳給予的資助，後來，張道藩又繼續資助過他。」

我大為詫異，道：「在學校讀魯迅的文章，老師告訴我們張道藩是壞蛋，反動透頂。他還破壞

徐悲鴻的家庭生活。」

父親笑了，說：「千萬不要人家說什麼，你就信什麼，這其中包括老師講的和報上登的。」我特愛父親，也特聽他的。

父親又說：「你知道嗎？儲安平還是個美男子呢。」

「真的？」我記起從玻璃窗看到的那個側影。

說到男人的相貌，父親的興致挺高。他說：「共產黨裏面有三個美男子，如周恩來。國民黨裏有三個美男子，如汪精衛。民主黨派也有三個，如黃琪翔。儲安平也是其中之一。」

「爸爸，在這九個人裏面，誰最漂亮？」我問。

「當然是汪兆銘啦。我們的安徽老鄉胡適自己就講過，一定要嫁給他【註釋五】。」

「那汪精衛漂亮在哪兒呢？」我問。

「在眼睛。他的眼睛不僅漂亮，而且有俠氣。這個結論不是我下的，是個新派詩說的。我看，儲安平眼睛也有俠氣。」

我又問：「爸爸，那儲安平自己願意到《光明日報》嗎？」

父親答：「《光明日報》很有吸引力，況且九三待老儲並不怎麼好，所以是願意來的。聽到這個調動，他很不平靜，但又有顧慮，怕搞不好。我告訴他調動不是出於某個人的意向。因為人選雖由民盟的主席、副主席提議，但都要經過統戰部點頭，像報社總編輯這樣的職務，還要通過中宣部。至於顧慮，無論來自業務工作，還是來自人事關係，都是可以慢慢消除的。我和民盟中央其他

同志一定支持他。如果他認為需要的話，我想還可以把（薩）空了請回到《光明》，協助工作。」

晚上，我仔細品度《觀察》。這本雜誌的封面是再簡單不過的，幾乎就是一張白紙，素面朝天。可它的撰搞人，無不赫赫有名。從胡適到邵燕祥，中國當代文化才俊，被主辦者儲安平網羅殆盡。政治、經濟、哲學、宗教、法律、文學、社會等諸多學科，均進入它的視野。對國家出路、朝野風雲、國際動向、社會事件、思想活動、生活就業等一系列現實問題，它都以知識份子一顆自由的心靈，做了觀察與回答。

父親走到我的書桌旁，見我翻閱《觀察》，非常高興地說：「那個時期與政治生活相關的事件，《觀察》都有報導和思考。所以，只要是個關心國家公共生活的人，都愛看這個雜誌。誰要查閱和研究那段歷史，我看儲安平的《觀察》是必讀之物了。現在，不要說是個人，就是機關單位主辦的雜誌，也難以做到。單憑這一點，你便不得不佩服儲安平。」頓時，儲安平在我心中，成了和極負才氣的羅隆基等等的人物。

我不由得追問父親：「白天，你和儲安平還說了些什麼？」

父親說，他們會晤的時間不算短。老儲的話少，他的話多。自己主要是詳細講述了在四十年代創辦農工黨機關刊物《中華論壇》時的體會，覺得當總編輯，有兩個好處。一是可以網羅人才；二是可以肩負起政治責任。

別看父親沒有直接辦報，其實，他和儲安平一樣，對辦報、辦刊，也懷有一股持久的熱情。我記得五六至五七年那段時間，父親在農工（即中國農工民主黨）也在改進宣傳工作。主張內部辦

「政治通報」，主張恢復解放前的雜誌《中華論壇》，還要把半月刊的《前進報》改為旬刊，再由旬刊改為週刊，將來再進一步改為報紙。

父親說：「從今後的發展趨勢看，每個民主黨派都要辦一張報紙。遺憾的是，農工不像民盟有這方面的高級人才。所以，因人手奇缺而遲遲沒有行動。」

二月二十七日毛澤東在第十一次最高國務會議上，做了「關於正確處理人民內部矛盾的問題」的講話。講話強調的就是要堅決貫徹執行「百花齊放、百家爭鳴」，「長期共存、互相監督」方針。老人家的英明睿智、幽默風趣，溫熱了知識份子因一連串的政治運動而灰冷的心，也扭轉了民主黨派當於建國後壽終正寢的看法。

父親興奮異常，立即在民盟以個人的身份傳達了毛澤東的講話，民盟印發了講話紀錄稿。儲安平看到父親在民盟的傳達稿，也異常興奮，立即建議九三學社中央轉發。

「春色滿園花勝錦，黃鸝只揀好枝啼。」中國所有的知識份子都和章儲二人一樣，他們的內心渴望著一種承擔的機會。這種承擔，既是個人對社會的責任，也是一種自我證實的需要。而毛澤東的講話，則極大地激發了他們的渴望和需要。

不久，父親約了薩空了，與儲安平做了一次談話。這次，儲安平大概是有了接手《光明》的打算，便坦言辦報的種種顧慮：既然歸屬於民主黨派的《光明日報》需要「放」的辦報方針，那麼「放」到什麼程度？大知識份子有意見的話，要不要講出來？要他們說真話還是說假話？如果報紙還仍舊停留在擁護「百家爭鳴、百花齊放」、「長期共存、互相監督」的口號上，發表這樣的文章

有誰看？——這些顧慮不僅是總編輯面臨的大問題，也是一個社長應該考慮的。所以，父親和儲安平都一致主張要向統戰部討個明確意見。於是，既是中共黨員也是民盟成員的薩空了很快把問題彙報上去。

時任統戰部副部長的于毅夫在三月二十六日專門寫了書面彙報，把章儲談話內容報告給負責新聞宣傳工作和統戰工作的胡喬木、周揚、李維漢及徐冰（即邢西萍）。據說，胡喬木一直很欣賞儲安平的才幹，竭力主張由他出任《光明》總編輯。

就在儲安平心裏早有了接任《光明日報》總編輯的底牌之後，九三學社中央也決定請他兼任《九三社訊》主編。接到這個任命，他想大幹一場。這裏，他有意借《社訊》主編之職，做《光明》總編的熱身。但除此之外，他還存有一個潛在欲望——儲安平在九三學社不過是中央委員、宣傳部副部長，這顯然較之前任《光明日報》總編輯胡愈之的地位，矮了一截。儲安平素無操縱他人的野心，卻有著中國士大夫式的心態，懂得這個國度裏職務與地位間的差異會給尊嚴帶來的挫傷、乃至危機。為此，他必須付出才情學識與「以身殉道」之精神，求得社會應該給予的政治承認和相應尊重。有了這個潛因的存在，儲安平對區區《社訊》，投入巨大的精力和熱誠，便是十分自然和能夠理解的事了。

他到任後，便對九三成員說：「我要以身作則，扭轉大家對社不關心的風習。」

他每週到九三機關辦公兩次，並事先打電話告訴既是好友、也是九三成員的袁翰青【註釋六】、樓

邦彥【註釋七】，希望自己去上班的時候，他們也能去。

他參加社內各種會議。

他四處徵求九三成員對《社訊》的意見。

他五次登門拜訪許德珩，爭取這位九三主席的理解和支持。

他在一個多月的時間裏，連編四期《社訊》，陸續刊出〈座談貫徹「百花齊放、百家爭鳴」問題〉、〈貫徹知識份子政策方面存在的一些問題〉、〈座談高等學校的領導制問題〉、〈目前工程技術人員的幾個問題〉等大塊文章。這些文章是在九三中央召開的座談會的基礎上形成的。會前，他特意叮囑紀錄：「要記錄有思想、有見地的東西，一般性意見、官樣文章，就不要整理了。」會後，文章從開頭的題目擬訂到收尾的紀錄終審，他都親自動手。

這幾期社訊內容，即使在今天，也稱得上是當代中國文化精英向政府提出的極富政治性和科學性的社會見解了。九三《社訊》在儲安平手裏擺弄了幾下，便煥然一新。它的特色、鼓動性及影響力，使儲安平對自己實力和未來，有了信心。袁翰青對儲安平三月內的成效，佩服得五體投地，在九三中央力薦他做宣傳部長。儲安平自己也以試探的口氣，向宣傳部部長孫承佩【註釋八】摸底：看看是否有意「讓賢」。然而，落花有意，流水無情。

他在九三施展的第一手，是那麼的乾淨漂亮。可是，等他再想施展第二手、第三手的時候，就感到不是那麼順心應手了。這個感覺，首先來自許德珩的冷靜與持穩。五次面談，儲安平從他那裏既沒有獲得鼓勵，也沒有受到批評；對《社訊》既不肯定，又不否定；是一種有顧慮的信任，有保

留的使用。其次，在宣傳部裏，他大有勢孤力單之感，在同級平輩當中，自己幹得越歡，周圍氣氛就越冷。再說，自己本來就不是九三學社的專職幹部，怎能與那些各有一攤人馬的長期經營者相比？民主黨派曾是許多知識份子嚮往的一塊淨土，在踏入這塊淨土以後，儲安平才漸漸明白：原來這裏也害著我們這個民族的通病——宗派情緒，家長作風，嫉妒心理，官僚色彩……

隨即，他向許德珩提出辭職，並在《社訊》刊出「辭職啓事」。其實，遞了辭呈的他，並非徹底失望，而仍是有所期待：期待著轉機，期待著挽留。他私下打探九三學社內是否有人對辭呈表示同情，表示惋惜。他甚至想在「啓事」裏寫上一句：今後適當時機，仍願努力為社工作。「恐畏無人識，獨自暗中明。」在煌煌九三，他的請辭啓事連同他這個人，像一張薄紙飄落在地，無聲無息；堂堂宣傳部，竟也無一人開口對他說點什麼！更別奢望什麼喝彩之聲，青眼之睞。這次許德珩倒是痛快，以極高的辦事效率，批准了他的辭職請求。三個月前，興沖沖而來的儲安平，很快地

「從社訊主編的椅子上悄然滾下。」（九三學社宣傳部某負責人語）

熱血盈腔，無地可灑。難怪父親說：「老儲從九三到《光明》，是憋了一肚子氣的。」難怪他到了《光明日報》，便開始了瘋狂的工作。

一九五七年四月一日，對儲安平來說，是個永世難忘的日子。這一天，《光明日報》黨組撤銷，他正式就任總編輯。儲安平到任的第一件事，是向父親請示報紙路線。二人經歷不同，性格迥異，但在辦報的觀點與認識上，一拍即合。

四月二十一日，父親在家中的大客廳與儲安平詳細討論研究了《光明日報》的改組、調整與格

局等項事宜。

儲安平先是向父親請示「橫排」、「直排」的問題。

父親本來對文字改革就不滿，曾對朋友發牢騷說：「改革漢字，這是共產黨不懂語言學。」故對儲安平講：「我看《光明》可以恢復直排，或者搞局部直排。」

談到改組版面和調整新聞，父親的話就多了。兩人從家裏的客廳，一直談到吉姆車內，二人同去報社。

父親說：「解放前的報紙，以人為主，刊登人的活動多；現在的報導，以事為主，忽略了人。而且對事的報導，也都集中在幾個共產黨領導人身上。這樣，報紙怎麼能辦好，國家怎麼能搞好？《光明》既為民主黨派報紙，就要增加民主黨派的新聞，這裏既包括黨派的負責人，也包括黨派的基層。」

關於國際版，父親也講出了自己的想法：「老儲，不要只守個塔斯社，你要努力增加資本主義國家的電訊，如合眾社、路透社的電訊，都可以發。總之，《光明》是我們的報紙，我打算建議由八個黨派的精華人物，組織成一個顧問團。報社的大政方針，由社務會議和顧問團定。」

關於新聞報刊的宗旨問題，父親解放前撰寫的《中華論壇》發刊詞，很能表明自己所秉持的態度。他認為：「思想與政見是人人不必盡同的，亦事實上所不能盡同的。如強人以相同，或脅之以相同，只是徒勞而已。在不同之中，何以相安？何以共處？則唯有尊重民主之精神，確立民主的作風，尊重異己，接收批評，取人之長，去吾之短，這是擇善而從，不必攻乎異端，如能如此，斯能

安矣，斯能處矣。本刊願力守此旨。」他又寫道：「運用自由，享受自由，這本是人類社會共有之合理的權利，亦同是人類理性生活之崇高的表現。它從不受暴力的支配，並永遠反抗暴力的侵犯。暴力雖時或得逞，然終歸於失敗。民主自由之神，依然無恙。本來，自由之獲得，非出自天賜，非出自任何人的特許。而人類長期鬥爭的結果，得之愈艱，食之愈甘，愛之愈切。」

這些文字，很能反映出既反對國民黨專制統治，又主張非暴力鬥爭的民主黨派的立場。父親和儲安平，前者經營黨派，後者經營文字，但都推崇民主政治。從前，他們是在舊政權下，以各自的方式從事民主運動；現在，他們不約而同地渴望在新制度下，繼續推動民主進程。

接著，儲安平叩響了在東黃城根附近的酒醋府胡同十二號朱紅小門，這是羅隆基的住所。羅隆基與他是名義上的師生，故儲安平與羅隆基的關係，要比和父親的關係老多了。見面後，儲安平迫不及待地把幾天前，他和父親對《光明》改版的思路及設想告訴了羅隆基。因為他深知羅在民主黨派和新聞界的影響力，自然很想獲得他的首肯與支持。

等儲安平的話講完，羅隆基立即發表看法，說：「顧問團的辦法好。章伯鈞的長處是氣魄大，短處是粗枝大葉。安平，《光明日報》恐怕要靠他不行，還得靠你自己。」

儲安平靠的就是自己。他一生依附過誰？仰仗過誰？

一九四九年後的民主黨派，應該做什麼？——這是共產黨政權下，民主人士思考議論的一個重要話題。有人言：今後的任務是政治學習；又有人言：是教育改進。父親在民盟中央的一次討論會上就主張搞政治監督，堅決反對把政治學習和教育改造做為民盟工作的重心，並說：「那樣的話，

我們的民盟就要變成教條主義者。」

儲安平極贊同父親的觀點，他說：「《光明日報》要成為民主黨派和高級知識份子的講壇，就要創造條件主動組織，並推動他們對共產黨發言，從政治上監督。」如果說，羅隆基、徐鑄成、浦熙修辦的《文匯報》，是要從新聞領域去實踐毛澤東提倡的「百花齊放、百家爭鳴」的話；那麼，章伯鈞、儲安平主持的《光明日報》則是想從民主黨派機關報的角度，來貫徹和嘗試毛澤東所講的「長期共存、互相監督」了。記得粉碎「四人幫」後，中共重提統戰政策。於是，在恢復了活動的八個民主黨派內部，流行著這樣的話：「長期共存？榮幸，榮幸。互相監督？豈敢，豈敢。」——它幽默而微妙地傳達出民主人士在經歷了一九五七年以後一系列政治運動對中共的畏懼心理。然而，一切畏懼都是先從不畏懼開始的。那時的章（伯鈞）儲（安平）就毫無畏懼地按照毛澤東的方針，要從民主黨派對共產黨的監督上為《光明日報》做文章。他倆覺得這是又一次與中共合作，是又一次在關鍵時刻與中共風雨同舟。

勇毅、執拗和富於激情氣質的儲安平，有一種言必行、行必果的作風。五月七日，他召開了全社大會。會上，他首先向全體工作人員闡釋民主黨派在現階段的社會作用，說：「民主黨派的作用是雙軌的橋樑。所謂雙軌，一是教育成員，一是代表民主黨派成員及所聯繫群眾，監督共產黨和人民政府。今天的報紙主要是在第二條軌道上起作用……我聽統戰部一位副部長說毛主席說過，《光明日報》可以和《人民日報》唱對臺戲。請問：大家有沒有這樣的思想準備？有沒有真正擁護和貫徹這一點的準備？來把它檢查一下子。」

繼而，儲安平提出了符合民主黨派機關報性質的《光明日報》改版方案。其中以關於民主黨派的八點報導計畫和四個具體做法為核心內容。第一，要求民主黨派的新聞，佔每日報紙的三分之一，在數量上應壓倒其他一切新聞，只有這樣做才能給別人一個「民主黨派的印象」。第二，對文教部門工作報導中強調民主黨派的組織活動，特別是基層活動及作用。他說：「例如北京大學民主黨派的成員，他們都是知名之士，他們過小組生活時，對學校提意見，就一定非常重要，可以多登。共產黨組織的活動，不是我們《光明》的報導的責任，可以不登。」第三，強調對個人的報導，強調民主黨派成員的作用。儲安平說：「在解放前，報紙是注意人的活動的，解放後一般不登人的新聞了。我們可以從民主黨派這個角度登些新人新事。但是登民主黨派成員的活動，不能搞像舊社會社會庸俗的『時人行蹤』、『冠蓋京華』之類。報導民主黨派成員的活動同時又和報導文教有關，有些民主黨派成員就是從事文教工作的。」第四，即為儲安平的根本論點，強調民主黨派的監督共產黨的一軌作用。要求多發揮輿論的監督性質，反映人民的意見。他甚至認為：今後寫社論，要寫「監督」的社論。

在報社，他幾次重複舉了一個新聞監督的事例：一九五五年城市副食品供應一度緊張，各報都登了來自新華社的一條新聞，解釋原因，說明解決的辦法。儲安平說：「《光明日報》這樣一個民主黨派的機關報，就沒有必要也去登這麼一條新聞。」

《光明日報》總編室主任高天（民盟成員、中共交叉黨員）問他：「宣傳上的重要問題，是不是要向中共中央宣傳部聯繫？」

「我們民主黨派用不著。」儲安平連問題的深淺都不想一下，便如此回答。

又有人問：「有些報導是否要權衡利害？」

他斬釘截鐵道：「報紙就是報紙，報紙過去叫新聞紙，它就是報導消息的。只要是事實，我就要發表。」

爲什麼《人民日報》登的，《光明》沒有必要也去登？爲什麼只要是發生的事實，他不經請示就要發表？——因爲儲安平一向認爲，辦報無非是「代表普通百姓說話，體現政治監督」。他在報社公開講：「我們這些人是以批評政府爲職業的。報紙與黨派和政府存在著根本的矛盾，那就是報紙要登的，黨和政府不許登。」「揭露，揭露，再揭露，我們的目的在於揭露，分析和解決問題是共產黨的事。」他說的這些話，在今天某些人聽來，依然十分刺耳。不過，儲安平講的揭露和當權者理解的揭露，大不相同。儲安平所說的揭露，是特指揭示和提出社會存在的現象和問題。其中內涵著以揭露來促使黨和政府改進工作、糾正缺點的政治願望和新聞觀念。

「儲安平爲什麼熱心揭露？」我曾這樣問過父親。

父親解釋說：「道理很簡單。在思想上，他是個自由人；在身份上，他算得是職業記者和報人。人的本性加新聞本質決定了他的行爲。」

那時恰逢中共向民主黨派提出「獨立自主」的政策，對此，儲安平有些將信將疑，故而言道：「我倒要看看怎樣讓我們獨立自主，我要撞撞暗礁，擔擔風險，用我的肩膀擔擔斤兩，看看到什麼時候受到阻力。」

可以說，一九五七年春天的儲安平，沒有了時空觀念，隻身回到了主編《觀察》的狀態。記得父親在議論儲安平鳴放時的表現，曾這樣說：「老儲長期搞評論，辦報刊，這兩樣工作都要求眼光敏銳，筆鋒犀利，出語驚人。故而像『黨天下』這樣的話，只能出於他，雖說『黨天下』這三個字，最早由努生說出來的，但那是在國民黨時期。解放後，從政的努生就不會在公開場合講了。」

也就在儲安平上任後不久，毛澤東經過數月的醞釀，由中共中央正式發出「關於整風運動的指示」。「指示」寫得特別地好，那上面說：由於黨已經在全國範圍內處於執政黨地位，得到廣大群眾擁護，有許多同志就容易採取單純的行政命令的辦法處理問題，部分人甚至形成特權思想，用打擊壓迫的方法對待群眾。因此有必要在全黨進行一次普遍的、深入的反對官僚主義、宗派主義和主觀主義的整風運動。「指示」還說，本次整風的主題是正確處理人民內部矛盾問題，方法是和風細雨式的。

無論是儲安平，還是父親，都對毛澤東發動整風的誠意，深信不疑。建國七年，他們看到了中共執政的纍纍成果，也看到了重大失誤。所以，毛澤東登高一呼，他們立即回應，打心眼裏覺得要好好地發揮民主黨派的監督作用，要好好地幫助中共整風。

儲安平得到父親的同意，經過籌備決定從五月四日開始，《光明日報》分別在上海等九個城市，邀請部分民主人士和高級知識份子舉行座談會，給中共提意見。於是，他普遍發送一次組稿信，發信對象是全國九個大城市的百餘名知識份子。信中，儲安平恭請每一位在《光明日報》發表

「對國家事務的各種意見」，「自由地說自己想說的話，寫自己願意寫的問題」，要「結合互相監督的方針發言」。在這裏，儲安平所說監督是有雙重性的：一是黨派的互相監督，即貫徹毛澤東的統戰方針。二是報紙的輿論監督，即張揚新聞的個性與本質。為此，儲安平自己親赴上海。他還寫了一個意見交給出去的記者，讓記者散發給被邀請的對象。在這個意見裏，他指出「應當適當地估計被邀請的人士，平時是否意見較多及是否勇於發言」。這個百名文人參加的意見會，足足開了二十天。會上許多人的發言，既揭露了社會現象，又頗具思想鋒芒。儲安平覺得共產黨的「風」如要「整」好，當聽取這樣的意見；《光明日報》如要辦好，當刊登這樣的發言。所以，他認為九大城市的鳴放座談會是成功的典範，父親也極為欣賞。在座談會上，一些人從法制的角度對肅反發表的意見，被儲安平認為是最具建設性的意見，也是最具價值的新聞。當看到編輯刪去其中個別尖銳的字眼的時候，這個職業報人不禁惋惜起來。他說：「這些發言才是政治問題的通論，只有登這些通論，才能把《光明日報》辦成知識份子論壇。」

五月二十五日下午，當他得知北京大學出現大字報的消息後，馬上指派「腿快、眼快、手快」的三快記者，令其必須於當日下午趕赴北大進行採訪。儲安平希望這篇東西能成為《光明日報》的獨家新聞。而且，越是別家報紙沒有登的或不敢登的，他越想登。其眼光、心胸、魄力、能力水平所構成的新聞事業的本能和素養，使自己全然忘記了什麼是意識形態及其後面的權力。

《光明日報》的版面、內容，變得有些新意和活力了。對此，儲安平很得意，覺得辦報就該是這個樣子。他鼓勵本社同志，說：「我們跑到《人民日報》的前面去了。」

人的命運就是他的性格——佛洛伊德的名言在於承認性格特徵內部含有動力因素，即內驅力。

是它構成了人的行為基礎，並形成了一個人的生命過程。不知今天的學術界如何評價佛氏的動力性

格概念，但用它來解釋儲安平不懂對個人幸福自由的威脅，而直達其特定目的的行為，卻有相符之

處。儲安平的意志、智慧和力量，完全是由自身所激發的。因此，他根本沒有意識到一種巨大的危

險正在等候著自己。況且，家庭出身、英式教育、職業生涯又使他具備了有效地表達自己的人格和

在與他人競爭中肯定自己對生活的獨特態度。在一個自古以來就提倡依附權勢、講究人際關係的環

境裏，儲安平完全是憑藉他所精通的東西、他所能幹的事情而生活。他的自尊也在這裏。不可否

認，儲安平也有進取之想，有時還很強烈。在封建制度下，進取的條件是依附權力，服從權力。然

而，無論是在九三編《社訊》，還是在《光明》當總編，他是想靠競爭，靠人格來謀取成功。這，

就注定他是個失敗者。

　　毛澤東說右派份子是資產階級。我想：假如儲安平真是資產階級，那麼其全部資產，不過是他

有能力充任自己所期待的角色而已。

　　五月十五日，毛澤東致送〈事情正在起變化〉一文，給中共高幹閱讀。信中，老人家把共產黨

分為馬克思主義者和修正主義者；把社會上各階層人士分為左派、中間派、右派。並指出「在民主

黨派和高等學校中，右派表現得最堅決最猖狂。現在右派的進攻還沒有達到頂點，他們正興高采

烈。我們還要讓他們猖狂一個時期，讓他們走到頂點。他們越猖狂，對於我們越有利。」

　　這邊廂，民主黨派裏的兩個元老人物，在中南海受到秘密召見，獲得了「東南風轉西北風」的

天氣預報。他們立即三緘其口，靜觀以民盟、農工爲舞臺中心，以章（伯鈞）、羅（隆基）爲主要角色的一臺踐踏知識份子、打擊民主黨派的慘劇。那邊廂，章伯鈞、羅隆基、儲安平還在積極回應中共中央的整風號召，大講知識份子和民主黨派的光明未來，宣傳「鳴放」，鼓勵「監督」。

爲了把昔日的朋友製造成爲今天的敵人，並讓全社會認同。毛澤東在上海發出了指示：「讓牛鬼蛇神都出來鬧一鬧」，「這不叫誘敵深入，叫自投羅網。」這羅網，便是由中共中央統戰部組織、召集的系列整風座談會。

座談會是從五月八日起召開的，先後搞了十三次，邀請各民主黨派負責人和無黨派人士發表意見，來幫助中共整風。

座談會第一天，父親去了，僅就黨政關係問題做了一般性發言。統戰部再次請他提意見，父親推辭了。一則，他的意見早就發表過了，二則，他正拉肚子。

李維漢很著急父親不入定性右派的圈套，便親自撥電話敦請：「伯老，你一定要去參加座談，給我們中共提提意見呀。」

五月二十一日，實在躲（音：托）不過李維漢的面子人情，父親去了，行前還跟母親講：「今天開會，我眞不知說些什麼好？」

進了會議室，他被請入主賓席——在頭排大沙發入座。這顯然是一個必須發言的席位。果然，親自坐鎮的李維漢點名要父親「給中共提意見」。

父親講了幾十分鐘，他談到政治設計院問題；聽意見於基層，放權於各部、會，發揮管理機關

的作用問題；國務院會議程式問題，及檢查歷次政治運動的建議。最後父親說：「我的講話不是憑靈感和一時高興，所提意見也都不是那麼嚴重。無非是希望共產黨改革體制，改善領導，在決策的民主化、科學化方面前進一步罷了。」他講話的時候，李維漢神情怡然。父親大概以為是稱許自己的談話；殊不知，他這是在為獵物墜網而心安。

如果說，父親與會是中了毛澤東「引蛇出洞」之計，那麼，儲安平一九五七年六月一日在中央統戰部的發言，則被許多人視為是「自投羅網」。古人云：「志士不忘在溝壑，勇士不忘喪其元。」大概早有一種不怕腦袋落地、棄屍溝壑的氣性灌注於儲安平的骨血，使他這樣一個無權者連前後左右看也不看，利害得失想也不想，便直撲最高權力設就的陷阱。

儲安平的發言是準備好了的。有稿子，題目是〈向毛主席和周總理提些意見〉。他的通篇談話如下：

「解放以後，知識份子都熱烈地擁護黨，接受黨的領導。這個問題的關鍵究竟何在？據我看來，關鍵在『黨天下』這個思想問題上。我認為黨領導國家並不等於這個國家即為黨所有；大家擁護黨，但並沒有忘記了自己也還是個國家的主人。政黨取得政權的重要目的是實現它的理想，推行它的政策。為了保證政策的貫徹，鞏固已得的政權，黨需要使自己經常保持強大，需要掌握國家機關中的某些樞紐，這一切都是很自然的。但是在全國範圍內，不論大小單位，甚至一個科一個組，都要安排一個黨員做頭兒，事無巨細，都要看黨員的顏色行事，都要黨員點了頭才算數。這樣的做法，是不是太過份

了一點?在國家大政上黨外人士都心心願願跟黨走,但跟黨走,是因為黨的理想偉大、政策正確,並不表示黨外人士就沒有自己的見解,就沒有自尊心和對國家的責任感。這幾年來,很多黨員的才能和他們所擔任的職務很不相稱。既沒有做好工作,而使國家受到損害,又不能使人心服,加劇了黨群關係的緊張,但其過不在那些黨員,而在黨為什麼要把不相稱的黨員安置在各種崗位上。黨這樣做,是不是『莫非王土』那樣的思想,從而形成了現在這樣一個一家天下的清一色的局面。我認為,這個『黨天下』的思想問題是一切宗派主義現象的最終根源。是黨和非黨之間矛盾的基本所在。

「今天宗派主義的突出,黨群關係的不好,是一個全國性的現象。共產黨是一個有高度組織紀律的黨,對於這樣一個全國性的缺點,和黨中央的領導有沒有關係?最近大家對小和尚提了不少意見。但對老和尚沒有人提意見。我現在想舉一個例子,向毛主席和周總理請教。解放以前,我們聽到毛主席提倡能夠和黨外人士組織聯合政府。一九四九年開國以後,那時中央人民政府六個副主席中有三個黨外人士,四個副總理中有兩個黨外人士,也還像個聯合政府的樣子。可是後來政府改組,中華人民共和國的副主席只有一個位,原來中央人民政府的幾個非黨副主席,他們的椅子都搬到人大常委會去了。這且不說,現在國務院的副總理有十二位之多,其中沒有一個非黨人士,是不是非黨人士沒有一個可以坐此交椅?或者沒有一個可以被培養來擔任這樣的職務?從團結黨外人士、團結全黨的願望出發,考慮到國內和國際上的觀感,這樣的安排是不是還可以研究?

「只要有黨和非黨的存在,就有黨和非黨的矛盾。這種矛盾不可能完全消滅,但是處理得當,

可以緩和到最大限度。黨外人士熱烈歡迎這次黨的整風。我們都願意在黨的領導下盡其一得之愚對國事有所貢獻。但在實際政治生活中，黨的力量是這樣強大，民主黨派所能發揮的作用，畢竟有限度，因而這種矛盾怎樣緩和，黨群關係怎樣協調，以及黨今後怎樣更尊重黨外人士的主人翁地位，在政治措施上怎樣更寬容，更以德治人，使全國無論是才智之士抑或子子小民都能各得其所，這些問題，主要還是要由黨來考慮解決。」

在上為聽政，在下為清議。如果不是極端的政治黑暗，中國文人士大夫一般不發動清議，而是採取上書和廷諍方式影響朝政。這是人治皇權社會表達政見的正常渠道，即言諫制度及傳統。「凡政事得失，軍民利病，皆得直言無避。」故「直言者，國之良藥也，直言之臣，國之良醫」。所以，「言」就是士的存在方式。言諫的特點，就是直言不諱，百折不撓，甚至冒死而諫，極具道義的感召力。儲安平關於「黨天下」的發言，《人民日報》、《光明日報》等中央各大報刊均以醒目標題、顯著位置全文刊載。「黨天下」之諫，如石破天驚，動撼朝野，在一九五七年中國知識份子開的座談會上，公開支持儲安平「黨天下」、「清一色」之說。山西省的一個民革成員則「希望多出些魏徵、儲安平這樣的人物，這對中國的社會主義有更大的好處。」並說：「儲安平向毛主席和周總理提意見是一個良好的開端。」還有些讀者給報社寫信稱讚他是敢言之士，是黨的諍友。馬寅初等人，當場叫好。華南農學院的林孔湘教授在民盟廣東省委召

父親閱後，激動不已，也欽佩不已。他說：「儲安平是個勇士。他對老毛和周公提的對中央政府人事安排的意見，包括我在內的許多黨外人士都有此看法──難道沒有一個民主人士具備副總理

的才幹？被尊爲國母的孫夫人（宋慶齡）到了共產黨這裏，連當個國家副主席的資格也沒有？可我們這些黨派負責人，誰也沒有勇氣和膽量把話講出來。老儲講了，全講了，而他不過是個九三的中央委員。」

總之，無論是出洞的蛇，還是投網的鳥，他們在那樣一個時刻，熱情如此之高，乃至於讓人感到一種無可控制的衝動……必須讓當權者和社會去瞭解他們的思想。事後，父親恢復了清醒，即爲儲安平痛悔不已、抱憾萬分地說：「孟子早就有過告誡：『爲政不難，不得罪於巨室。』而老儲觸犯的，乃是皇帝之大忌。」

此外，對於儲安平的這個發言，還需要補充一個事實——

那是在五月十九日的上午，儲安平事先沒有和父親約定，便到了東吉祥胡同十號。

洪秘書對父親報告：「《光明日報》的儲先生來了。」

父親說：「他來必有事，快請進來。」

儲安平推開北客廳的綠色紗門，發現裏面已是高朋滿座，且都是農工黨的負責人，好像是在開會。雖然父親對他做了介紹，但終覺不宜逗留，便退了出來。

父親送他出客廳，問：「你有什麼要緊的事嗎？」

「要緊的事倒沒有，還是想來談談《光明》如何體現『監督』的問題。」

父親告訴他：「現在的《光明》已大有改進了，民盟的其他同志也是這樣看的。」

儘管父親只說了這麼一句話，而這時正是他在九三辛苦勞作卻遭遇冷落的時刻。「古人交誼斷

黃金，心若同時誼亦深。」兩相對照，他的心情很不平靜。所以，他不想去報社上班，想找個人談談，談談怎麼把《光明》辦得更好。於是，來到了離我家不遠的羅隆基的住所。或許由於學生對先生的做派有些看法，二人關係一向比較疏淡。故羅隆基對他的到來，略感突然，但很歡迎。

儲安平說：自己登門的原因是向他徵詢對《光明日報》如何體現「長期共存、互相監督」方針的意見。後來，兩人的話題不知不覺地轉到了中共中央統戰部的座談會。那陣子，這個鳴放會是上層社會關注的熱點，許多黨外人士也以被邀請為榮。

羅隆基告訴儲安平：自己在（五月）十日做了一次發言，但仍感到問題沒有談透。比如，民主黨派如何才能長期存在？黨派做到獨立自主，需要創設哪些條件？他認為，現在的政壇與某些制度，就有礙於民主黨派獨立自主方針的實施。──說罷，羅隆基問：「你會不會參加座談？」

儲安平答：「如在九三，我被邀請的可能性不大。現在到了《光明》，情況則不同此。」

羅隆基聽了，就像老師指導學生那樣，向儲安平建議：「你若參加統戰部的座談會，可以給『老和尚』提此意見呀。」

儲安平立即想到改組後的國務院十二個副總理中，沒有一個黨外人士的事，便問：「這個問題，我是否可以提一提？」

羅隆基認為可以。因為中共對國家最高領導人的安排，在民主人士中是早有議論的。只不過這層窗戶紙，無人去捅破罷了。

繼而，儲安平又說：「在人代會上，我還想提一提關於肅反運動的缺點，建議能否由人大常委

會和全國政協聯合檢查一下，同時，被鬥錯的肅反對象也可以直接請人在常委會做檢查。」

這番話，讓羅隆基更覺興奮。因為自毛澤東興搞各種運動以來、特別是肅反運動，他深感由於缺乏法律的程式和制約，而人權受侵、冤情無訴現象的普遍嚴重。故點頭道：「這個可以談。不過，關於憲法前言，你也可以談（羅隆基對憲法前言的看法，詳見本書〈一片青山了此身〉一章）。」

人與社會──是人類政治的絕對主題。而儲（安平）羅（隆基）二人的思想啟蒙和政治思維，都是在「人」的概念和「法」的理論指導下形成的。在他們看來，世界上任何一種意識形態的政治體制，都不能擺脫人權的觀念和法律的形式。這也是任何一種性質的政府，賴以存在的唯一原則。現在的中國既為共和國政體，那麼政治上的改善，則必須摒棄傳統社會的控制手段，而強調這個「唯一原則」。可以說，儲安平的「黨天下」腹稿，正是在一九五七年五月十九日的羅宅孕育出了原始胚胎。

六月二日，即儲安平發表「黨天下」言論之翌日，這是一個清新幽麗的清晨。庭院裏的喇叭花頂著露珠兒開了，修長的柳葉在微風中搖曳。有著好心情的儲安平按父親約定的早八點，準時到了我家。

他跨進客廳，父親迎了上去的第一句話就是：「你的發言很好。」

「要談就談大問題吧。不過，放肆得很。」顯然，他已得知發言所引起的社會反響。

「對，雞毛蒜皮的事在這樣的會議上，就不要談了。要談就談大問題。現在的人只能要房子、要汽車，能談大問題的人不多。」

儲安平告訴父親：這篇談話的思想要旨，曾和羅隆基交換過意見。

「你什麼時候見了老羅？」

儲安平笑答：「就是前十天我來這裏，正逢你會客。我從你家出來，便去了迺茲府。」

「唔！」父親回想起來了，忙道歉說：「那日，農工的同志來談工作，顧不上你。」

儲安平解釋道：「老羅和我有一層師生關係。也許是怕父親誤解自己和羅隆基有過密的聯繫，所以那天還是我二十年來第二次登門，而且兩次都是為了報社的事。當然，我還是很想從他那裏瞭解一下《文匯》的情況。」

不過，因為他有點架子，

章羅的矛盾在民盟幾乎是公開的，身為老盟員的儲安平自然很清楚。所以，他沒有詳談和羅隆基談話的內容，只是提到了羅隆基建議將陳新桂調到《光明》，以加強理論力量。

父親表示同意，說：「陳新桂在民盟是專職幹部。況且民盟中央機關裏的理論人才本來就少。」

因儲安平要求調人，父親不由得想：是不是他在人事上有了磨擦，需要個幫手，便關切地問：

「你在報社是不是遇到什麼難題了？」

儲安平搖了搖頭。

父親說：「你的辦報思想，大家都知道，我是支持的。中國缺乏的是民主與科學。《光明日報》

要以此為重點，多報導資本主義的科學技術新聞、民主國家的社會黨的情況和我們的民主黨派活動。」

自打儲安平來到《光明》，從父親這裏得到的都是鼓勵和支持。所以，他的點子就更多，幹勁就更足了。他說：「從前《光明日報》不能獨立辦新聞；現在中共讓我們自己搞。我們要搞，就要搞和新華社不一樣的！」

他還告訴父親：「今天的《光明》發了一條關於上海復旦大學校長陳望道談取消黨委制的消息。」

父親點頭稱道，且一再欣賞他的「就是和新華社不一樣」的雄心與魄力。後又問：「報社的改組問題進行得怎麼樣了？」

儲安平答：「我剛來不久，準備再等一等，弄清情況再說。」

父親連連說：「好，好。毛公在最高國務會議上已經講了學校黨委制要取消的事。上海先走了一步。」

談話到了快結束的時候，父親忽然想起一件喜事來，對儲安平興沖沖地說：「去年，我跟周公（周恩來）反映《光明日報》建新址的事情，統戰部說有了初步結果。社址選在虎坊橋，要蓋座和交通部差不多的那樣一座大樓。」

兩人的心情極好，一起出了家門。父親用車把他送到報社，自己再去民盟中央開會。在車上，父親告訴他：「現在學校的情況很嚴重，胡愈之準備在六日這一天找幾個教授座談一下。」

儲安平問：「打算請哪幾個人呢？」

「聽愈之說，大概要請曾昭掄、吳景超、費孝通、錢偉長幾個吧。」

父親的話啓發了儲安平，他決定在六日這一天也開一個會，邀請八個民主黨派宣傳部的副部長，專門座談一下社論的問題。

六月六日上午，章（伯鈞）儲（安平）兩人分別在文化俱樂部和《光明日報》社主持召開了座談會。而他倆誰也沒想到，這竟是自己在政治風雲與報業生涯中的絕唱。

反右中被人叫做「六六六」會議，其實是胡愈之在南河沿大街政協文化俱樂部召集的民盟中央緊急會議。其中曾昭掄、費孝通、錢偉長、陶大鏞、吳景超、黃藥眠六人爲教授；另有章伯鈞、史良、葉篤義、閔剛侯、金若年與會。此會的倡義者、操辦者胡愈之，則在會議開始之際離去。會議由父親和史良主持。來自高校的教授們，一一介紹了校園內的情況。

費孝通說：「……聽說北大有兩個學生控訴在肅反中被鬥錯，聽了令人流淚，這種事情在我們知識份子看來是不能容忍的。今天在我內心中產生了一種新的感情……當然要收也容易，三百萬軍隊就可以收，但人心是去了，黨在群眾中的威信也就完了。今天的問題主要是制度造成的。我已聲明不參加共產黨以表示態度。」

曾昭掄說：「中國知識份子鬧事是有傳統的，從漢朝的太學到『五四』，都是學生鬧起來的。過去以運動方式對知識份子是不能容忍的。中國知識份子喜歡『清議』，應該給他們機會多講話和尊重他們，但黨不給……」

錢偉長說：「現在學生運動的特點是要找頭，如有老師領頭就可以出亂子。近來有些學生家長寫信給我，要我勸勸他們的孩子不要鬧事，我曾做過，但學生的表示十分堅決，這真像『五四』前夕，和我們做學生的時代一樣，不接受家長的勸告。知識份子最根本的問題是出路問題，學生鬧事的原因是沒有出路。有沒有出路，命運是掌握在黨員手裏。」

黃藥眠說：「一九五三年以前民主革命階段，黨和非黨知識份子是在一道的，五三年進入社會主義革命，實行無產階級專政，從此一切只有黨員可以信任了……黨對知識份子『團結教育改造』的政策在北京執行起來就成了『利用限制改造』的政策。」

言者慷慨，聽者激動，大家熱血沸騰。父親在深感形勢之緊張的同時，備感肩頭責任之重大。他認為：形勢的緊張是規律。此刻，民主黨派應該大力發展組織，提高地位，發揮作用；而中共則應該對民主黨派重新估價。這樣才能真正做到在社會主義制度下的長期共存。

最後，父親講了話。他說：「蘇共二十大以後，史達林被批判了，各國共產黨員所遵循的唯一理論和行動的教科書──蘇共黨史也要修改，現在沒有一個理論和實踐的標準了。在國際共運中，列寧死後有兩個人，一個是南斯拉夫的狄托，成為反對派；另一個是中國的毛公，繼承了列寧主義。這兩個人誰正確？這兩條路哪條路暢通？只能由歷史來作結論。這次整風運動，要黨外人士提意見，其後果我想毛公一定是估計到的。民主黨派提意見向來是客客氣氣的，但估計不足；沒有想到黨會犯這樣多的錯誤……。」

與此同時，儲安平在邀集的民主黨派宣傳幹部的座談會上，發表了對報社社論問題的看法。他

說：「就現在情況來看，寫社論是比較困難的。因為《光明日報》過去的社論。一種是教條，四平八穩；再一種是說共產黨的好話，歌功頌德。真正的批評監督的社論，沒有。要寫批評監督的社論，必須得到各民主黨派組成的《光明日報》社務委員會的支持。《光明日報》的婆婆多，八個民主黨派是八個婆婆，民主黨派有幾百個中央委員，是幾百個婆婆。一個婆婆，一個看法，就很困難。因此，必須社務委員會授權，在沒有授權之前，只能用個人名義寫這方面的文章了。」

總之，這些「謀道而不謀食，憂道而不憂貧」的書生，要負戈前驅，披肝瀝膽，與中共攜手共渡難關。其實，激盪浩淼之風華襟抱，汪洋恣肆之才情學識，已無一例外地被厄運籠罩。在他們的身後，也已是槍彈飛越，颼然有聲。

六月八日，《人民日報》刊出了〈這是為什麼？〉社論，毛澤東發出了反擊右派進攻的號令。

父親捏著報紙，讀之再三。他也在想：這是為什麼？

吃午飯的時候，接到儲安平的電話。他說：「伯老，我下午兩點鐘，去你那裏。」父親想再說上幾句，電話已掛斷。

兩點整，儲安平跨進了父親的書房。他神色嚴肅，又顯得有些匆忙，連茶也顧不上喝，便說：「昨天，報館有人貼大字報批評我，我當時還很遲鈍，以為只是個人意見罷了。讀了《人民日報》社論，我看情況已不容許我在《光明日報》工作了。」隨即，從公事包裹掏出「呈章社長」的信函遞上。

接過一看，是親筆辭職信，父親啞然。

「老儲，辭職信我留下，但我一個人，特別是現在，也決定不了這件事。」父親說完這話，儲安平立即起身，告辭。

父親執意要送至大門。烈日下，二人淡然一笑，握手言別。

整個下午，父親心情煩悶。家中的氣氛，陡然大變。晚飯後，父親去了史良的家。在那裏，對《人民日報》社論和第一個站出來反擊右派言論的國務院參事室參事盧郁文發洩不滿，並對史良說：「盧郁文不過是小丑，而胡風、儲安平將來要成爲歷史人物是幾百年才有定評

……」

父親歸來，已近深夜。人剛睡下，忽然，電話鈴聲大作。寂靜之中，尤覺急促刺耳。接過電話，方知是浦熙修打來。

她的第一句話是問父親：「儲安平辭職的消息是眞的嗎？伯鈞，你的態度怎麼樣？」

父親答：「辭職是眞的，但權不在我。將來要由社務委員會議論決定。」

浦熙修說：「《文匯報》的情況要比《光明》好些。因此，還想約你寫一篇關於聯合政府的文章。」

父親說：「我不能寫了。」

「你能不能推薦一個人？」

「我一時想不出來。總之，要請對中國政治有些研究的人，像王鐵崖[註釋九]那樣的。」

接著，浦熙修在電話裏向父親傳遞了兩個消息：一個是說，她在南斯拉夫大使館見到了周揚和夏衍。在大廳問他們二人當前的形勢到底是怎麼回事，還搞不搞鳴放。他們兩個人都說，現在仍然是鳴放，政策沒有變。另一則消息是講她看了〈這是為什麼？〉社論後，立即給陸定一打了個電話，不客氣地問現在是繼續「放」，還是「收」。陸的回答也是，我們還是「放」，沒有變。

浦熙修在電話中的講話，語言雖簡練，情緒卻激動。彼此都有不祥的預感。父親非常理解，她關心《光明》，是因為《文匯》與《光明》血脈相通，都是民主黨派的報紙。她關心老儲，是由於她和儲安平命運相連，都是報社的主編。然而，父親還沒有意識到：毛澤東打擊的目標乃是浦熙修身邊的羅隆基、儲安平背後的自己，和章羅所代表的中國自由民主派知識份子及他們的政黨。

儲安平交辭呈後返回報社，報社的一些老朋友去看他，並問：「對『黨天下』問題，你打算怎麼寫檢討呀？」

答：「我可以寫檢討，檢討對『知無不言』是有界線的這一點認識不清。如果知道，就不說了。」

六月十日，父親在民盟中央的座談會上表態說：「對我的批評，我暫不辯論。我的發言可能是百分之百錯誤，也可能是不利於社會主義，可能是對抗黨的領導、損害黨的領導權的大錯誤，也可能不是那麼嚴重的問題……我決不辯護，不說言不由衷的話。總之，要用一番動心忍性的功夫，向大家學習。」

六月十一日一大早，父親為商談慶祝《光明日報》建社八週年的事情，驅車來到儲安平的家。

這是坐落於阜成門內大街的一個小四合院。去之前，我的表姐夫巴波告訴父親：儲安平的家，不大好找。聽人家說它的對面，是個「正興石油商店」。找到石油店，便可尋到他的住所。

在不大的客廳裏，他們開始了短暫的談話。儲安平情緒低落，對父親說：「我已辭職，社慶的事就不要同我談了。」

如此拒絕，便只有沉默。

在沉默中，父親察覺到事態的嚴重性已超過了自己原來的估計，不禁為儲安平的前途擔憂起來。父親終於開口，道：「老儲，你的負擔重不重？」

「不重。」

「不重就好。」父親繼續說下去：「人要碰到那麼三種情況，就困難了。」

「哪三種？」

「一是身體不好，二是名利心重，三是有生活壓迫。遇到這三種情況，恐怕就非出來做事不可。」

儲安平聽罷，說：「我不在這三種情況之列。生活負擔不重，孩子大了，經歷半輩子，名利心也淡泊多了。」

有了這樣的答覆，父親稍感放心。但轉而又想：儲安平隱退之後，又能做些什麼好呢？沉吟片刻後，又道：「老儲，今天可以超脫一些，你年齡不大，又有學問和眼量，可以多研究些中國的思想問題。依我看，今天能夠看到五十年以後的事的人還沒有。」話說到此，父親心中自是一陣辛

酸。

儲安平覺得父親是在替自己尋找後路，且態度至誠。便也問道：「伯老，我如果搞研究的話，那麼研究的題目是什麼？」

父親說：「現在中國共產黨有幾個困難問題不能解決。一是農民問題；二是學生，包括知識份子問題；三是經濟建設中的錯誤；還有一個就是中共自身的問題。比如，原來是科員，入了黨，要做科長；原來是科長，入了黨，要做處長；處長要做局長，局長等著做部長。一萬多黨員，都要成了國家公職人員。中共的政黨機構龐大，而且全部國家化。這個政黨制度問題，靠教育黨員是不能解決的。當然，世界上許多國家都實行政黨政治，但國家內部黨與政、黨員與官員之間，在我們這個社會主義國家卻是這麼一種關係，的確少見。老儲，像這樣的一些問題，也只有你這樣的人，才可以研究。」

儲安平點頭卻無語。儘管父親說的這番話，他是同意的，但心中清楚——自己辭職後能否從事研究工作，已不是眼前這個社長所能決定的了。

對父親的到來，身陷危難的儲安平是很感激的。他感到今後不會和章伯鈞發生任何工作上的關係，但他們的友誼有可能持續下去。

父親回家，一再歎息道：「可惜呀，儲安平。有些素質是要與生俱來、無法培養的。」

六月十一日，民盟的《光明日報》支部即在北京市民盟主委吳晗的主持下，率先召開了批判儲

安平的會議。會上，吳晗屬聲說：「過去國民黨確實是『黨天下』，儲安平現在說共產黨是『黨天下』，不但是歪曲事實，且用意惡毒。」並指出儲安平之所以有勇氣，是由於後面有人支持。他要求所有的《光明日報》的盟員和儲安平劃清思想界線。

吳晗原來擔心批判會開不好，會冷場。不想，佔多數的中間派一經他的「點撥」，都向左轉，吳晗滿意而去。

六月十三日，父親在《光明日報》發表了《我在政治上犯了嚴重錯誤》一文。他承認自己在中共中央統戰部召開的座談會上的發言，是思想上犯了嚴重錯誤。

六月十四日晚，民盟舉行中央小組會議。會上，史良做長篇發言。她說：「儲安平是民盟盟員，公開聲明：儲安平的整篇發言論點是徹底反共反人民反社會主義的。」她說：「儲安平是民盟盟員之一，是《光明日報》總編輯，是全國人民代表大會的代表，他曾經莊嚴地舉手通過中華人民共和國憲法，並參加了國家領導人的選舉。他現在公開反對他自己參與的全國人民代表大會的決定，並且把責任推給全國人民所擁護愛戴的毛主席和周總理，誣衊毛主席和周總理引起惡感，還是什麼呢？這不是要挑撥煽動全國人民對領導我們的黨和毛主席周總理有『黨天下』的清一色思想。這不是要挑撥煽動全國人民對領導我們的黨和毛主席周總理引起惡感，還是什麼呢？這不是反共反人民反社會主義，還是什麼呢？」

史良繼而指出：對身為《光明日報》總編的儲安平的「黨天下」發言，父親做為《光明日報》社長，應當負有政治責任。她還把六月八日晚上父親作客她家講的「胡風、儲安平將來要成為歷史人物」的一番話，全部揭發，一句不拉。

舉座怵然而驚，父親也傻眼了。

六月十五日，《人民日報》、《光明日報》、《北京日報》、《中國青年報》均在頭版頭條的位置，刊載了史良發言的全文。母親驚駭不已，萬不想父親身處凶險之境，還在對外人掏心挖肺。父親也後悔莫及，萬不想告密者竟是私交甚篤的史良。而史良的這篇談話是拿儲安平開刀，為的是打開針對章羅的民盟反右運動的局面。她的強硬講話在無形之中，從一個法學家立場把儲安平的言論定為：有罪。剎那間，惡風撲面，驚雷炸頂。整個形勢在這樣一群書生眼前，變得猙獰恐怖。

性情溫和的史良在亮出鐵手腕的一刻，儲安平就掉進了恐怖的中心。我放學歸來，從母親那裏已經知道了這個壞消息。來不及做功課，便先去書房看父親。他一人獨坐，表情茫然又淒然。

我走到父親的身後，摸摸他的頭髮，俯身問道：「爸爸，你說胡風、儲安平真的會成為歷史人物嗎？」

父親從頭上握著我的手，說：「會的。現實是盧郁文得勢，儲安平倒楣。但現實的東西往往不可靠。爸爸很替儲安平難過，爸爸對不住他。因為他不調到《光明日報》，就決不會惹上這場禍事。」

就在史良和站在她身後的人把儲安平推入深淵的一刻，有大學生貼出以「救救儲安平」為標題的大字報。大學生認為：儲安平發表的「不是反共言論」，「是商榷性意見，是善意的批評，是誠懇的忠告。」大字報一經貼出，即獲回應。化名為「棠叔」和「基伯」的兩個人寫了一篇〈支持「救救儲安平」〉的文章。原文大意是：「儲安平、葛佩琦發言後群起而攻。《人民日報》幾篇社論

何其如此猛耶，難道不容許有反面意見提出來嗎？急急忙忙以反社會主義言論這頂幾千噸的帽子壓下去。這一棍落得太早了，帽子壓得太早了，爭鳴內容不可以廣闊一點嗎？」顯然，學生們是救不了他的。

六月十五、十六日，《光明日報》連續兩天，舉行了社務會議。在章伯鈞、儲安平二人要不要在《光明日報》檢討的問題上，發生爭論。

章乃器站出來為儲安平辯護，說：「我覺得，儲安平的言論，從政治來看不能說離開了社會主義。他的動機還是為了國家的好。」他又批評父親，認為在儲安平向其請教辦報路線問題的時候，說話相當隨便，以至於助長了儲安平的錯誤思想發展。章乃器最後說：「有許多人以往看來庸庸碌碌，這次大鳴大放，發表的意見從理論到業務，頭頭是道。天才都發展出來了，我非常高興。」

隨即，《光明日報》刊登了《章乃器最近幾天的謬論和錯誤態度》的大塊文章，揭露他在社務會議上的反對言論。這時，儲安平、章伯鈞成為一個政治警示信號：誰替他們說話，誰就是他們的同類。

七月十三日，儲安平在全國人大第四次會議上做了一個「向人民投降」的發言。

七月十五日，父親在人大會議上發言：「向人民低頭認罪」。其中說道：「本年四月一日儲安平到《光明日報》任總編輯後，我很賞識他，覺得他有一定的工作能力。而他的新聞觀點和思想認識，有和我相符之處。這種不謀而合的看法表現在《光明日報》在此期間的編輯方針……」

此後，父親和儲安平各自挨鬥。

儲安平在九三中央鬥得很苦的事情，是父親早就預料到的。因為在某些人的眼裏，儲安平被民盟看中調到《光明》任總編，幾乎就等於是對九三的背叛。而當時他在九三所受歧視，現在也就成了某些人自詡左派的資本。在統戰部的指揮下，九三學社聯合《光明日報》在十一月二十四日、二十五日、二十八日舉行了千人批鬥大會，系統揭批儲安平。先後發言者三十餘人，其中包括九三領導人的許德珩、孫承佩、《光明》的負責人常芝青，還有九三學社裏的知名科學家，如茅以升、嚴濟慈、裴文中、薛公綽等也紛紛表態、亮相。會議場面浩大，氣勢洶洶。可以說九三的這個會，是八個民主黨派搞批鬥的頂級之作。

儲安平做了題為「我的檢討」的檢討，承認了「黨天下」是對黨的惡毒攻擊，承認了自己在《光明》的所作所爲是一系列的反黨活動。檢討共分三個部分。第一部分檢討「黨天下」言論；第二部分檢討在《光明》的工作；第三部分梳理思想根源。他的檢討，條理清晰，輪廓分明；不像父親那樣大包大攬，全部吃進嘴下。他的檢討，不推卸責任，不拉扯別人；不像羅隆基那樣東拉西扯，拖出一大堆。他的認錯，儘管達到中共要求的高度，但態度適中，分寸得當，不像黃琪翔那樣自責不已，痛哭流涕。

十一月十二日，父親和儲安平同時被民盟中央免去《光明日報》社長和總編輯的職務。由民盟中央常務委員楊明軒和民革中央委員陳此生分別接任《光明》的社長和總編輯。統戰部副部長邢西萍、于毅夫和中宣部副部長周揚，出席了以任免事宜爲內容的社務會議。周揚即席講話，說希望未來的《光明》能夠做到「社會主義多樣化，突出特點，進行創造性工作。」

十一月十九日，《光明日報》發表了題爲〈辦好一張社會主義的報紙〉的社論。

父親讀罷，臉色陰沉。他扳起手指一算：儲安平在《光明》總計工作六十八天。

一九五八年一月，儲安平被戴上反黨反人民反社會主義資產階級右派份子的帽子。人也從《光明日報》弄回九三中央。

那時，我正癡迷於李少春和他的京劇《野豬林》、崑曲《夜奔》。

按龍泉血淚灑征袍，

恨天涯一身流落；

專心投水滸；

回首望天朝。

急走忙逃，顧不得忠和孝，

良夜迢迢，

紅塵中，誤了俺武陵年少。

實指望，封侯萬里班超；

到如今，做了叛國黃巾，背主黃巢……

聲音清越，動作飄逸，一座空蕩蕩舞臺充滿了淒楚悲涼。聽著聽著，我忽然覺得這個扮相俊

朗，人生命運直起直落，起落之間沒有圓滑，沒有緩衝與下坡，極峭極美的林沖，就是我們的儲安平了。

父親和儲安平一別，就是三年。這三年，中國在三面紅旗的指引下，進入了大饑荒。一日，也是右派夫妻的《新民報》老闆陳銘德、鄧季惺夫婦來家閑坐。大家自然而然地談起吃喝來。父親說，自己如今每月配有一斤豬肉、二斤雞蛋；母親說，她每月配有一斤白糖、二斤黃豆。

一口四川話的鄧季惺告訴父母：「你們兩個曉不曉得？按現在的說法，配肉蛋者被稱做肉蛋幹部，配糖豆者叫糖豆幹部。」並指著父親說：「你是右派當中唯一的肉蛋類。李大姐（即母親）、我和銘德都在『糖豆』之列。」

她的話，讓父親聽得哈哈大笑。

聊了一陣，父親大概覺得陳鄧二人對新聞界有所瞭解，便問鄧季惺：「你可知道儲安平的近況？」

鄧季惺說：「我們沒有他的一點消息。」她的眼睛一亮，說：「許德珩不就住在你家的旁邊，不出百米。你如問他，定知詳情。若自己不便出面，來個迂迴，讓李大姐去問勞君展（許德珩夫人），不也可以了嗎？」

父親搖搖頭。在我的記憶中，章、許兩家似乎是老死不相往來的鄰居。但我至今也不知內中有什麼原因。鄧季惺答應父親，再從其他人那裏打聽儲安平的近況。等了數日，沒有回音。

一天清早，父親又提起儲安平，對母親說：「既然打聽不到老儲的近況，健生，你去看看他吧！」

母親立刻去地安門食品店偷偷買了些高級糖果、餅乾。因怕洪祕書看見後告密，便藏在父親的書櫃內，和明版書放在一起。

第二天下午，去了。儲安平的家已從阜內大街搬到了棉花胡同。

父親一直在客廳呆坐，連書都看不進，等著母親帶回消息。母親回來，父親見她一臉的平靜，他的心才稍稍放下。

母親去衛生間洗臉洗手，父親眼巴巴地跟在後面，問：「你看到人了嗎？情況怎麼樣？」

母親去臥室更衣，父親還是緊巴巴地尾隨於後，忙不迭問：「他怎麼樣了？家裏的人還好吧？」

父親像個孩子一樣，母親走到哪兒，他跟到哪兒。

安穩地坐在客廳沙發上、母親才說端詳：「儲安平開門，發現是我的時候，居然高興得不知所措。拿出家裏最好的綠茶，請我喝。一再問伯老好不好？身體怎麼樣？我說，伯鈞在所有朋友裏面最惦記的是你，也最對不住你。他早就想來看你，只怕再連累你，所以先讓我來探望。儲安平聽了這話，很感動。他說，謝謝伯老的關心，自戴上帽子以來，與民盟的人、和《光明》的人，再無聯繫。他也不想看那些人的嘴臉。」

「他現在的生活情況呢？」

「我問老儲現在過得怎麼樣？他說，還好。雖然工資降了很多，但現在的日子過得簡單，沒有

太大的開銷，自己也節儉慣了。談起日常生活，老儲說：『李大姐，我帶你去看一樣東西。』說完領著我出了北屋，來到院子東邊。原來這裏蓋了個小羊圈，養了些羊。有兩隻是母的。

說到這裏，父親聽不下去了。他起身，望著窗外，不禁歎道：「共產黨不給他一點事情做！」

「共產黨給你事情做了嗎？」母親反問了一句，

父親的情緒猛地激烈起來。他用拳頭狠狠拍擊沙發的扶手，喊著：「我是老頭子，可安平還不到五十歲！」

客廳驀然無聲，誰也不說一句。

沒過幾天，儲安平自己來了，算是回訪吧。他登門的時間很早，是提著一個橄欖綠、腰子形的鋁質高筒飯盒進來的。

「老儲，你好嗎？」父親大喜，握著的手久久不肯鬆開，且將他從頭打量到腳，再從腳打量到頭。

「我很好。伯老，你呢？」

他們寒暄過後，儲安平一面請母親趕快拿個牛奶鍋來，一面對父親說：「這是我拂曉時分擠的羊奶，特別新鮮，特意請伯老和李大姐嚐嚐。」

父親見儲安平氣色不錯，雙眼仍有光澤閃動。

「你現在每天做些什麼？」父親問。

「兩件事，讀書，餵羊。」

父親笑著說：「好。這樣可以『養吾浩然之氣』呀。」

「伯老，你現在不也有條件養浩然之氣嗎？」

「不，養浩然之氣，一是需要有充裕的時間，這個，我有。二是需要優閒的心境，這個，我大概是不會有了。」

「爲什麼？」儲安平問。

「我的心境是無法平復的。反右之於我，決非是一點人生失意、進退無路的遺憾，而是從此有二十萬個右派（那時父親以爲右派有二十餘萬）的身家性命，壓在了我的心上。」

儲安平勸慰道：「伯老，你千萬不能這樣想哇。誰都明白，事情的責任在中共。你自己的身體要緊。」

母親端上熱騰騰的羊奶。這奶色極好，隨著騰騰熱氣飄溢而出的芳香，令人想起嫩草青芽、山嵐白露和晨光熹微。爲了助興，母親還烤了兩片義利白脫麵包。

父親連喝了兩口，說：「很好喝！不僅新鮮，氣味也是好的。我喝羊奶，還是生平第一遭，謝謝你。」

父親的讚美，令儲安平非常欣慰。母親也說好喝。

在我看來，儲安平的這個舉動一如他在三十年前，從西湖裝了一袋桃花，寄給徐志摩。實在是太有詩意了。

「你們這樣愛喝，以後，我還會送來。」

父親忙擺手，道：「千萬不要再送了。你能來這裏，就好，比送什麼都好。」

儲安平問：「伯老，你家的客人少了，還能習慣吧。」

「客人不但少了，而且都是清一色。」說著，父親用右手做了個戴帽動作。

儲安平會意地點點頭。

父親突然笑了，說：「老儲，你猜，現在和我往來最密切的人是誰？」

儲安平閃動著那對靈活而有俠氣的眼珠，說：「你的社交範圍廣，我不好猜。」

「是努生，你想得到嗎？」

儲安平大笑，搖著頭說：「不可思議，不可思議。」

父親說：「過去，說章羅聯盟是活天冤枉，現在是實事求是了。用葉篤義的話來說：『自章伯鈞因儲安平的發言稿，向羅隆基道歉【註釋十】後，如今兩人是水乳交融般的親密。』不過，我們談起具體問題，還是聯盟不起來。」

「還是那個樣子。他現在一個人，日子比我寂寞多了。你可以去看看他，他若見到你，想必也會高興。」

「努生的脾氣，不知改了些沒有？」

儲安平沒有繼續這個話題，卻突然問：「有個叫李如蒼的，伯老認識嗎？」

「認識，認識，還很熟呢。老第三黨成員，日本留學生，浙江人，做過舊警察局長。解放後因

為同康澤【註釋十一】的關係，成了歷史反革命。有了這個身份，在農工（即農工民主黨）把個候補中委也搞掉了。他處境窘迫，我卻無法相助，但一直和他保持往來。」

儲安平歎道：「解放後，你能和他這樣的人保持交往，已算難得。如蒼每次提及，都很感念。」

父親問：「你怎麼會認識他？」

儲安平說：「全國政協在北京西南郊的一個叫模式口的地方，搞了個勞動基地。第一批下放鍛煉的，大多是右派和歷史上不大乾淨的人。九三中央第一個點了我，還有樓邦彥，農工黨裏面就有李如蒼。我和如蒼兩人，分配的勞動任務是放羊。工作累是累，要弄飼料，要掃羊圈，夜裏有時要起來查看查看。但是，每天我與他為伴，與羊為伍，在山坡上或坐或躺，曬太陽，望浮雲，談軼事。雖不是燈下敲棋、窗前展卷的文人生活，但可寵辱皆忘。那些山羊很可愛，尤其是母子間的慈愛，是很動人的。相處時間長了，對牠們很有些感情。

「如蒼懂得不少，四書五經不必說，什麼中國醫史、金匱、黃帝內經、巴甫洛夫高級神經活動、臨朝不理政的日本天皇、曹禺戲劇、周貽白戲劇史等等，他都有所涉獵。我看他這個舊警察局長，比我們現在的公安部長、局長的文化修養都要高。和他相處有話可談，也融洽。我們都是江浙人，回憶起江南風習、童年趣事，說得津津有味。如蒼的生活能力強於我，處處照料我。我們住的地方潮濕，他還教我練習氣功，說這叫以內禦外。可惜，我始城，都要從家中帶些自製的滬江小菜，像蘿蔔乾炒毛豆。我問：『你這些東西從哪裏搞來？』他總是說：『你就放心吃吧。』我們住的地方潮濕，他還教我練習氣功，說這叫以內禦外。可惜，我始

終未能學會。久而久之，我們成了朋友。從模式口回到機關後，我也只與他往來。如蒼住什剎海，銀錠橋側，是個好景致。我從棉花胡同出來到他家小坐，等於散步，鍛練身體了。」

父親告訴他，自己情況也有和他相似之處。過去最為接近的人，大多疏隔了。

「伯老，記得五七年夏天，你在我家裏的談話嗎？」

「記得。」

「那時，你勸我超脫一些，可以從事研究工作。現在我已經做了一半，另一半便難了。自己也沒有這個心力。」

父親點點頭，說：「是的，我們都被隔離於社會，想深入研究中國的社會現象、思想現象已經沒有了基本條件。這個情況，是我當時沒有想到的。」

「你現在除了參加一些會議以外，還做些什麼呢？」

「唉！」父親長歎，道：「反右以後，偶遇周恩來。他建議我寫點回憶錄或搞點黑格爾哲學的翻譯。後來，我讀到全國政協文史資料上刊載張文白（張治中的字）的一篇東西。在他筆下，敘述長沙大火一事，我數了數，不足二百字。把這樣的回憶文章留給後代，還不如不寫。關於翻譯黑格爾，我過去一直是有這個志向的。所以每逢出國，必購其書。賀麟來我這裏看到這些德文書，都羨慕得很哪！我現在雖有時間，卻怎麼也翻譯不下去了。」

「是不是缺乏相關資料？」

「不，老儲，還是我剛才說的心境問題。這個反右，叫我喪失了做研究工作必備的心境。我現

在只能讀讀老杜。杜詩的版本我已收集四十多種。看來，『少讀李白，老吟杜甫』很有道理。」

接著父親又說：「我這裏搜集了許多版本不錯的英國詩集，有莎士比亞、拜倫、雪萊等大家之作。普希金的英文版詩歌也是全的，四卷本，插圖也好。你今天拿些去吧，也不必還我。詩可讀，也可譯。」

儲安平搖頭，說：「英國詩歌的高貴優美之處，在於常伴有一種沉重的悲哀和深諳世道的智力。比如，誰也沒有見到哈姆雷特父親的亡靈，但誰都相信這個丹麥王子的悲哀。從前讀來，是受其薰染，現在讀來，情何以堪？」

他們還談到九三、民盟及農工三個黨派領導人的變動情況，彼此一經介紹，大致相差無幾。靠反右起家的人，都高升了。

儲安平說：「孫承佩當上了秘書長，成為九三的實權人物。學習會上常點我的名，批判『黨天下』。」

父親聽罷，笑了。說：「這和我們民盟的胡愈之，一個樣子了。他兩個都是中共黨員。所不同的是，胡愈之原來的地位就高些，故能一步登天，當上副主席。孫承佩只好先當一陣子秘書長。他只要聽中共的話，當副主席是遲早的事情。」接著，父親又向他打聽九三劃為右派的薛愚、袁翰青、樓邦彥的近況。「君看今日樹頭花，不是去年枝上朵。」民盟、農工、九三，別看還是民主黨派的那塊牌子，但內裏的變化實在太大、太大。

想到這些，父親不勝唏歔：「政治運動，幹部下放，思想交心，大躍進，公共食堂，這哪裏是

共產黨說的百煉成鋼，我看是百煉成灰。人成了灰，民主黨派也會成灰。不信，我們等著看，早晚有這樣一天。」

父親眯縫著眼，望著窗外的槐葉柳枝葡萄架，說：「拖，混。在無聊的日常生活中，拖下去，混日子，也許是你我這樣的人未來的出路。」停頓片刻後，又以低沉的語氣，道：「老毛欣賞秦始皇，而秦始皇是個有恩於士卒、而無禮於文人士大夫的獨裁者。所以像我們這樣的人，對時局發展當有一個充足的估計。」但他怎麼估計，也沒有估計到會有一個「文化大革命」。

儲安平告辭，母親把洗乾淨的飯盒遞到他的手裏。

他掂量了一下，說：「李大姐，你放進什麼了？」

「康有為的女兒前些天剛送來兩斤奶油小點心，是康家用僑匯票買的。我如果告訴她說，點心是和儲安平分而食之，老人家不知該有多麼高興呢。」母親的臉上堆滿了笑容和誠意。

父親在旁邊插了一句：「她叫康同璧，一個女貴族。」

儲安平這才接過了飯盒，說了句「伯老，留步。」遂走出大門。

父親兀自站在冷風裏，好像儲安平從他的心腸上，繫了一根繩索。走一步，牽一下，牽得他心痛。

晚上，父親對母親和我說：「我這輩子沒有像現在這樣無能，幫助儲安平只能是送他幾個奶油小點心！」

儲安平不無憂慮地問：「伯老，我們今後又會如何？」

話剛落音，母親的眼圈便紅了。

又過了一段日子。我放學回家後，在自己的書房讀小說。不一會兒，我家的保母關嫂遞來一小杯奶。

我問：「怎麼今天下午不喝紅茶啦？」

關嫂說：「這是你媽特地給你留的。」

「是牛奶嗎？」

「不，好像是羊奶。」

我把小說甩在書桌，大喊：「媽媽！」

媽媽被我的叫喊嚇住了，忙跑過來。既驚且喜的我，端著奶杯問：「是不是儲安平送的？」

「是的。看你上次那副遺憾樣子，這次我特意給你留了小半杯。」

「今天沒有多少課，我要是在家就好了。」

母親說：「你在家。爸爸也不會讓你去參加他們的談話的。」

「爲什麼？」

「因爲儲安平這次來，談的是關於自己的家庭婚姻。」

母親不說則罷，經她點提，我便非要問個清楚不可。

母親告訴我說：「儲安平原來的妻子，是他在光華的同學，人很好，複姓端木。婚後生活幸

福，也有了孩子。後來這個夫人病故【註釋十二】，儲安平就自己撐持這個家，供養孩子讀書上學。他的事業心強，社會活動多，雖獨身多年，也漸漸習慣了。前幾年，經一班朋友的一再相勸、相催，他和一位女士結婚了。不想，反右以後，儲安平的處境大變，他的夫人也大變。如果覺得丈夫是右派，給自己丟了臉，今後不好做人，那麼離婚好了。讓人萬沒有想到的是，她住著儲安平的房子，卻跟另一個男人明來暗往。時間一久，即被察覺。儲安平說：『伯老，即使閉戶三日，你也是猜不到這個人是誰？』停了好一陣子，他說了三個字——宋希濂【註釋十三】。爸爸驚詫得幾乎不相信自己的耳朵，再問：『是那個國民黨的宋希濂？（一九五九年）老毛特赦的那個甲級戰犯？』儲安平點頭稱是。爸爸站起身，拍著他的肩膀，哀歎：『所犯何罪，受此屈苦！都歸咎於我。』」

母親說到這裏，我已完全能想像他們談話的氣氛和情景。

我深知，父親素來不大看得起國民黨的降將。一九五九年國慶十週年大慶特赦的消息發佈，就引來他的滿腹牢騷。說毛澤東對現實採取的實用主義態度，搞得戰犯比文人香，屠夫比書生好。而此刻，一個知識份子所不能接受的人格侮辱和一個男人所不能容忍的生活侵犯，同時降臨儲安平的身上。政治上被剝奪的人，外部世界充滿的危險、敵意和孤立，本已十分痛苦。但爲什麼繼政治遺棄之後，再須經歷一次生活的遺棄？在社會喪失之後，還要再來一次家庭喪失？

父親說：「在中國一個人政治上失勢後，須有非凡的勇氣才能活下去。而儲安平不僅僅是失勢。」

母親又講，儲安平見父親那樣地難受，反倒安慰起他來，說：自己不要緊，事情也已到了尾

聲。

分手時，儲安平說：「有如蒼在，我們還能互通消息。」

他們短暫的會面結束了。可一連數日，父親是無論如何平靜不下來，又值細雨漫天，寒風砭骨，心緒至爲惡劣。我去書房看他，常見書攤放在那裏，人卻目定唇翕，面作青色。

大概過了一兩個月，一日下午，家裏來了一個衣著樸素、相貌堂堂的男子。從他說的一句「章伯老」三個字音裏，即可斷定是江浙人。

母親對我說：「他就是李如蒼。」

李如蒼告訴父母：「儲安平正在辦理離婚。女方提出三千元贍養費要求。法院的同志講，儲先生不是資本家，哪有許多的積蓄。最讓人難堪的是，這女人還住在儲宅。宋希濂的進進出出，就在老儲的眼皮底下。」

後來，李如蒼又來我家，告訴我的父母說，那女人已隨宋希濂搬走，並有話傳來，說自己如今在社會交往和生活享受方面，比跟個大右派強多了。

儲安平——這個報人、作家，依舊每日放羊、餵羊，每月到九三領一份工資，參加學習，接受批判且自我批判。他有頭腦，但社會不要他思考；他有精力，但國家不要他出力；他有才能，但政權不要他施展。

父親激憤無比：「對我們的處分，哪裏是戴上一頂帽子？我們的生命力正在受到侵犯。」

一九六六年的夏季，生命力受到侵犯的右派，面臨的是毀滅。

「無產階級文化大革命」在毛澤東的策劃發動下，似烈火在整個國土上熊熊燃燒。《人民日報》、《解放軍報》、《紅旗》雜誌的一篇篇社論，有如一把把乾柴，把火越燒越旺。

父親每天讀報，反覆琢磨字裏行間的寓意。他說：「老毛是個最善於、也最樂於運用暗示的人。我們往往從暗示中才能摸到他的一點用心。」又說：「史達林病亡後赫魯雪夫上台的事實，讓他憂心忡忡，疑心重重，生怕誰搶了他的金交椅。這個運動，說是文化大革命，我看還是圍繞著那把金交椅轉罷了。」

接著，報紙廣播批判「三家村」，批判翦伯贊的「歷史主義」，批判周谷城的「時代精神匯合論」，批判楊獻珍的「合二為一」，鋪天蓋地。父親非常瞧不起毛澤東這種算老賬的做派，說：「別看金鑾殿坐上了，舉手投腳，還是個農民。」

很快，「文化革命」成了暴力，在「橫掃一切牛鬼蛇神」的口號下，搞起了紅衛兵。發通牒，下勒令，破四舊，打人，剃頭，遊街，抄家……北京陷入紅色恐怖。天安門前、金水橋畔的宗教式的朝見，是毛澤東夢想了很久而最終得以實現的現實。坐在家中的父親得到這些消息，搖頭哀歎道：「今天看來，我是把共產黨估計高了，把毛澤東的野心估計低了。原來仍不過是陳涉吳廣、太平天國，是一個農民黨鬧了一場李自成進北京。面對黨首的嚴重又明顯的錯誤，千百萬的黨員竟無人出來反對；龐大的系統，竟然找不到一個規則和辦法，去有效的遏止。共產黨在政黨性質和成分上的問題，顯露無遺。老毛自己也真的成了皇上，『皇上猶天，春生秋殺，無所不可。』他犯的錯

誤，如果其下屬連想都不敢想的話，那麼他製造的一切，在生前是難以糾正的。這場革命，可謂毒痛天下。不說禍延百年，至少也是五十年。老毛大概是瘋了。」

學醫的母親則講：「他肯定患有嚴重的心理疾病。」

八月二十四日，紅衛兵闖進了家門。東西是能砸爛的，都砸爛；能拿走的，都拿走。人是吃盡了苦頭，受盡了侮辱。當父母被關在小屋，吃著甩在地上的窩頭的時候，他們就開始打聽朋友的情況。黃紹竑自縊身亡，章乃器慘遭毒打，劉王立明、葉篤義、劉清揚關入監獄等消息，一件件傳來，其中惟獨沒有儲安平的下落，父親焦憂萬分。

後來，只是聽說他一遍遍地挨打，家裏抄來抄去，破敗不堪，更無人相扶相助。他實在受不了，便逃到九三中央，請求組織收留。獲此消息，父親大感不妙，因為農工黨中央對收留的右派，就有半夜毒打的事情發生。父親估計九三對儲安平，也絕無仁慈可言。

大約是九月上旬的一天拂曉，晨星尚未隱去。忽然，有人輕輕地按了兩下電鈴。父親從這有禮貌、且帶著膽怯的鈴聲中揣測，來者可能是朋友，而不是進駐家中、夜間外出鬼混拂曉回來的紅衛兵。

母親開門，來者是李如蒼，且神色慌張。

李如蒼見到父母鋪在地上的被褥和凌亂的雜物，眼圈有些潮濕。

父親急問：「如蒼，紅衛兵也去你家了？」

他來不及回答，便說：「伯老，我要告訴你一件大事。」

小屋的氣氛，驟然緊張。

父親用試探的口氣，怯生生道：「是不是老儲出了事？」

李如蒼點點頭，說：「我每天五點多鐘起床，必出門，沿著什剎海轉一轉。今天也是這樣。可是我剛要開門，便發現腳跟前有一張紙條。好像是有人從門縫裏塞進來的。」說罷，遂從白襯衫的口袋裏，掏出咖啡色漆皮小本遞給父親。小本是一九五〇年第一屆全國政治協商會議發給每位委員的「全國委員會手冊」。父親把小手冊打開，抽出夾在當中的一張小紙條。

紙條潔淨，為白色，有二指寬大小，是對折起來的。父親雙手打開字條，那上面寫的是：「如蒼兄，我走了。儲」。用鋼筆寫的，未署日期，字不潦草。

李如蒼問：「伯老，你看他能走到哪裏去呢？又有誰敢收留他呢？」

「你收好。」父親把字條還給李如蒼，癡立於窗口。

以巾拭淚的母親，哽咽道：「我們在這裏掛念，他卻不知飄零何所？聽說浦雪齋離家出走時，身上還帶了十斤糧票、七塊錢。他帶了什麼？」

屋外，一片淺粉紅色的馬櫻花，開始敗落。偶有小鳥飛來飛去。而屋裏的人，個個心如鞦韆，擺蕩不止。我想：以一個字條和朋友告別的儲安平，此時或許會在天邊詠唱他的〈自語〉詩。

說，這是自己的願，不是勉強，

幫她的忙，為她提隻箱；

或者問一問天會不會下雨，

路上有沒有風浪。

但要是她眞的說出了這話；

「謝謝你，用不著先生——

這樣關切，這樣忙，」

怕我又會像挨近了絕崖般，

一萬分的失神，一萬分的慌張。——

父親眞的是「一萬分的失神」，半晌才說出一句話：「如蒼，他不是出走，而是去死。」

「他是不是昨天半夜把字條從門縫裏塞進來後，就投了什刹海？」

「那字條是什麼意思？」

「那字條是向你我訣別。」

李如蒼聽了這話，眞是「一萬分的慌張」，急匆匆道：

「要見屍呀！」說罷，父親已是老淚縱橫。

父親彷彿從迷惑中猛醒過來，走到李如蒼跟前，說：「快，快回去，守著什刹海。如蒼，死也

李如蒼收好字條，出了家門。他走了兩步，又跑回來，低聲問：「伯老，要不要把字條的事，

告訴九三或民盟？」

「不！」父親表情冷峻，口氣決絕：「人活著的時候，他們都不管；現在，還會管嗎？再說，民主黨派還有能力管嗎？」

「那麼，要不要告訴街道、派出所或公安局？」

「不！」父親依舊是冷峻的表情，決絕的口氣：「共產黨，你不要它管，他也會管的。」

李如蒼走了，在什剎海守了七天七夜。每天晚上，他便偷偷跑到東吉祥胡同十號，對父親重複著一句同樣的話：沒有見到儲安平。

父親色如槁，心如灰。而在他的內心深處，是很欽佩羨慕儲安平的。

「死亦我所惡，所惡有甚於死者，故患有所不辟也。」父親始終確信他的死，並說：「儲安平不能容忍自己適應奴役，一定是這樣做的。因為死亡在他看起來像是得救，他是被共產黨製造的恐怖嚇壞了。所以，不但要用這樣的方式結束痛苦，他還要用這樣的方式，保持自己的卓越和尊嚴。

再說，儲安平已沒有什麼事可做，只有吹滅生命的殘焰。」

許久，父親枯瘦的手搭在我的肩膀上，說：「我的小愚兒，你的老爸也早已是無事可做了。」

我一頭撲進父親的懷裏，大哭。

儲安平之死，是我在一九六六年冬季從成都偷跑回家後，由父母親講述的。聽著、聽著，我的靈魂彷彿已飄出了體外，和亡者站到了一起。

我獨自來到後面的庭院。偌大的院子，到處是殘磚碎瓦，敗葉枯枝，只有那株馬尾松依舊挺立。走在曲折的小徑，便想起第一次在這裏見到的儲安平：面白，身修，美豐儀。但是，我卻無論

如何想像不出儲安平的死境。四顧無援、遍體鱗傷的他，會不會像個苦僧，獨坐水邊？在參透了世道人心，生死榮辱，斷絕一切塵念之後，用手抹去不知何時流下的涼涼的一滴淚，投向了的湖水、河水、塘水、井水或海水？心靜如水地離開了人間。總之，他的死是最後的修煉。他的死法與水有關【註釋十四】。絕世的莊嚴，是在權力加暴力的雙重威脅的背景下進行的。因而，頑強中也有脆弱。

但他赴死的動因，決非像某些人口袋裏揣著手書「毛主席萬歲」的字條，以死澄清其非罪或以死自明其忠忱。我是同意父親看法的：死之於他是撅折，也是解放；是展示意志的方式，也是證明其存在和力量的方法。通過「死亡」的鏡子，我欣賞到生命的另一種存在。

明末一個學者曾說：「人生末後一著，極是緊要。」一九二七年國學大師王國維的「人生末後一著」，是自沉於頤和園魚藻軒附近。「五十之年，只欠一死，經此世變，義無再辱」，他的遺書開頭四句當是自沉原因的準確揭示。可以說，追求精神孤潔的中國知識份子之所以選擇極端決絕的方式告別人世，都是為了「義無再辱」。諍言直腹的儲安平也是這樣的。他用死維持著一種精神於不墜，完成了一生中的人格追求。魯迅認為：「真的知識階級是不顧利害的」，「他們對於社會永不會滿意的，所感受的永遠是痛苦，所看到的永遠是缺點，他們預備著將來的犧牲。」魯迅的結論是：中國沒有這樣的知識階級。一九四九年前的魯迅屬於「真的知識階級」；一九四九年後的儲安平屬於「真的知識階級」。這樣的人，過去為數不多，今天就越發地少了。

任何願望都帶著這個願望的反面，當這個願望本身消失了的時候，它的反面可能還活著。《光明日報》不再屬於民主黨派。可父親到死一直都自費訂閱《光明日報》。我不明白這是為什麼？或

許爲了儲安平；爲了他倆一度攜手在《光明》。

父親曾經讓我替他到虎坊橋，看看新蓋好的《光明日報》大樓是個什麼樣子？裏面的辦公條件好不好？

後來我去了，嚴肅的門衛問：「你找誰？」

「誰也不找，只是想進去看看。」

「不行。」

我沒有告訴父親自己被阻在門外的情況；而至今我也未能了卻父親的這樁心願。

父親去世後，母親繼續自費訂閱《光明日報》，一邊看，一邊說：「怎麼比《人民日報》還難看了。」

八十年代初，吳祖光訪美歸來。他特地打來電話，說要告訴我一則消息。我去了坐落於東大橋的吳宅。

紅光滿面的吳祖光，興沖沖地說：「詒和，有個老作家在美國某個小城鎮的街道散步，忽見一人酷似儲安平，即緊隨其後。那人見有跟蹤者，便快步疾行。老作家生怕錯過良機，便連呼：儲先生。聲音也越來越高。那人聽後，竟飛奔起來，很快地消失了。依我看，儲安平可能還活著，在美國。要不然怎麼死不見屍呢？這個消息太珍貴了，你回去告訴李大姐（即指我母）。」

我把這個消息轉述給母親。母親說：「這不是儲安平的消息，是儲安平傳奇。」

一九九〇年五月，母親病逝。我整理她的遺物，發現了李如蒼的那個咖啡色漆皮「全國委員會

「手冊」，裏面沒有那張絕筆小紙條。

李少春也已去世，但舞臺上仍有《夜奔》。不管誰演，不管是舞臺演出還是電視播放，我必看，看必想念儲安平。樂譜裏有休止符，當演奏到休止符，音樂即停。人的一輩子，也有休止符。

但別以為休止了，人生就到了盡頭。其實在休止之後，音樂會重新響起。

儲安平沒有安息。他正在復活。

二〇〇二年一月改於香港中文大學田家炳樓

二〇〇三年十二月於北京守愚齋

【註釋一】儲安平（一九〇九—一九六六），江蘇宜興人。出身於宜興望族，出生後六天喪母，十四歲喪父。依賴祖母撫養，生活節儉。一九二八年入上海光華大學英文系，一九三二年畢業。一九三三年起，在南京《中央日報》任副刊編輯。一九三六年赴英國倫敦大學做研究工作。一九三八年回國至重慶，先後擔任《中央日報》撰述、編輯，復旦大學教授、中央政治學校研究員。一九四〇年八月，在湖南省安化縣藍田鎮國立師範學校任教師。《英國采風錄》、《英人法人中國人》為這一時期作品。《英國與印度》一書則是其講授英國史和世界政治概論的講稿。並在桂林《力報》任主筆。一九四五年春，在湖南辰溪《中國晨報》任主筆。日軍侵佔桂林後，在重慶創辦《客觀》週刊，共出版了十七期。一九四六年春赴上海，九月一日創辦《觀察》半月刊，任社長和主編，同時兼任復旦大學教授，開設比較憲法、各國政府與政治等課程。一九四八年十二月二十五日被國民黨查封停刊。中華人民共和國成立後，歷任國家出版總署專員、新華書店副總經理、出版總署發行局副局長。一九五四年任九三學社中央委員兼宣傳部副部長，並當選第一屆全國人民代表大會代表。一九五七年任《光明日報》總編輯。一九五八年一月被劃為資產階級右派份子。一九六六年逝世。死因不明。年五十七歲。

【註釋二】一九四一年三月十九日中國民主政團同盟（中國民主同盟之前身）成立。成立後因在國統區沒有合法地位，不能公開活動，決定派中央常委梁漱溟去香港辦報。同年，九月十八日中國民主政團同盟的機關報《光明報》，在香港正式出版。梁漱溟為社長，薩空了為經理，俞松華為總編。一九四三年民主政團同盟領導人紛紛出面主辦刊物、報紙。先後創辦的有黃炎培創辦、張志讓主編的《憲政》月刊；左舜生主編的《民憲》（此刊於一九四四年十一月由中國民主同盟接辦）；章伯鈞主編的《中華論壇》；聞一多、李公樸創辦的《自由評論》；成都民盟成員負責編輯出版《華西晚報》；民盟西北總支部主辦《秦風日報·工商日報聯合版》；民盟雲南省支部於一九四四年底創辦《民主週刊》（吳晗主編）；一九四五年民盟重慶支部創辦機關刊物《民主星期刊》（鄧初民主編）；一九四六年二月民盟總部在重慶創辦《民主報》；三月民盟廣東支部創辦《民主》（陳此生主編）和《民主與文化》（黃藥眠主編）；九月，千家駒、胡仲持、張錫昌在廣西昭平辦《廣西日報》。另有民盟海外組織支援和主辦的馬來亞《南僑日報》、《風下》、《新婦女》，緬甸《人民日報》，暹羅《曼谷商報》、《民主新聞》，英國《民訊》，印尼《民主日報》，越南《中華日報》等。

【註釋三】《文匯報》，中國綜合性大型日報。一九三八年一月二十五日由嚴寶禮等在上海創辦。抗日戰爭期間，此報堅持抗日立場，在上海「孤島」和淪陷區有廣泛影響。一九三九年五月十八日被迫停刊。抗戰勝利後，於一九四五年九月復刊。一九四七年被國民黨當局勒令停刊。以後，部分記者、編輯和職工去香港，於一九四八年九月九日創辦香港《文匯報》。《文匯報》上海版於一九四九年六月二十一日復刊。一九五六年四月，遷北京與《教師報》合併。同年十月一日，回上海再度單獨出版。

【註釋四】謝泳在所著《儲安平——一條河流般的憂鬱》一書中認為，儲安平到《光明日報》，是胡喬木推薦的。書中（第四十六頁）是這樣寫的：一九五六年六月，王謨給于毅夫的一封信中認為，「張際春同志說，一些民主人士對《光明日報》辦得很不滿意，是否我們可以退一步，把常芝青同志調出來，由前《文匯報》總編輯徐鑄成接任《光明日報》的總編輯。這樣我們可以更主動一些。際春同志要我把這個意見轉告統戰部，並徵求統戰部意見。」可見當時中央有意讓徐鑄成去。儲安平出事以後，常芝青在一份材料上曾說過：「我個人以為，喬木同志對儲安平的一些看法與估計看來是未必符合實際的，有一些同志反映，這樣一些人到《光明日報》是未必恰當的，我也有同感。」由此可見，儲安平能到《光明日報》確實是胡喬木推薦的。

【註釋五】陸小曼編輯《徐志摩日記》一書第十五頁，曾這樣寫道：「前天乘看潮專車到斜橋，同行者有叔永、莎菲、經農，莎菲的先生Ellery，叔永介紹了汪精衛。一九一八年在南京船裏曾經見過他一面，他真是個美男子，可愛！適之說他若是

女人一定死心塌地的愛他，他是男子……他也愛他！精衛的眼睛，圓活而有異光，彷彿有些青色，靈敏而有俠氣。」

【註釋六】袁翰青（一九〇五—一九九四）江蘇南通人。一九二五年入清華大學化學系，一九二九年畢業赴美國伊利諾大學研究院從事有機化學研究，一九三一年獲博士學位。一九三二年回國，任南京中央大學教授。一九三九年起，在蘭州擔任甘肅科學教育館館長，並在西北師院任教。中華人民共和國成立後，任文化部科學普及局局長。一九五二年起，任商務印書館總編輯。一九四六年任北京大學化學系教授和化工系主任，並在北京師範大學和輔仁大學兼任教授。一九五五年籌組中國科學院西北分院，並當選為中國科學院學部委員。一九五六年任中國科學技術情報研究所所長研究員等職。著有《中國化學史論文集》等。他一九四五年加入九三學社，歷任九三學社第二屆理事、第三屆至第七屆中央常委、第一屆至第七屆全國政協委員、第六、七屆全國政協常委。

【註釋七】樓邦彥（一九一二—一九七九）浙江鄞縣人。教授。他一九四五年加入九三學社，歷任北京大學、北京政法學院教授、北京司法局副局長，九三學社成員，是第二屆全國政協委員。長期從事司法行政和政法教學。專於行政法和憲法。著有《中華人民共和國憲法知識講座》。一九五七年被劃為資產階級右派份子，一九七九年平反。

【註釋八】孫承佩（一九一五—一九九〇）山東桓台人。肄業於北京大學法商學院。曾任《新蜀報》主筆，北平中外出版社社務委員。一九四七年加入中國共產黨。中華人民共和國成立後，歷任九三學社中央宣傳部部長、秘書長、副主席兼中央執行局主任，《光明日報》總編室副主任，《新建設》雜誌代主編，北京文化局副局長，第二、三、四屆全國政協委員。著有歷史劇《官渡之戰》等。

【註釋九】王鐵崖（一九一三—卒年不詳）原名慶純，筆名石蒂。福建福州人。一九二九年畢業於福州第一高中，考入復旦大學英語系。一年後轉政治系。一九三一年轉入清華大學政治系三年級，一九三三年畢業，獲法學學士學位；同年考取清華留美生，在美研究一年。一九三六年畢業，獲碩士學位。一九三九年返國。同年任國立武漢大學政治系教授。一九四〇年任國立中央大學政治系教授，後兼任系主任。中華人民共和國成立後，一九四二年轉英國，入倫敦政法經濟學院研究生。一九四七年加入中國共產黨。一九四六年又轉任國立北京大學政治系教授。於一九五二年改任北大歷史系教授兼國際關係史教研室主任。一九五七年轉任法律系教授，後仍任北大政治系教授兼系主任。一九五七年至一九五九年，為北京市政協委員。一九八〇年後，又為北京市政協委員教授；同年參加中國民主同盟。

兼任中國外交學院教授和中國社會科學院法學所研究員、北大美國問題研究中心主任、中國國際法學會副會長、中國政治學會顧問等職。一九八三年加入中國共產黨。著有《新約研究》、《戰爭與條約》、《國際法》等。

【註釋十】儲安平一九五七年六月一日中央統戰部召開的座談會上讀的「黨天下」發言稿，在五月十九日徵求過羅隆基的意見。有人爲了加重他的罪名，硬要說成是與羅隆基共謀。民盟中央批判會上，父親在緊逼之下，亦說：「儲安平關於『黨天下』的發言稿，事先經羅隆基看過。」羅否認此事；儲只承認是受了羅的影響。後來爲了這件事，父親向羅隆基正式道歉。

【註釋十一】康澤（一九〇四—一九六七）四川安嶽人。一九二五年黃埔軍校第三期受訓，後入蘇聯莫斯科中山大學學習。一九三三年任國民黨軍事委員會別動總隊隊長。兼任中央軍校特訓班主任。一九三七年抗日戰爭爆發後，任國民政府軍事委員會政治部第二廳廳長、復興社總社書記。一九三九年派爲三民主義青年團中央幹事會幹事。一九四七年被選爲立法院立法委員、國民黨第六屆中央執行委員會常務委員，授陸軍中將。一九四八年任第十五綏靖區司令官，同年在湖北襄樊戰役被中國人民解放軍俘獲。一九六三年被特赦釋放。曾任全國政協文史資料研究委員會專員。一九六七年在北京病逝。終年六十三歲。

【註釋十二】經查，端木女士與儲安平於一九四二年離異。

【註釋十三】宋希濂（一九〇七—一九九三）別號蔭國，湖南湘潭人。幼年讀私塾、小學。一九二一年考入長沙郡中學，一九二四年畢業，同年考入黃埔軍校（第一期），十一月畢業，入教導團第二團第四連任副排長、排長、副連長、連長。一九二六年北伐時，任國民革命軍第二十一師營長。一九二七年，赴日本留學，入陸軍步兵學校。一九三〇年歸國。一九三一年任國民政府警衛軍第一師第二旅旅長。一九三二年淞滬抗戰後，任副師長兼旅長。一九三三年調升第三十六師師長，兼任撫州警備司令。一九三七年，任西安警備司令，第七十八軍軍長。一九三九年，兼任第三十四集團軍副司令。一九四一年調升第十一集團軍總司令，兼任昆明防守司令。一九四五年當選爲第六屆國民黨中央執行委員。調兼西北行轅參謀長。一九四八年，任華中「剿匪」副總司令兼第十四兵團司令官。一九四九年八月，任川陝湘鄂綏靖公署中將主任，十二月在大渡河畔沙坪被俘。一九五九年十二月四日特赦釋放。一九六一年至一九六六年任全國文史資料委員會專員，第四屆全國政協委員，第五、六屆全國政協常委。一九八〇年赴美探親，後定居美國。

【註釋十四】現居澳大利亞的鋼琴家儲安平之子儲望華在〈父親，你在哪裏？〉一文中說：「父親『失蹤』是在一九六六年九月上旬，那已是八月三十一日（與作家老舍投太平湖是同一天）在京西青龍橋邊潮白河自殺未遂後一個多星期。當時他從關押他的九三學社後院小屋回家，看到家裏已是被『紅衛兵』第二次抄家。居室、客廳均被洗劫一空，除滿地碎紙亂片外，已一無所有。面對這般情景，父親的心便整個地絕望了。於是他踽踽離開家中，走了出去。……到了九月中旬的一天，我接到當時主管九三學社中央機關日常事務的梁女士打來的電話，她問我：『你父親有沒有到你那裏去？』『你知不知道他目前在哪裏？』我說：『父親不是被你們押管著嗎？你們不是正籌備批鬥他的大會嗎？』『你知不知道他目前在哪裏？』我說：『父親不是被你們押管著嗎？你們不是正籌備批鬥他的大會嗎？』『以確保首都的安全！』於是九三學社派了一名幹部（中共黨員），並要求我和我二哥協助。我們騎著自行車在北京的東、西城不少街巷轉了好幾天，查訪了過去與父親曾有往來的朋友們，卻毫無結果。到了一九六八年夏，有一天，幾個穿著軍裝的幹部來找我，說他們是『奉周恩來之命，由公安部、統戰部等組成儲安平專案組，在全國範圍內進一步查尋儲安平的下落。』（臺灣《傳記文學》第五十五卷第二期，第五十九、六十頁）

又據謝泳《儲安平——一條河流般的憂鬱》一書第六十一頁載：「一九八二年六月，他（儲望華）準備去澳大利亞留學時，單位的一位領導才匆匆拿來一份文件，告訴他：『剛剛接到中央統戰部來函，對你父親正式做出「死亡結論」。這時儲安平已經失蹤十六年了。」

【附】儲安平作品篇目

著作

〔1〕《說謊者》（小說集）上海書店，一九九二年十二月影印版

〔2〕《給弟弟們的信》（散文集）開明書店，一九三六年出版

〔3〕《英國采風錄》商務印書館，一九四五年出版

〔4〕《英人法人中國人》觀察叢書，一九四八年出版

〔5〕《英國和印度》科學書店，四十年代出版

〔6〕《瑪納斯河墾區——新疆旅行記》中國青年出版社，一九五六年出版

〔7〕《新疆新面貌——新疆旅行通信集》作家出版社，一九五七年出版

散文

〔8〕〈關於「睡廟求醫」的故事〉（一九二八年）原載《語絲》第四卷第十八期，一九二八年四月三十日

〔9〕〈小病〉原載《眞美善》第六卷第六期，一九三○年十月十六日

〔10〕〈殘花〉（一九三○年五月）同上

〔11〕〈母親〉（一九三○年八月十三日）原載《眞美善》第七卷第一號，一九三○年一月十六日

〔12〕〈牆〉（一九三○年十一月二十八日）原載《新月》第三卷第七期

〔13〕〈一條河流般的憂鬱〉（一九三一年）原載《新月》第三卷第十二期

〔14〕〈一段軍行散記〉（一九三三年一月一日）原載《新月》第四卷第一期

〔31〕〈辛勤・忍耐・向前〉原載《觀察》第一卷第二十四期，一九四七年二月八日

〔32〕〈中國的政局〉原載《觀察》第二期，一九四七年三月八日

〔33〕〈三百二十位讀者意見的分析與解釋〉原載《觀察》第二卷第十二期，一九四七年五月十七日

〔34〕〈大局浮動、學潮如火〉原載《觀察》第二卷第十三期，一九四七年五月二十四日

〔35〕〈論文匯、新民、聯合三報被封及大公報在這次學潮中所表現的態度〉原載《觀察》第二卷第十四期，一九四七年五月三十一日

〔36〕〈學生扯起義旗，歷史正在創造〉同上

〔37〕〈讀孫科談話〉原載《觀察》第二卷第十八期，一九四七年六月二十八日

〔38〕〈政府應對《紐約下午報》的攻擊採取步驟表明態度〉《觀察》第二卷第二十二期，一九四七年七月二十六日

〔39〕〈艱難・風險・沉著〉原載《觀察》第二卷第二十四期，一九四七年八月九日

〔40〕〈「為中國農村試探一條出路」刊出後的回應〉原載《觀察》第三卷第五期，一九四七年九月二十七日

〔41〕〈白報紙！〉原載《觀察》第三卷第九期，一九四七年十月二十五日

〔42〕〈評立特的偏私的、不健康的訪華報告〉同上

〔43〕〈評《出版法修正草案》〉原載《觀察》第三卷第十五期，一九四七年十二月六日

〔44〕〈論全國專科以上學校開除學生全國專科以上學校不得准其入學之不妥〉原載《觀察》第三卷第十六期，一九四七年十二月十三日

〔45〕〈我們建議政府調查並公佈白報紙配給情形〉原載《觀察》第三卷第十九期，一九四八年一月三日

〔46〕〈風浪・熬煉・撐住〉原載《觀察》第三卷第二十四期，一九四八年二月七日

〔47〕〈論程夢明案兼社會有心人能否合攏來做一點事情〉同上

君子之交

—— 張伯駒夫婦與我父母交往之疊影

自打反右運動一起頭兒，父親就開始琢磨著反右的結局和自己的下場，甚至在毛澤東還沒想好怎麼處理他的時候，他就在家裏把自己處理了一回——讓警衛秘書王鎖柱把家中所有的工作人員召集到東客廳，請他們圍著平時吃飯的圓形大餐桌，一一坐下。

父親客氣又鄭重地對他們說：「你們大概已經從報紙上知道了，我現在犯了政治錯誤。所以，請你們不要再叫我章部長了，可稱我先生，也可直呼我的姓名。」

坐於一側的王秘書趕緊聲明：「在我們沒有接到正式通知以前，大家都必須繼續稱呼您為章部長。」

此後，父親不止一次對家人說：「我們準備過老百姓的日子吧，回桐城老家更好。」

一九五八年一月底，父母雙雙獲得「又劃又戴、降職降薪」的處理。好像上邊對父親特別寬大，在撤掉交通部部長、全國政協副主席、農工商中央主席、民盟中央第一副主席、光明日報社長等九個職務之後，特意保留了全國政協常委、民盟中央常委的職務。在由行政三級降至七級後，又特別保留了四合院、小轎車、司機、警衛、廚師、勤雜、秘書。國人社會地位的尊卑，往往集中展示於權力所給予物質待遇之厚薄上。父親既受政治貶損，又得生活厚待。如此發落，大大出乎承受

者的預想。

斗轉星移，歲月悠悠。慢慢地，父母開始咀嚼出那帽子的沉重和帽子底下沉重的人生。首先便是與中國歷史同樣源遠流長的世態炎涼。親近的、親切的、親密的，一個接一個地疏遠、疏隔、疏離了。而且，越是親近親切親密的，就越發地疏遠隔疏離。諸如，二十年代一起參與北伐戰爭的老友，三十年代共同發起「國民黨臨時革命行動委員會」的第三黨人，四十年代參與籌措成立「中國民主政團同盟」的民盟元老。好像他們當初當年當時結識章伯鈞，便是一種錯誤。唯有五七年的政治風雨，才撥正了他們所在黨派以及本人生命之舟的航向。看著他們批判自己的那副痛心的樣子，父親也跟著替他們心痛。

一日，戴帽的母親到農工黨北京市委會去參加政治學習。在回家的路上，大老遠便瞅見個老熟人。這也難怪，五十整的年紀，眼神正好。老熟人是民盟中央的副秘書長，叫辛志超。他不僅和父親、母親熟，而且和我姐、和我也熟。我家的門檻兒，他是跨進跨出的。每每在與父親談正事之前，都要給我姐妹倆講上一段故事。故事多半說的是燕都舊話，再與那滿嘴的京腔京韻相搭配，我倆聽得津津有味。民盟中央的人，從沈鈞儒開始往下數，來家裏開會、談事、作客、吃飯、聊天的，不下幾十個。要論個生熟鹹淡，眼下這位離母親不遠的人，得算在十名以內。所以，我很能想像母親認出他時的那股衝動、那股欣喜及那份熱情。

母親揮動著手，向他飛奔過去。辛副秘書長停住腳步，四下裏張望。當他那雙近視加老花的眼睛透過厚重的鏡片，終於辨清來者為何人的時候，即毫不猶豫地轉身一八〇度，快速消失在人流

中。

母親傻站在街沿。她對老熟人或許有很多的話要說，或許只想問聲好。她有如一個在外面受了委屈的孩子，回到家中眼淚便撲簌簌地滾落出來。在父親的詢問下，母親講述了街頭剎那間的經歷。

站立一旁的我，簡直不敢相信這是真的：「辛伯伯，怎麼會不理我們的媽媽呢？」我為如此熟識的人能做出如此絕情的事而憤怒，心底還有一種母親受辱自己也跟著受辱的感覺。

母親為自己的不識時務、不通人情而悲哀。不禁歎道：「解放前看的《紅樓夢》和解放後讀的馬克思，都算白費了。連熟識的人才專做絕情事的起碼常識，都沒能學到手。」

父親則勸母親心放寬些、看得開些：「大到一個政黨的背信棄義，小至辛志超的躲避奔逃，自古就是中國官場的傳統。」語重心長地說：「大到一個政黨的背信棄義，小至辛志超的躲避奔逃，自古就是中國官場的傳統。」不過，父親也從中預見到自己的未來，必是孤獨自處的末路。除非欽定的章羅聯盟和反右運動被欽定者推翻，而這個「推翻」又是根本不可能的。

憂心忡忡的我問道：「爸，人當了右派，怎麼別人就不理睬了？日子也難過了？」

問話使父親激憤起來，他忿忿地說：「只有在中國當右派，才是這個樣子。小愚，你哪裏曉得──在西方，右派也是很體面、很神氣的呀！議會裏，還有他們的席位呢，與左派的區別僅僅是政見不同罷了。議論國家大事的時候，左派、右派、中間派各自發表看法，陳述主張，申明立場。因為各派所持立場、主張、看法不同，它們之間勢必要有激烈的辯論、爭執以及相互攻擊。這一切，都是很正常的政治現象，並受法律保障。西方國家的官方政策，往往也都要經過這些辯論、爭執和

攻擊的考驗或矯正，現在，老毛把右派定性爲反黨、反人民、反社會主義，還劃了個資產階級成份。那麼，左派與右派便不屬於思想差異，而成爲革命與反動的政治對立了。在我們這個國度，誰一旦成了統治者的政治對頭或被看做思想異端，日子就很難過了。國家、權力、輿論、黨派、社會、朋友、甚至家庭，都會糾合成爲一股力量，不斷地打擊、迫害、除滅這個對頭和異端。在這個問題上，我原以爲新社會要比國民黨做得好一點。現在看起來，和過去沒有太大的不同。」我自幼就愛聽父親說話。因爲他說的，和報紙上登的、收音機放的、課堂裏講的，都不一樣。他不從屬於別人，他只屬於自己。

或許因爲情緒激動，父親的聲音越來越高。母親不讓父親繼續往下講，打斷他的話頭：「當著孩子的面，不要說這些，而且一句一個共產黨，一句一個老毛。從前你可以這樣說話，現在你是右派，再不可以這樣講了。你在家裏講，萬一傳到外面，人家真要說章伯鈞反動到家了。雖然我們看不慣黃炎培；兒子劃成右派，自己跟共產黨反倒更加親近。但你也沒有必要和過去一樣傻，把所有的想法都說出來。」

我知道母親「訓」父親，是因爲母親疼父親。特別是在眼下，知他疼他的人沒剩下幾個。整版整版的批判文章，整天整天的批判大會，父親就像吞大魚大肉一樣，全部嚥下。而母親這番雨絲風片般的「訓」，對父親來說，充其量只能算做一碟清炒苦瓜。父親聽完「訓」，一不反駁，二不申辯，三不堅持。自己一個人回到書房。我也緊跟著進去。當父親坐在寫字枱前的皮轉椅上，他的臉色分明陰沉了許多。俗話說：樹怕剝皮，人怕傷心。我在想：社會上已經失去「面子」的父親，是

不是覺得在家庭裏開始失去「裏子」了。父親失去得再多，哪怕父親在外面的存在等於零，那他也

是我的爸。我一聲不吭，站立在父親的身後。父親也一聲不吭，雙手交叉於胸。他的外表是平靜

的，然而心裏必定很難受。六十多個年頭的人生，在心窩子裏一次次跌宕翻騰。

父親面對政治壓力和應付社會環境的唯一選擇，是獨處，也只能獨處。假如他是個埋頭做學問

的，面壁數十載，獨處一輩子，也算不得什麼難事。偏偏父親從中國私塾讀到柏林大學，也沒能塌

心做學問，而是起勁兒地搞政治。搞政治可不能清靜，得參與，得活動，得鬧騰。開會，講演，結

社，遊行，擬指示，呼口號，寫文章，直至發動戰爭（可惜父親的本質是書生，他搞的政治始終未

能上升到拿槍桿子的高級階段）。父親以此為生活，以此為追求，以此為樂趣。如今這種生活、追

求和樂趣，給撅折掐斷，戛然而止了。這番光景，好似一個有名氣的演員，戲唱得正帶勁兒的時

候，被轟下了台。令其振作、陶醉和亢奮的鑼鼓、絲竹、燈光、油彩、底班、龍套、跟包、觀眾，

也隨之消失得無影無蹤。現在一大早起床，父親不必忙著東奔西跑，既沒有事情等候他處理，也沒

有單位請他去講話。上午到下午，父親不必忙著漱洗用餐，既沒有機關讓他去上班，也沒

要他參加。從早到晚，父親不必忙著前庭後院的穿梭，既沒有人按動大門的電鈴，客廳裏也沒有響

動的電話，書房裏更沒有擺放好的文件、報告、公函、書信，亟待拆閱。父親全天最重要的事，就

是從洪秘書手裏接過當天的報紙——《人民日報》、《光明日報》、《北京日報》、《中國青年報》

……厚厚一疊，他的眼睛像架掃描器，用不了多大工夫，就都「掃」完了。唯有每日分早、午、

晚三版的十六開大小的《參考資料》（即《參考消息》之前身），讀得仔細，看的時間也最長。

父親說：「只有《參考》上，還有一點消息。」有時候《參考資料》送進門，正巧父親要去方便。他能拿著它，在衛生間裏待上幾十分鐘。要不是母親催我也叫喚的話，不知他坐在馬桶上還得看多久。老實講，能得到這一點消息，也來之不易。因為父親在必須接受右派帽子時，向中共中央統戰部提出的唯一請求，就是希望今後自己能夠繼續看到一份《參考資料》。

把看《參考》的事做畢，父親也就終日無事可做了。在以往雜亂忙碌辛苦勞累疲憊困乏的時候，他多麼嚮往安寧清靜恬淡閒適的日子。現在，他嚮往的日子來了，卻沒能給自己帶來安寧清靜恬淡閒適。一九五七年以前，那時事情再多、工作再忙，父親每隔一、兩個月要抽出一天的工夫，把全家帶到郊外去散心。香山、頤和園、十三陵是常去之地。現在，每天都可以搞郊遊，父親卻待在家裏，不愛動彈。說來也是，父親乃職業政治活動家，現在打發他去過既無政治、又無活動的生活，他渾身上下能得勁兒嗎？父親常一個人獨坐書房。黃昏時分，書房內一片幽暗，他也不開燈，凄敗之色在臉上盡情地鋪展，猶如把自己自覺地放逐在大漠之上，而四顧茫然……

年輕的我很難體會出父親內心的複雜感受，但我發現自己的日子過得也不痛快了。填好的入團申請書，被告知作廢。政治課老師拿我的思想小結或學習心得做為批判材料，在全班散發抖落。班幹部和積極份子都不怎麼搭理我。幹部子女身份的同學把我從圈內踢到圈外；出身不好的同學又不敢把我從圈外劃入圈內。一個先是團支部書記後當上學生會主席的同學，時刻用批判的目光打量我，並抓緊一切可以抓緊的機會，隨時向我發動攻擊。站在學生官兒的位子上，她的每次行動又總

能糾集到同黟。一旦我陷入挨批的處境，就覺得自己也當上了爸。這時我心裏也著實納悶兒：本是眉清目秀的少女，只要懷上一顆革命的心，怎就窮凶極惡起來？下午自習課後的自由活動，是我最難捱的時光。看著同學三三兩兩地開聊天，拉幫結夥地搞活動，就好像一支行進中的浩蕩隊伍單把我拋撇在外頭。我孤零零地佇立於操場東頭的老楊樹下，看著漸褪的夕陽，即使什麼都不想，只要鼻子一酸，那眼淚就流成了行。為了排遣空虛，我能借個籃球，一口氣玩它幾個小時。

我的同學、已是北京青少年業餘體校籃球隊員的洪鈴，瞧我投籃的興致如此之高，便對我說：

「你那麼愛好體育，找個機會我推薦你去業餘體校學打籃球吧？」

我回家把這事兒跟父親說了。父親這下子可找到一個分析事理的機會。他口若懸河地講起來，認為洪鈴的通脫，更多地是接受了其父洪深的影響。然後，告訴我電影戲劇家洪深出身官宦門第，且畢業於哈佛。再後，又向我講述了其父洪述祖因宋教仁一案，而如何改變了兒子的人生道路。最後，父親建議我去看看曾樸的《孽海花》，說那裏面影射了許多中國近代史上的名人，很有意思。

由此，我發現講述這些自己的事，居然能引起父親的話頭。他，真的寂寞。

時間一長，我打球的熱情開始消衰，決定不再去體校。下午放學回家，把功課做完，就和父親一樣地無事可做。東翻翻，西看看，從北客廳遛到南書房，又從東客廳逛到西臥室；再不，打開收音機，從孫敬修娓娓道來的童話故事，一直聽到鬥嘴架式的歌曲《社會主義好》。

無事可做的父親看不慣無事可做的女兒。他問：「你的心上是不是長了草？能不能安安靜靜地做成一件事？」

人可真是個複雜的東西，像父親僅在一九五七年一個夏季，就能給官方提那麼多條的批評意見；而我跟他生活了幾十年，除了以疑問句方式批評我「心上長草」之外，至今無論如何也想不起來父親是否還教訓過我什麼。

為了能安安靜靜做成一件事，我向父親鄭重提出要學畫畫。理由是：「如果我不學的話，將來你死了，你買的那麼多的字畫由誰來欣賞呢？」聽後，父親大驚大笑亦大喜。精神之振奮，情緒之昂揚，活像我要給他做大壽。

父親立即張羅起來，首先讓母親把她的西書房騰給我，然後給我送來文房四寶、鎮尺印泥、碑帖、畫譜。他自己充當搬運工，不叫洪秘書插手。什麼康熙時期造的墨、給乾隆爺進貢的紙、紫檀的筆架、端溪的硯臺，還有祝允明、文徵明、金農、鄭板橋、吳大澂、吳昌碩、康有為等人，以及我當時就認不得、現在也記不起的許多名家寫的立軸、手卷、冊頁。父親每搬來一樣寶貝，都要數落給我聽，抖落給我看。

見他兩手灰塵一臉汗，我心疼地叫：「爸，別搬了。」他卻樂此不疲，止都止不住。

母親被父女倆昂揚的熱情所感染，也陪著我們高興。可一旦發現父親有時亮出的寶貝是她壓根兒沒見過的，便有些憤憤然，對父親說：「你這個老頭子！居然藏了這麼多好墨好紙。我給你抄了多少稿子，替你寫了多少書信，你都不把好紙好墨給我，現在小女兒只說了一聲要學畫畫，八字還沒一撇，你就把好東西都擺出來了。」

母親說這話，最初只是嗔怪，後來她還真的嘔了點子氣。

父親趕緊陪笑。

繼而，是關於請誰來當我的老師的問題。

父親說：「教你寫字的人不用請，你媽就是最好的老師。」

母親的書法特棒，這是黨派圈內眾人皆知的事。抗戰時期民盟給中央的一些信函文件，就是母親用正楷謄寫的。她正經八百一手顏體楷書，連周恩來都知道。五十年代初國家決定在天安門修建人民英雄紀念碑，母親接到被聘為紀念碑建築委員會的委員通知。她大惑不解：自己不是建築家，又非美術家，怎地成了委員？

後來遇到周恩來，周講是他提名的，說：「李健生懂書法，對碑文的設計可以出些力。」

母親從如何握筆提腕運氣開始教我練字，讓我從篆隸練起。挑了一本鄧石如的《石鼓文》冊頁，叫我天天臨摹、反覆書寫。說什麼時候練習熟了，寫得像個樣子，才能歇手。我愛練字，更愛父親給我佈置的書房和他給我的每一支筆、每一張紙、每一塊墨。每天做學校老師佈置的作業之前，先練字。母親不怎麼看我寫，寫完後她用朱筆批閱。整個字都寫得好，在這個字上勾個大圈圈；字的某個局部寫得不錯，就在這個局部畫上小圈圈。一張大字經母親的批閱，變得像人工繪製的地圖。

父親則是個持久的看客，我只要展紙提筆，他便在我身後走走停停、停停看看。管我寫得好歹，父親是一概欣賞。他在不停地誇獎我的同時，還不斷地自責，說從小沒有把字練好，現在眼睜

著女兒超過了自己。其實他的自責，仍舊是對我的欣賞與疼愛。在我寫字、母批字、父看字的工
夫，我們忘記了各自的不幸和共同的寂寞，一起感受著快樂。尤其對於父親來說，無論是給我佈置
畫室，還是看我練字，都是他枯寂生活中的甘泉豐草，潤澤著他的心田。

誰來教我畫畫兒呢？父親決定給我找最好的國畫老師：「你看，陳半丁怎麼樣？」

我說：「當然好啦，只怕太高，我夠不著。」

父親笑了，說我傻。因為投師皆投於高門之下。

父親把洪秘書叫來，讓他與陳半丁聯繫，問問：這個星期天陳半老是否住在西四？上午可有空
暇？章某人想帶著他的女兒登門拜訪。不一會兒，就有了回話兒，說半丁老人非常歡迎章先生和女
公子。

聽到這「非常歡迎」四個字，父親實在舒心。

我問：「咱們去之前，幹嘛要打聽清楚陳半老住不住在西四？」

父親答：「他有兩個家。」

我後來才弄懂父親說的「兩個家」，是個啥意思。

陳宅，是一所很普通的四合院。陳半丁，是一個很有吸引力的老頭，面部所有的線條都流暢圓
潤，眼睛炯炯有神。「面如銀盆，目如朗星」，是評書裏形容男性的慣用詞語。我覺得把這個慣用
詞語套在他身上，「銀盆」略有些過份，而「朗星」卻很是得當的。

沙發前面的茶几上，擺著用玻璃杯沏好的兩杯熱茶，這顯然是給我們的。望著杯子裏尖細的茶

葉載沉載浮和澄清的茶水染染濃，我怎麼也沒有想到杯水之間，能呈現如此的清幽和美麗。它的誘惑，簡直有如餓漢面對著一道美食。實在忍不住，自己先就喝開了，一口、兩口、三口，直至喝乾，然後興奮得對父親叫嚷道：「爸，我喝的這是什麼茶呀！會這麼香？」

陳半丁說：「這茶叫洞庭碧螺春，是我特意給你們預備好的。」

父親見我如此牛飲，便道：「陳半老，請莫見怪呀！我不懂茶，更不知品茶為何事，一家人每日下午喝一道紅茶罷了。」

父親細細啜飲，對茶味的醇和與茶香的綿長，讚不絕口：「這裏的茶，讓我想起『佳茗似佳人』的詩句和因吃茶把家產吃空的故事了。」

從這話裏，我能感受到父親因獲得碧螺春規格的禮遇而產生的快慰。父親曾說過：如到別家作客，從外國人給你預備的杯盤刀叉和從中國人為你沖泡的茶水裏，大半能判別出這家主人對你歡迎和尊重的程度。

父親問陳半老最近在做些什麼，陳答：「我在大躍進。」

父親困惑不解：「畫家怎麼大躍進？」

「畫家的大躍進，就是把畫越畫越大。」陳半老從沙發上站起來，指著自己的書桌說：「這張桌子夠大了吧？不行，不夠大，要畫更大張的，我就挪到地上畫。後來，這樣畫也不行了，要求畫更大更大張的，我就搬到院子裏畫。」

講到此，他把我們父女帶至客廳門口，讓我們目測這所四合院的庭院橫有多寬，豎有多長。父

親聽得直搖頭。

陳半老說：「因為大躍進的緣故，我也是第一次知道這個院子的尺寸。躍進到最後，院子有多大，我的畫就有多大了。」

爸又困惑不解了⋯⋯「這樣大的畫，該如何畫呢？」

陳答：「脫了鞋，站在紙上、蹲在紙上或趴在紙上畫。西南角畫它一棵松，東北角塗它一架藤，松枝旁邊添石頭，藤蔓底下開菊花⋯⋯至於這幅畫的全貌，我也難知。因為畫完以後，我家無法張掛。我自己也不知道什麼地方可以懸掛這樣的畫。」

一陣閒談後，父親將女兒想學畫的事說了。

陳半老一口答應收我為徒。父親向陳半老請教，畫壇收徒有何規矩及禮儀。陳半老說：「你家是下午喝紅茶的洋派，那些規矩就免了。」

我問陳半老，今後是怎樣個教法？答曰：「畫好一張或數張，拿來我看。」

在歸途，興致不減的父親還帶我到西單商場的舊書店逛了一圈。回家見到母親，我還沒來得及說個子丑寅卯，他老人家便搶先一步「報導」。我很知道父親足足高興了一天的原因是什麼——陳半丁沒把他當右派。

父親自己也看出來，要陳半老一枝一葉、一山一石地教我這個一竅不通的學生，幾乎是不可能的。他決定重新物色個更加適合於我的老師。這時，父親想到女畫家潘素。

我問：「誰是潘素？」

「張伯駒【註釋一】夫人。」

「誰是張伯駒?」

父親說:「此人大有名氣。他的父親張鎮芳,曾當過直隸總督和河南都督。他本人入過軍界,搞過金融,最後揚名在詩詞文物。你看的舊小說裏,形容才子不是常用『詩詞歌賦,無所不曉,琴棋書畫,無所不通』嗎?張伯駒正是這樣的人。他與張學良、浦侗、袁克文一起,被人稱爲『民國四公子』【註釋二】。家中的收藏,多爲罕見之物,那是他用大洋、金條、首飾乃至房產換來的。別看爸爸有字畫五千多件,即使都賣掉,也未必抵得上他的一件呢。」

「眞的嗎?」我不是不相信父親,而是在我的腦袋裏,想像不出有什麼東西能這樣的値錢。

「你從小背過『床前明月光,疑是地上霜』吧?」

「這是李白的詩。」

「張伯駒就藏有李白的眞跡,叫《上陽臺帖》。他把這個帖送給了毛澤東。」

「你的羅伯伯(羅隆基)不是常愛嘮叨『十年一覺揚州夢,贏得青樓薄倖名』麼?這詩句是誰寫的?」

「杜牧。」

「對,張伯駒就收有杜牧的字。」

「你知道『先天下之憂而憂,後天下之樂而樂』的名句吧?」

「它是范仲淹〈岳陽樓記〉裏的,我們中學的課本裏有。」

「張伯駒藏有范仲淹的手卷。」……

父親一路說下去，我聽著、聽著，彷彿覺得他不是在陳述某個事實，而是在編造一個神話。這個神話王國，該是什麼樣子的？想必張伯駒是風流倜儻，器宇軒昂；想必他家是墨香四溢，金玉滿堂。

可父親又說：「我們去他家，這些東西都看不到了。」

「爲什麼？」

「因爲張伯駒把這些最好的藏品，捐給了國家。我們只能見到文化部長沈雁冰發給他的一張獎狀。」

父親認爲：張伯駒此舉雖行於一時，其事卻足以傳後。

我繼續追問：「爸爸，那張伯駒曾經擔任過什麼職務？或做過什麼工作呢？」

父親笑了，說：「他曾經是鹽業銀行的董事。其實公子哥兒，就是他的工作。」這個回答讓我吃驚不小。

父親隨即解釋：「別以爲說個公子哥兒，就等於遊手好閒啦。小愚，你要知道中國文化很有一部份，是由統治階層裏沒有出息的子弟們創造的。張伯駒就在玩古董字畫中，玩出了大名堂，有了大貢獻。」

經過洪秘書的聯繫，與張氏夫婦會面的時間定在週日上午。如果說，頭回去拜望陳半丁是懷著

尊敬和不安的話；那麼，我這次去拜望則是揣著興奮與好奇。

我家住在地安門，張宅位於什剎海。兩地相距不遠，我們還是驅車而往。老「別克」小轎車馱著父親和我，慢慢駛出慈慧殿，經地安門，向西拐入前海西街，再繞過銀錠橋。便是後海。岸邊的垂柳在風中搖曳，蕩漾的湖水在陽光下閃亮。這兒像是一個不收門票的公園，據說是「燕京八景」之外的一景，叫「銀錠觀山」。老「別克」在一扇朱漆斑駁的小門旁邊停下。

警衛員按按電鈴，沒有響動；拍拍門環，無人應承；再伸手一推，那門便開了。我心想：家藏豐厚的張伯駒，不設門房罷了，怎地連大門也不關？

跟著父親走進去，發現這座宅院不大，也不規整，既非中規中矩的四合院，也不是錯落有致的小洋房。小院地勢挺高，坐北朝南。進門是個小天井，東頭有個門房。向右拐去，便是一排四間起脊北房，西邊是一間偏廈。南頭，一張石桌兩個石墩依牆而立。東牆，挖了個月亮門，門裏另立一棟小閣樓，高高在上，並以石階將閣樓與北面的正房連接起來。院子裏，有幾棵桃樹，還有一棵大芭蕉。看來，這座宅院的格局完全是主人依需要和情趣而設定的。

一位四十來歲年紀、身著藏青色華達呢制服的女士從北房快步走出。她體態豐盈，面孔白皙，雙眸烏黑，腮邊的笑靨，生出許多嫵媚。惟有開闊而優雅的額頭上，刻著光陰碾過的印痕。

「章部長，歡迎您光臨寒舍。」雖然說的是北京話，卻帶著吳音。溫聲細語，吹氣如蘭，而這恰與她端麗玲瓏的容貌相配。我斷定，她不可能是別人，她是潘素。

潘素用充溢著笑意的目光，上下打量著我，還沒等爸介紹，便說：「這就是女公子吧？」接

著，把我們引入了北房正廳。

她見廳內無人，即轉向裏屋，喊道：「伯駒，章部長來了。」

與正廳相連的西側裏屋，是畫室。張伯駒穿著古銅色中式夾襖，站在闊大而周正的畫桌前面，上身微微前傾，雙手背在腰後，眼睛半開半闔地打量著鋪展於桌面的一幅水墨淋淋尚未完成的畫作。聽見夫人的喊話，他不緊不慢地離開畫室，跨進正廳，把目光投向了我們父女，並用手勢招呼我們坐下。

與陳半丁的熱情相比，張伯駒待客就要冷淡些。常常是父親發問，他作答，且措辭簡短。倒是滿臉笑容的潘素，在一旁插了許多話。夫人的巧於酬酢，越發地顯出張伯駒的閒散平淡。父親是第一次登門造訪，西服領帶，高車駟馬，極其鄭重。而張伯駒似乎就沒把父親當做貴客、遠客或稀客。好像我們這一老一少，是三天兩頭來這裏串門聊天的。

父親很快與張氏夫婦切入正題，說：「我這個讀高中的女兒，想學點國畫。不知潘先生可願收這個學生？」

潘素走到丈夫跟前耳語幾句，然後一團和氣地說：「既是章部長的女公子願意向我學，我自然也就願意教啦！」

父親問潘素：「小女該如何拜師？」

潘素一句一個章部長，彷彿不知中國有反右，不知父親是欽定天下第一右。

沒等她回答，張伯駒把手一擺，說：「不用。」

「小愚，快，快給老師鞠躬吧！」

父親令下，我立即兩腳併攏，雙手垂直，向初次見面就有好感的潘素，深鞠一躬。遂問：「潘先生，我什麼時候到您這裏來學畫呢？」

聽了我的問話，潘素且不作答，走到丈夫的身邊，兩人又在低聲交談。父親大概以為他們有什麼不便之處，就主動開口：「貴府如有不便，我可以用車接潘先生到我家去教。」

和剛才的情形一樣，沒容夫人說話，張伯駒把手一搖，說：「不用。」

潘素大概怕我們誤會這「不用」二字的意思，連忙帶著歉意和解釋的口吻說：「有個中央音樂學院彈古琴的學生，也在跟我學畫。他叫李冷秋（又名李祥庭，後稱李祥霆），是查阜西先生介紹來的。我在與伯駒商量，是將你們兩人合起來教，還是分開來學。伯駒的意思是分開好。」

事情談妥：我隔週來一次，時間定於禮拜天的上午。那位音樂學院的學生也是隔週一次，時間也定於禮拜天的上午。潘素特別強調：如果我是本週日來學習，那麼就讓彈琴的孩子，下週日來。

心願了卻，心情便放鬆了，驀地想起那名貴得令人頭暈目眩的收藏和崇高得叫人張口結舌的捐獻。我坐在太師椅上，環顧四壁，很想找到父親說的「獎狀」。牆壁有張潘素新繪的青綠山水，懸有張伯駒的鳥羽體詩詞，還有日曆牌，就是沒有嘉獎令。也許，它被置於臥室，畢竟是耗盡一生財力、半輩心血之物，彌足珍貴。

一會兒，父親起身準備告辭。我向張氏夫婦執弟子禮。然而，我禮畢抬頭之際，眼睛向上一瞥，卻發現「獎狀」高高而悄悄地懸靠在貼近房樑的地方。「獎狀」不甚考究，還蒙著塵土。這不

禁使我聯想起另一位頗負盛名的文人柳亞子來。父母曾帶我去他家吃晚飯。從黃昏到夜深，我不記得大人們喝了多少罈紹興老酒，說了多少古今閒話。我只記得：他家大客廳裏有四幅用金絲絨裝幀的、與毛澤東等人唱和的詩詞手跡。這兩個文人做派很不同：一個把極顯眼的東西，擱在極不顯眼的地方，浪漫地對待；一個將極重要的物件，做了極重要的強調，現實地處理。

此後，我每半月便去張伯駒家學畫，從臨摹開始。在一點一滴的臨摹中，潘素向我講述國畫的基本法則與技巧。在教學的時候，張伯駒不進畫室。他做自己的事；沒事，就閒坐在客廳。他家不像我家有那麼多報紙雜誌，似乎只訂有一份《北京日報》。而且，張伯駒看報，再大的新聞、再長的文章也是一晃而過。

我把第一幅完整臨摹老師的山水習作，呈上。潘素仔細看後，連呼：「伯駒，你來看，這孩子畫得蠻可以。」

張先生聞聲進來，瞧了瞧，點點頭。他沒有妻子的那份激動、那種肯定。

我每畫完一張，潘素看後，都要拿給張伯駒過目。潘素總說我有慧根，好教。張先生總是點頭而已，既不誇獎，也不批評。

他的模糊態度，叫我忐忑不安。忍了好久，我終於開口了：「張伯伯，我的習作您也看過不少。能說說嗎？」

張伯駒對我說：「你的每張習作都有進步，足見你的用功、用心和接受能力。一個人即使聘請

再好的老師，若無這些條件，是學不了畫的。但是藝術和其他門類不同，它在很大程度上又是不能傳授的。她（指潘素）當老師，僅僅是向你講解一些繪畫的規則、技法罷了。拿作詩填詞來說，也是一樣。老師只能講些格律音韻，或者告訴你，什麼樣的詩才是好詩。至於能否畫出一張好畫、寫出一首好詩，那就是學生自己的事，要看他的修養、悟性和創造力了。」

我與張氏夫婦混熟了。潘素不讓我稱她為先生，於是，我一口一個地喊著：潘姨，潘姨。說來，中國的稱呼也怪。人的稱謂變了，人的關係跟著也就變了。我和潘素是融洽的，而我和潘姨是親熱的。除了授課，我們還說說閒話；後來，除了說閒話，我們還說說私房話。潘姨說我不僅懂畫，而且懂事，她喜歡懂事的女孩兒。

在張伯駒面前，我保持著敬重，但不再拘謹。我漸漸發現，在授課之後張先生時不時地要和我開聊一陣子，談棋、談詩、談字、談戲，其中尤喜談戲。京劇名角孟小冬的名字，菊壇泰斗余叔岩的故事，我都是從他嘴裏知道的。他是河南口音，標準中州韻，話又說得極專業，很多地方我聽不大懂。可我從不打斷他的話頭，也不發問，更不會對他說……我聽不懂。我自己常納悶兒，一位飽學之士，怎麼能和一個毛丫頭聊天呢？琢磨來，琢磨去，我想……一方面是因為在「三面紅旗」、「大躍進」、「政治掛帥」、「教育為無產階級政治服務」的時代烈焰之中，還有我這樣一個女學生跑到冷落的宅院，去聽被時人冷落的老話、舊話、無用之話。這情景多多少少也能牽動出他的熱情。另一方面是出身、修養、稟賦、常識、品行、愛好、趣味等諸多因素在他身上融合而成的文化自豪，使其自覺不自覺地要充任一個文化的傳播者。而後者的成份可能更多些。

漸漸地，我看出這對夫婦相處，是完全以張伯駒爲軸心的。一位與之相熟識的老中醫告訴我，潘素對張伯駒是百分之一百二的好，什麼都依從他，特別是在收藏方面。一九四九年後張先生看上了一幅古畫，出手人要價不菲。而此時的張伯駒，已不是彼時的張公子。他不供職於任何一個政府部門。而所擔任的北京棋藝社理事、北京中國書法研究社副社長、北京中國畫研究會理事、北京古琴會理事、北京京劇基本藝術研究社副主任理事、中國民主同盟總部文教委員等，皆爲虛職，並無實惠。潘素做爲家庭主婦，支撐日常生活的諸多開支，應付昔日名門的瑣細關係，並將家裏家外維持在一條不低的水平線上，就夠她操心費勁的。每月不僅把所有的工資花光，而且尚須從「家底兒」中掏點出來，以爲貼補。今非昔比，丈夫相中的古畫雖好，但想到現實的經濟狀況和未來漫長的生活之需，潘素有些猶豫。張伯駒見妻子沒答應，先說了兩句，接著索性躺倒在地。任潘素怎麼拉，怎麼哄，也不起來。最後，潘素不得不允諾：拿出一件首飾換錢買畫。有了這句，張伯駒才翻身爬起，用手拍拍沾在身上的泥土，自己回屋睡覺去了。

一個晴朗的週日，我向潘素學習「淺絳」。畫得正起勁，張伯駒把妻子叫出去，耳語幾句。沒過多久，張伯駒又進來，又看看我倆。不大工夫，張伯駒再進來，再看看我倆。如此往復數次。

我問：「潘姨，張伯伯有事嗎？」

「就是有事，他才這個樣子。」

「那您和張伯伯去辦事吧。今天我就學到這裏，告辭了。」

潘素笑道：「什麼事呀，是你張伯伯叫我們吃飯去。」

正說著，張伯駒又進來。潘素邊看錶，邊對他說：「剛十點多，還早。」

「走。」張先生聲音不大，可語氣堅定，一點沒商量。潘素忙著收拾畫具，儘管嘴裏還在嘟

嚷。

張宅沒有電話，我無法把要在外面就餐的事告訴父母了。心想，反正時間還早，等我飯畢歸

來，可能家裏的菜還沒做得呢。順便說一句，一九五七年前，父母公務繁忙，飯桌上即使見不到我

們，也極少問及。自戴帽後，骨血之間，親情大增。別說是吃飯，就是佐以餅乾或麵包的午茶，父

親無論如何也要等我放學回來。「小愚兒，快來喝熱茶，我和老媽媽都在等你呢！」第一次聽父親

這麼說，讓我好感動，也好感謝「反右」。

我們師徒三人，從細窄細窄的煙袋斜街穿出，沿鼓樓大街向南走去。我以為不過是在這條北城

最熱鬧的街上找個飯館，就近而餐罷了。可看張伯駒雙手背在身後，目不斜視，大步疾行的樣子，

似乎眼中早已有了就餐目標。我們走過地安門南大街，又走過景山東街。張伯駒遠衝在前，像隻領

頭羊，潘素和我則緊緊尾隨於後。天氣轉暖，太陽高懸，幸好我穿得不多。

體態豐腴的潘素，掏出白手帕擦去額角的汗珠，對我說：「只要上街，你張伯伯就是這樣走

路，一個人像在打衝鋒，不管別人。」

「我爸走路和張伯伯一個樣兒。」

出半里地遠，害得我們母女啥也沒看。有一年春節全家逛廠甸的書肆，我爸帶著警衛員把我和媽媽甩

出半里地遠，害得我們母女啥也沒看，像兩隻呆頭鵝，只顧拉直脖子，四隻眼不停地搜索前方，生

怕兩下走岔了。回到家裏，我媽大發了一頓脾氣，說今後不再與他同行。我爸二話不說，滿臉陪笑。我媽回到寢室，他跟到寢室；我媽躲進書房，他跟到書房；直到我媽消氣爲止。」潘素聽了我這一番話，略感自慰。原來天下男人的許多毛病，是一個模子「磕」出來的。

我們三個人，繼續南行。我忍不住問：「潘姨，咱們這是去哪兒呀？」

「去歐美同學會（曾一度改爲政協的文化俱樂部），你張伯伯喜歡吃西餐。」

從後海到南河沿，我掐指一算，至少五站路的里程。旁邊就有通往目的地的公共汽車，咱們幹嘛不坐車？我心裏這麼想，嘴上可不敢說，乖乖地跟在張伯駒的身後，走著，走著。

阿彌陀佛，終於走到了。我們剛踏進門，歐美同學會西餐廳的男侍者便迎了上來。看來，他們都認得張氏夫婦。在吩咐幾句之後，涼菜、湯菜、熱菜、麵包、黃油、果醬依次端上。

這裏，也是父親常帶我來的地方。每次在點菜前，父親要問我和姐姐：「想吃點什麼？」

我便舉著叉子，高叫：「冰淇淋！」

可眼前的張伯駒，沒有問我想吃什麼。在小心翼翼中，我吃完屬於自己的那份西餐，並恭敬地向他倆道謝。

三人剛走出歐美同學會的大門，張伯駒立即對我說：「小愚，你趕公共汽車回家吧。」

我問潘素：「那您和張伯伯呢？」

「張伯伯要走回去。」

我坐上了公共汽車。隔著玻璃窗看見他們夫婦在便道上，一前一後地向北走著。張伯駒的鬢髮

在正午的陽光下，呈現出近乎透明的色澤。坐在汽車裏，我感到了累，小腿酸，腳板脹。仍在徒步而行的人，不覺得累嗎？──看來，喜好與興致對張伯駒真是個極其頑強的東西。

回家即對父親描述了這頓拉鍊式的西餐。父親聽後，大為不安。說：「事情被顛倒了。學生居然吃起老師來了，該請客的是我們。」

父親決定讓廚師備上一席佳餚，回請張氏夫婦。我家的這位大廚師姓梁，東興樓出身，是高崗出事後調到我家的。他平生所好，就是京戲。聽說來客是名票張伯駒，便發誓要拿出看家本事。再者，我家好久沒請客，做為掌灶的他，早就手癢難耐了。

一個週末的下午，父親叫司機用車把張氏夫婦接到家中。張伯駒穿的，還是那件中式舊夾襖。一襲剪裁得體的黑絲絨套裝，將潘素的白皙姣好，映襯得分外動人。離吃晚飯的時間尚早，大人們開始閒談。由於我是名正言順的學生，自可一側旁聽。況且聽大人的談話，自幼就是我的癖好。

在一番寒暄和閒談之後，父親拿出張大千的畫，請他過目。

張伯駒比較欣賞其中的十二幅黃山山水畫，說：「東西不錯。雖然屬於大千的早期作品，但構思、佈局別具匠心。筆法也很空靈。」張伯駒又轉身對我說：「小愚，你在家要跟著父親多看。因為繪畫作品的真價，不是從認識、而是從直觀得到的。」

藏品被肯定，父親的臉堆滿了笑，別提多高興了。他告訴張伯駒：「我主要是藏書，其次才是藏畫。買書畫的目的，也很偶然。是因為一九四九年從香港初到北京，就在馬路上看到一車一車的線裝書送往造紙廠，心疼得不得了。於是乎，趕快把情況告訴了鄭振鐸，請他制止這種行為。西諦回

答說：『現在要辦的事太多。一時顧不過來。伯鈞，你發動黨外的朋友，大家都來收藏一些吧。』這樣，我除了日常開支，所有的錢就都用來買書、買畫。健生也很支持。」

「書畫還算幸運，另有一些文物想要保存下來，恐怕就困難了。」

「你是指城牆、大屋頂和牌樓吧?」父親問。

張伯駒點點頭。

父親慨然道：「對中共的某些領導人而言，他們沒有昨天，所以也不需要昨天。這樣一來，從昨天延續到今天的許多偉大之物，如城牆、牌樓，自然也就不屑一顧了。我在蓋交通部大樓的時候，就堅持要大屋頂。蓋好後，人人都說它外面好看，裏面好用。」

談到當代畫家，父親說：「我很欣賞林風眠，可惜無緣結識，也沒有能得到他的畫作。」

大概因為林風眠是西畫出身的或者由於不太熟悉的緣故，張伯駒沒有表態，父親又用請教的口氣問張伯駒：「你覺得劉海粟【註釋三】的畫，水平如何?」

「他和謝稚柳，都不錯。」

父親說：「我也覺得他的畫很好。劉海粟和朱光潛【註釋四】，一個是畫家，一個是學者，兩個都是我們安徽人。解放前，他們就已經很有成就了。可是解放後，因為一點歷史問題，兩個人都抬不起頭。連人都不好做了，還怎麼作畫、做學問?五六年冬我和彭真一道出國的時候，跟他談了談楊嘯天（即楊虎）【註釋五】的問題。我聯絡任公（李濟深）和其他幾個黨外人士願意做擔保，希望能把他放出來。那次是全國人大代表團，走訪的國家特別多。日程排得滿滿的，幾乎沒有私下交談的時

間。彭真和我商定等回國後，再找專門的時間，約上羅瑞卿一起討論這件事情。我打算在談楊虎問題的時候，也反映一下劉海粟和朱光潛的處境。有政歷問題的高級知識份子，到底應該如何對待？怎樣使用？中共有關方面負責人和黨外人士能否坐下來，共同研究研究。這不是一件簡單的事，它關係到人的後半輩子，關係到中國的藝術和學術發展。」

「後來呢？」張伯駒關切地問。

「五七年春，我們這個人大代表團才回國。回來就是整風，接著便反右。我失去了說話的資格，替誰都講不了情。我現在和今後的情況，可能比劉海粟、朱光潛還要糟糕。」

而後，他們話題又不可繞避地轉到了「反右」。

父親說：「共產黨可以不需要我們這些搞政治的人，但需要科學家、藝術家。五六年因為文化部和中國美協有輕視國畫的傾向，我聯絡努生（羅隆基），再拉上李任潮（李濟深），向周恩來反映了這個問題。後來又與葉恭綽、汪慎生、王雪濤、徐燕蓀等人，一道發起成立北京畫院，為的是把國畫創作和研究獨立出來。結果凡是與此事有關的畫家，除齊白石外其餘一概劃為右派。葉譽虎（葉恭綽）是我把他拉到北京畫院當院長的，不想也給這位老先生戴上了帽子。你和京劇院的葉盛蘭、葉盛長兄弟、李萬春等人，也因為參加農工或參加農工組織的鳴放座談會，也都劃了右派。總之，這些事使我的罪疚心情，永難消卻。但我很不理解的是——為什麼你捐獻了那麼多有價值的文物，居然在政治上沒有起到作用？」

張伯駒擺擺手，打斷了父親的話頭：「章先生，你不必向我講這些話。你是個懂政治的人，都

成了右派。那麼，我這個不懂政治的人劃成右派，也就不足為怪。再說，右派帽子對你可能是要緊的，因為你以政治為業；這頂帽子對我並不怎麼要緊，我是個散淡之人，生活是琴棋書畫。共產黨用我，我是這樣。共產黨不用我，我也是這樣。」

那時，到我家做客的，已多為同類。無論是博學雄辯的羅隆基，還是北伐名將黃琪翔，只要提及自己的「劃右」，不是憤憤不平就是淚流滿面。沒有一個像張伯駒這樣泰然、淡然和超然的。社會主義政治課教給我們對待挫折的一句豪邁的話語是：「跌倒了，算什麼？爬起來！再前進。」可跌倒了的張伯駒，怎麼給人的感覺就好像沒跌倒，所以，張伯駒不必「爬起來」，而我父親、羅隆基、黃琪翔，就要「爬起來」，他們自己也很想「爬起來」。

父親聽罷翹起大拇指，讚道：「張先生，真公子也！」

提及公子二字，父親想到另一個公子——袁克定。父親問：「袁克定後來的情況怎麼樣？想必張先生是清楚的。」

父親的提問，使不太愛講話的張先生有了話頭兒。他開始侃侃而談：「克定大半生隨父，為袁世凱出謀劃策，自己也身受榮華富貴。到了抗戰時期，克定的家境就每下愈況，手頭拮据。那時他還想通過關係，請求蔣介石返還他被沒收的袁氏在河南的家產。老蔣沒答應，克定只好以典當為生。華北淪陷，有一次曹汝霖勸克定把彰德洹上村花園賣給日本人。袁家的親戚聽說這個消息，也都議論紛紛。贊同的、慫恿的頗多，其目的無非是每個人能分得此三『條子』（金條）罷了。克定堅決不同意，說這是先人發祥地，為子孫者不可出售。當時佔領華北的日本陸軍長官土肥原賢

二、由於從前與老袁認識，所以在網羅到靳雲鵬之後，還想籠絡袁氏之後，尤其是長子克定。如果克定能在華北偽政權任職，恐怕對北洋舊部還能施加此影響。克定曾幾次向我談到這事。他掂量再三，說出任則從此有了財源，但也從此當了漢奸，得不償失，決計不幹。所以，一直住在頤和園內。」

張伯駒講到這裏，不無感慨地說：「人知梅蘭芳蓄鬚明志，其實北京淪陷八載，克定身處困頓之境，拒任偽職，也是有氣節的。可惜知之者甚少。後來，我看他家產耗盡，生活難以為繼，便將他從頤和園接到我的承澤園寓所。他住在樓上，滿屋子的書，以德文書最多。他這個人，儒雅正派，每日讀書譯述。我們家裏的詩詞書畫，弦歌聚會，他是不下樓的。後來，我把承澤園賣了，把家搬到了城裏。五八年克定八十大壽，他是在我家過的，也是在我家中去世的。」【註釋六】

「他的生活由誰負擔？有經濟來源嗎？」父親問。

「克定每月有五、六十元的收入，也算是行嚴（即章士釗）以中央文史館館長身份，在文史館給克定弄個名義，按月發下來的生活費。他每次拿到錢，都要交給潘素收他的錢。我既把他接到家裏住下，在錢上就不能計較了。」

張伯駒說話的口氣，平靜如水，清淡如雲。可我扳起手指一算，袁克定在張宅整整寄居了十年，且又是個七、八十歲的垂暮之人。這樣一件天天費神花錢、時時勞心出力的事要是輪到我，說什麼也得在人面前念叨念叨。

父親像亮家底一樣，還請他去南書房看自己收藏的古琴、古箏、簫、排簫。張伯駒見了，吃驚

不小。即問：「你家誰通曉音律？」

父親告訴他，家中無人精通。不過是在古董店裏，看見這些高雅之器竟和雜物堆放在一起，蓬首垢面的，實在是心痛，便都買下了。

張伯駒仔細看了看那張古琴，說：「這架琴不錯。」

父親咧嘴笑了。

我家的廚師把晚餐伺弄得極其精美，連盛菜的盤碟，也一律換成了清代官窰的全套瓷具。席間，張伯駒只是吃，既不評品菜餚的良窳，也不留意杯盤的質地。倒是潘素，每上一道菜，都要微笑著點點頭，連連誇道：「這個菜做得不錯。」

飯後，他們夫婦稍坐片刻，便起身告辭。爸叫洪秘書通知司機將老「別克」開出來，送客歸家。

潘素聽後，忙說：「不用叫車。地安門離什剎海很近。」而此刻，張伯駒什麼客氣話也不說，背著雙手走出大客廳，一個人站在庭院當中，打量起我家的這座四合院來。

從此，父親每年都要在家請張、潘夫婦吃幾次便飯。其中的一次，是固定在春節初五至十五之間。我想，這頓飯，是在替我謝師了。父親若是新購得幾件字畫，飯前必拿出來請張伯駒過目，說說真假，評評優劣。他們不談政治。

父親曾問：「你認為徐邦達的鑑定水平如何？」

張伯駒搖著頭，說：「不行。」

張伯駒在看過父親的藏畫目錄後，認爲爸的收藏除了盡量搜集皖籍文人、畫家的作品，顯示出明確目的之外，其餘的藏品過雜，建議今後以明清佳品爲主。他說：「現在想找宋元字畫，已經很困難了。如今，有了什麼好的東西，不是交公家，就是拿給康生、鄧拓。你莫說買，連見都見不到。」

父親苦笑著說：「我哪有野心和財力去買夏圭、馬遠，能弄到一兩幅石濤、八大，就很滿足了。我現在是右派，好東西更不易搞到，工資也減少了很多。就是當部長的時候，文物商店有了好字畫，也都是先通知中共領導幹部，或者直接送到他們的家裏。所以，不要講康生、鄧拓，就我所知道的李一氓，家中的字畫不比我多，卻比我好。而他們花的錢，卻要比我少。有時候，一幅字畫在跑了幾個中共首長之後，人家不要，才送到我們這些人手裏。價錢嘛，標價是多少，我們大概就要掏多少。乃器（章乃器）算是有錢的。而我就只有靠工資了。五七年以後，我的工資大減。有時買些古書，字畫就很少問津了。再說，從前還能借些錢，現在誰借給你？」

說到字畫的價錢，父親遂問張伯駒：「你的那些名貴字畫，聽說全是用金條、房產換來的？」

張先生點頭，對我們講：「陸機《平復帖》是用四萬大洋從溥心畬的手裏買的。這個價錢算便宜的，因爲溥心畬開口就要二十萬大洋。買展子虔的《遊春圖》，是我把弓弦胡同的一所宅院（據說是李蓮英舊居）賣給輔仁（大學），再用美元換成二百二十兩黃金，又讓潘素變賣一件首飾，湊

成二百四十兩，從玉池山房老闆那裏弄來的。那老闆張口索要的黃金是八百兩！《三希堂帖》、李白字《上陽臺帖》、唐寅《蜀官妓圖》，當時老袁的庶務司長郭世五願以二十萬大洋賣我。我一時也搞不到這麼個數目的錢，只好先付六萬大洋的訂金，忍痛把《三希堂帖》退給郭家。范仲淹手書《道服贊》是我用一百一十兩黃金購來的。」

講到這裏，張伯駒喟歎道：「不知情者，謂我搜羅唐宋精品，不惜一擲千金，魄力過人。其實，我是歷盡辛苦，也不能盡如人意。因為黃金易得，國寶無二。我買它們不是為了錢，是怕它們流入外國。唐代韓幹的《照夜白圖》，就是溥心畬在三六年賣給外國人。當時我在上海，想辦法阻止都來不及。七七事變以後，日本人搜刮中國文物就更厲害了。所以我從三十歲到六十歲，一直收藏字畫名跡。目的也一直明確，那就是我在自己的書畫錄裏寫下的一句話——予所收藏，不必終予身，為予有，但使永存吾土，世傳有緒。」

潘素還告訴我們，抗戰爆發以後，他倆為保護這些文物珍品，把所有的字畫一一縫入衣被，全部攜往西安。一路的擔驚受怕，日夜的寢食不安。怕土匪搶，怕日本人來，怕意外的閃失，怕自己的疏忽，時刻地小心，整日地守在家中。外面稍有動靜，氣不敢大出，心跳個不停。總之，為了這些死人的東西，活人是受夠了顛簸和驚嚇。

我知道，朱自清、聞一多是極有氣節的愛國者。可我翻來覆去地想，怎麼都覺得張伯駒也是個極有氣節的愛國者。我搞不懂：為什麼像民革裏和共產黨動過刀槍的人物，在一九五七年風浪中被認為表現良好；而民盟裏傳播知識的教授，如潘光旦；農工裏治病救人的大夫，如李宗恩；以及眼

前這個把用黃金房產買下的、用身家性命保下的好玩意兒都捐獻給國家的張伯駒，倒成了右派？其實，我的搞不懂，也是父親的搞不懂。

客人走後，我對父親說：「聽張伯伯講買字畫又捐字畫的事，心裏很不是滋味。把你劃爲右派，你到底還說過共產黨的長短，可人家張伯駒呢！把家產都拿去共產了，共產黨也給他扣上個右派。他把李白的字拱手送給毛主席，毛主席怎就不對他高抬貴手？」

父親用一句話回答了我：「老毛的動機從來不是出於私人的。」

在中國的文化裏，詩的地位是最高的。我們這個民族的精神，也是詩的。張伯駒在任何場合，都忘不了詩。隨時可吟詩，可賦詩。這風度，傾倒了包括毛澤東、陳毅在內的許多中共高官。別說是外出作客、看戲歸來，他有所感。就是午眠午醒、夤夜起風，也能引出詩興。於是，隔三差五，便有新作。他作詩吟聯填詞，比我心算一加二加三等於幾還快。我隨便出個題，他張口就來。既合格律又切題，眞叫絕了。這就是文思、才思和神思啊！與他的詩相匹配的，是他的字。因獨創一格，人稱爲鳥羽體。我甚至覺得張伯駒在自己的生活中就扮演了詩作中的人物。或者說他的詩作是一面鏡子，裏面映照出來的一個風流俊賞之人，那便是張伯駒自己。

張伯駒瘦削的臉型和冷漠面容所顯示的一種尊貴神情，常使人感到難以接近。其實，素不相識者只要踏入他所精通、愛好的領域，便可體味到一個詩人的天性——浪漫的自信與理想主義的熱情。正是這個天性，讓張伯駒在一般中國人尙不知書法、韻文爲何物的五十年代，就組織了「北京

中國書法研究社」、「北京中國韻文學會」等民間團體。他經常親自出面，辦展覽，開講座。不僅在北京搞，還跑到濟南、青島去搞。因為活動內容的高質量，單是書法研究會的會員在一九五七年就從一百多人激增到三百多人。張伯駒這樣做，無非是希望喜好詩的人，能寫出合乎規範的好詩；但願喜好書法的人，能通過指導寫出好字來。反右時，那些左派說他如此賣力是在擴大個人影響和共產黨搶奪文化陣地，實在是冤枉。

父親也好詩。在他的藏書裏，單是杜甫詩集的版本，就不下幾十種。反右以後，就更愛讀詩了，而且開始學寫詩。偶爾謅幾首絕句、律詩什麼的，就舉著塗改得一塌糊塗的詩作，從書房裏狂奔出來，大呼小叫地讓我和母親都來聽他的吟誦。

我對父親說：「怎麼張伯駒作詩填詞，連想都不用想。你把一本《白香詞譜》放在書桌上，翻來翻去，顛來倒去，也沒當成詩家詞手？」

已是一張老臉的父親，被我說得還真有點不好意思，不無辯解地說：「我怎麼能和張伯駒比？他九歲就能詩，人稱神童，是極有天賦的。寫出來的東西，頗有納蘭之風。你的爸爸本科讀的是英語，留學攻的是西方哲學，以後搞的是政治，成了右派才學詩呢。」

父親寫的詩，僅用於自我欣賞。他拿給母親和我看，也是為了能獲得我們對他的欣賞。他有一首題為〈車歎〉的五言絕句。

軸與輪相輔，

方可成器宇。

二者去其一，

行旅徒呼苦。

這詩一讀，便知父親還處在練手階段。

寫在這同一張紙片上的，還有題為〈我說〉的另一首五言絕句。

先我原無我，

有我還無我。

我既非常我，

今我實非我。

這首詩，有點意思，不過與其說它是詩，倒不如講更像一段哲學短語。總之，父親很想把詩寫好，這個念頭從一九五七年一直持續到病重之時。

「張先生的詩詞，何以做得又快又好？」父親恭敬地向他請教。

張伯駒答：「我這個人要學什麼，非要學到精通不可！儘管詩詞創作的方法與技巧很多，但其要則只有兩條。一是諳熟掌故，二是精通格律。而要做到這兩條，唯一的辦法就是強記。」接著，又補充道：「我真正致力於詩詞，還是在三十歲以後。但是自幼記憶力就好，朝誦夕讀，過目不

忘。有一次去個朋友家，隨便翻閱主人的藏書。過了段時日，再去作客聊天，竟然還能背誦出主人藏書裏的詩句，而那主人什麼都記不起了。」

張伯駒一席話，令我痛下決心：這輩子是永不學詩的了。因為我的記性差得驚人。記得考入北京師大女附中（即現在的北京實驗中學）初中一年級才讀了半載，在學校的失物招領處，就找回自己不慎丟失的東西大大小小三十四件。剛剛發生的事情，我先後說給三個人聽，那就一定是講述了三則大處相同、小處各異的故事。三人同時質對，我委屈萬分，誠懇辯解——絕非添油加醋，實實地是記性不好。

張伯駒創作的詩詞不求發表，是興之所致，是習慣使然。一段時間下來，他就自掏腰包，把這些新作油印成冊。這些灰藍封面、薄薄軟軟的小冊子，一摞一摞地放在客廳沿壁而立的竹質書架上。我有時會覺得它們酷似一個身著素色長衫的文人，長久靜立，沉默無語。我有時一不小心碰及書架，那老竹竿發出的「吱吱」聲，彷彿在提醒人們：這裏還有詩。

我對張伯駒說：「您的詩集，能給我一本嗎？」

他抽出兩本，遞過來。道：「拿一本給你的父親。」

張伯駒既不在詩集的扉頁上題款，也不說請我父親指正之類的話。以後，但凡有了新作，張伯駒一定送我，且一定是兩本。每本我大多翻閱前面幾頁，然後束之高閣。不是不愛看，而是由於用典太多，我讀不大懂。好在張伯駒從來不問我讀後感想。

父親是讀完的，從開篇到頁尾。他的讀後感是：「中國的文學再發達，以後不會再有張伯

對父親的這句評語，我原以爲是針對張伯駒的詩詞水平與技巧而言，後來，隨著世事變化，特別是到了今天，我才品嚼出它的豐富內涵來。就拿現在的人來說，最大的生活目標不外乎自我價値的實現。繼之而來的事，便是如何經營推銷自己，實現目標。而所謂經營推銷，就意味著一個持久又複雜的運作方式。這其間包括精密的算計，有效的操作，小心的防範，合理的攻掠，利益的謀取，以及心狠手辣等等。如此經營人生，自然，屬於人性的、審美的東西都要擯棄。而這些恰恰是中國傳統詩歌的感性基石，也是張伯駒的創作基石。連基石都沒了，哪兒還有張伯駒？

和張伯駒對比，父親認爲自己算是個粗人。比如對一年四季的感受，不過就是涼與熱、冷和暖罷了。事情到了張伯駒那裏，便大不一樣。春天的梅、鵲，夏日的蟬、螢，秋天的白露、紅葉，冬季的霜、雪，他都有反覆的吟唱，細緻的描摹。現在的人提起張伯駒，便說他是大收藏家，認爲他最愛文物。但我認爲，張伯駒自己最看重的，仍是詩。他曾鄭重其事地對我說：「文物，有錢則可到手；若少眼力，可請人幫忙。而詩，完全要靠自己。」

張伯駒另一個愛好，是戲曲。

我問父親：「看名角演戲就夠了，幹嘛張伯駒還非要自己登臺呢？」

父親笑我不懂中國有錢的文人生活。他說：「戲子唱戲，是賤業；而文人票戲，就是極風雅的事了。」

一九六〇年秋，我轉入中國戲曲研究院的本科戲文系讀書。張伯駒從這個時候開始，便經常主動地跟我談戲說藝。很像是我特聘的一位專業教授，而且常常是無需我請教，他就開講了。話頭百分之九十九點九是落在鬚生大王余叔岩的身上。他告訴我，自己與余叔岩的往來決非是一般人所言——是公子與戲子、或是名票與名伶的關係。他說：「我們是朋友、知己，是不以利害相交的朋友，情趣相投的知己。」

張伯駒說：「那些煙土，一般都是他自己備好的。」

「余叔岩幹嘛非得抽鴉片？」

「那是他的一個嗜好，很多藝人都如此。」

我很詫異，因為在我父親所有的朋友中，沒有誰吃這個東西。也許，我的吃驚被張伯駒感覺到了，他遂又補充道：「余叔岩在藝人中間，是最有文化的。他曾向一些名士學音韻、習書法。我還曾與他合作，寫了一本《亂彈音韻》。」

張伯駒最爲得意的，就是名伶傍他唱戲的事了。諸如，梅蘭芳飾褚彪、他飾黃天霸的《蚂蜡廟》。余叔岩飾王平、楊小樓飾馬謖、王鳳卿飾趙雲、陳繼先飾馬岱、陳香雲飾司馬懿、錢寶森飾張郃、他飾諸葛亮的《空城計》。這齣戲是張伯駒四十壽辰，余叔岩倡議爲河南旱災募捐的義演。

余叔岩的戲，他是必看的。看後，備好車等余卸裝，收拾停當，同去吃夜宵。飯後或送余回家，或同歸張的寓所。他們談的全是戲裏的事。他向余叔岩學戲，都在半夜，在余吸足了大煙之後。

前面的戲碼依次是：郭春山《加官打圍》、程繼先《臨江會》、魏蓮芳（因梅蘭芳在滬改由魏演）《女起解》、王鳳卿《魚腸劍》、楊小樓、錢寶森《英雄會》、小翠花、王福山《丑榮歸》。

我說：「你和這二人同台演戲，一定很轟動吧？」

「報紙登出戲碼來，便轟動了。演出可謂極一時之盛。」張伯駒那張不易呈現喜怒哀樂的臉，流露出興奮之色。時隔數十載的一場戲，說起來有如品嚼剛剛上市的時新小菜一樣，鮮美無比。演出後，章士釗特作打油詩云：「坐在頭排看空城，不知守城是何人。」這兩句玩笑詩連同那晚演出的盛況，令張伯駒陶醉了一輩子。

他自己亦作詩爲記：

羽扇綸巾飾臥龍，
帳前四將鎮威風，
驚人一曲空城計，
直到高天尺五峰。

我問：「死了幾個名演員，就能讓京劇滑向下坡？」

張伯駒點頭，口氣堅決地說：「是的。中國戲曲靠的就是角兒。」

任何事情都是盛極必衰。演出後不久，即發生了七七事變。接著，余叔岩病重。楊小樓病逝。程繼先、王鳳卿也撒手人寰。用張伯駒自己的話來說：「所謂京劇至此下了一坡又一坡。」【註釋七】

他說這話的時候，我的老師和當代戲曲理論家們，正在講臺上和文章裏宣佈：「中國戲曲『角兒』的時代，已經結束。今天的觀眾看戲，看的是內容。欣賞的是藝術的整體。所以，我們的任務是把中國戲曲提高爲一門整體性藝術。」

在理論上，我的老師當然是正確無比。但五十年的戲劇現象似乎又在爲張伯駒的見解，做著反覆的印證。

張伯駒愛好戲曲的正面作用，是他成了一個極有影響的專家和名票。而這個愛好的負面作用，是他當上了戲曲界頭號保守派及右派。

一九四九年以後，官方對中國傳統戲曲的方針是：「百花齊放，推陳出新」。這八字方針是毛澤東定下的。而針對中國戲曲的具體文化政策是：「三並舉」（即傳統戲、新編歷史戲、現代戲三者並重）。我就讀期間，文化管理部門貫徹「三並舉」方針，特別強調大編大演新戲。不用說一向對新文藝抱有好感的周信芳，如魚得水地推出了《義責王魁》、《海瑞上疏》，就是一貫主張「移步不換形」的梅蘭芳，也以豫劇做底本，調動自己與他人的智慧，上演了《穆桂英掛帥》。

我喜歡聽舊戲。單是一齣《玉堂春》，梅派的，程派的，或是張君秋唱的，或是趙燕俠演的，都好。這麼一個根本算不上深刻博大的戲，居然能讓觀眾一而再、再而三地去欣賞。這些不同流派的角兒能以各自的藝術處理舞臺細節，共同傳遞出一個含冤負屈的青樓女子的內心情感。它正如張伯駒所言：「這些角兒的本事，實在是太大了。」

我也喜歡看新戲，尤其愛看余叔岩高足李少春的新戲，如《野豬林》。可我每每向張伯駒提及

這些新戲，他都搖頭，一臉的鄙薄之色。其實，我所看的許多傳統京戲，也是經過「推陳出新」的。故我常問張伯駒一些老戲是怎麼個演法。這時他的興致便來了，不厭其煩地說，細緻入微地講。一句唱詞，老譚當初是怎麼唱的，余叔岩是怎麼處理的，他為什麼這樣處理……我在驚歎他的熱情與記憶的同時，便不由得想起在課堂上老師給張伯駒下的「保守派裏的頑固派」的判定。我覺得如此判定，也恰當，也不恰當。他的確保守，保守到頑固的程度。可是他的保守與頑固，與其說是思想的，不如說是藝術的。他的保守頑固，是來自長期的藝術薰染和高度的鑑賞水準。要知道，中國戲曲是以遠離生活之法去表現生活的。這種表現性質注定它將形式的美、高級的美，置放於藝術的核心。形式用久了，便也成了內容。它的魅力也全在於此。而魅力產生的本身，就露出了滑向衰微的趨勢。張伯駒要抗拒和阻止這個趨勢。故爾，他的頑固與保守完全是出於對中國戲曲藝術的高度維護和深度癡迷。也正是這種維護和癡迷的精神，讓張伯駒在一九五七年栽了跟頭。

在一九五七年四月二十五日中央各大報紙，均刊登了這樣一條消息：

「五七年四月二十四日第二次全國戲曲戲目工作會議閉幕。文化部副部長錢俊瑞和劉芝明、中共中央宣傳部副部長周揚在會上做了報告。他們都強調在劇目工作上要大大放手的精神，參加會議的各地代表聽了非常振奮。

「錢俊瑞指出，現在仍有許多幹部怕『放』。他認為，怕壞戲多起來、怕藝人鬧亂子、怕不好做工作、怕觀眾受害，這『四怕』是多餘的；他要求大家『放！放！放！除四怕！』他說，壞戲可以演，大家可以研究並展開討論，這樣它可以成為提高群眾辨別能力和認識水平的好題材。他還強調

戲曲幹部應當刻苦鑽研，提高思想水平和業務水平，學會分辨香花、毒草和化毒草爲有用之花的本領。

「劉芝明在報告中主張挖掘戲曲傳統的範圍要更廣泛、更深入；在戲曲之外，曲藝、雜技、木偶、皮影等方面都要這樣做。」

「周揚對國內目前形勢和變化做了分析。他揭發了戲曲工作中的官僚主義、教條主義和宗派主義，並且做了尖銳的批評。他建議，過去文化部所禁止的二十六個劇目無妨拿來上演，請群眾發表意見。

「在戲曲劇目工作方面，周揚歸納了十六字：『全面挖掘、分批整理、結合演出、重點加工』。他說，這些工作一定要緊密依靠藝人和群眾，堅決反對用行政命令和壓服的工作作風。

「周揚認爲，『戲改』這個名詞已成過去，因爲戲曲工作者都成爲社會主義文藝工作者，新劇目也大量出現，舞臺面貌已經改觀，除了一部份遺產還沒有整理以外，還要『改』到何時？『戲改』工作，已經完成它的歷史任務了。」【註釋八】

「周揚等人的這番話，在別人聽來不過是領導發出的新指示、文藝政策的新調整。但傳到張伯駒耳朵裏，那就變成了強大的驅動器和興奮劑。因爲早在五十年代初，他就聯合齊白石、梅蘭芳、程硯秋等近百名藝術家，以父親、羅隆基、張雲川等民主人士爲贊助人，上書中央，要求糾正文化領導部門鄙視傳統藝術的傾向，成立獨立的京劇、書畫組織，以發揚國粹。現在終於從中共意識形態主管那裏聽到了「終止戲曲改革、維護文化遺產」的口令，張伯駒欣喜若狂。在「發揚國粹、保護

「遺產」的大旗下，他要挺身而出，率先垂範，他要主動工作，自覺承擔。為了發掘傳統劇目，張伯駒把老藝人組織起來，成立了「老藝人演出委員會」，籌劃每週演出一次。為了研究老戲，他又發起成立了「北京京劇基本藝術研究會」。他聯絡其他專家和藝術家，開辦戲曲講座，舉行義演。

中國戲曲的藝術精粹在於表演，表演的藝術精粹在於技術、技法和技巧。而這些高度技藝的東西，只存活在具體的劇目中。它實在不像西方的舞臺藝術能夠拆解為元素或提煉為一種成份，並獨立出來。張伯駒眼瞅著一些包藏著高招絕技的傳統劇目，因內容落後、思想反動，或被查禁、或被淘洗，而憂心如焚。張伯駒目睹一些身懷絕技的老藝人因從事教學不再演出，而憤憤不平。現在好了，在官方「尊重遺產」的政策精神下，技術含金量高的傳統劇目有了重見天日之機。張伯駒在這個時刻推出了老戲《甯武關》【註釋九】、《祥梅寺》【註釋十】。他的選擇戲的標準，當然是純藝術的，甚至是純技術的、純形式的。張伯駒曾管理直氣壯地對我說：「只要是藝術作品，它的鑒賞評判標準只能是藝術性。思想被包裹於深處，是分離不出一個單獨的思想性的。」

情緒高昂的張伯駒，對老藝人說：「這兩齣戲演出來，叫他們看看。」意思是說今天的人沒見過好的技藝，叫新社會的觀眾、包括那些領導文化的行政官員，都來長長見識吧。

張伯駒的話，沒說錯。《甯武關》裏有聲淚俱下的唱腔，有繁重的武功，有唱念做打的安帖鋪排。不具備相當技術水準的文武老生，是過不了《甯武關》的。而《祥梅寺》，則是京劇打基礎的丑行戲。其中的舞蹈性動作，實在漂亮。這個時候的張伯駒全然不想：毛澤東是怎樣打下的江山？這兩齣戲裏的反面角色李自成、黃巢是何等之人？——如果說，張伯駒為自己珍愛的國粹操勞了一

個白天；那麼，在夜深人靜之時，他是否應該無聲自問：事情是否真的這樣簡單？事情是否還有另

外的一面──即使現實已被塗得一派光亮的同時，還存在著別樣的色彩？

在那段時間裏，張伯駒最為熱心張羅的一件事，便是京劇《馬思遠》【註釋十二】的演出。這齣戲

在五十年代初，是文化部明令禁止的二十六個劇目當中的一個。周揚、錢俊瑞建議戲曲界把禁戲拿

出來演演的講話傳出以後，擅演此戲的小翠花【註釋十二】興奮得徹夜無眠。在張伯駒的支持籌劃下，

決定重新搬演《馬思遠》。演出的主持單位，就是他領導的京劇基本研究會。

「莫道老株芳意少，逢春猶勝不逢春。」張伯駒和一群只知唱戲、也只會唱戲的老藝人，被周

揚的話喚起了青春般的熱情，熱火朝天地幹起來。小翠花和二十年前的合作者聚攏一起，商量如何

剔除糟粕、修改劇本，加緊排練，熟悉臺詞。很快，一切準備妥當。

五月八日晚上，在十分熱鬧的小翠花收徒的儀式上，發佈了擬於十二日上演《馬思遠》的消

息。

五月十日，《北京日報》發表了《馬思遠》的消息。並說報社「馬上接到許多讀者的電話，他

們急於想看這齣多年未演的老戲。有的讀者為了看這齣戲延遲離京的時間」。然而，就在當天下

午，京劇基本研究社接到北京市文化局的電話，說這齣戲是文化部明令禁止過的，現在尚未明令解

禁。所以暫時還不准公開演出。

「一沉一浮會有時，棄我翻然如脫屣。」君子風度的張伯駒，懂得「一生一死兮如輪」的道

理，卻無論如何容忍不了這種「一翻一覆兮如掌」的作派。不管這個作派是一個人幹的、一個單位

幹的，還是一個黨派幹的、一個政府幹的。他氣極，也怒極。氣極怒極的他，下決心不但要兌現《馬思遠》，還要跟文化局理論理論。他讓京劇名丑王福山等人緊急出動，重新約班底，找配角，租劇場，發消息。自己則向官方請願，給文化部部長沈雁冰寫信，陳述「如不公演，將影響藝人情緒」的後果。

五月十二日這一天，張伯駒帶著王福山等人，在和平賓館舉行記者招待會。他掏出了事先寫好的一篇文章交給記者，請報社發表，以圖獲得輿論的聲援。在會上，缺乏政治性思維的他，還居然提了一個政治性問題：「在大鳴大放期間，出現了鳴放與法令的矛盾。是鳴放服從法令？還是法令服從鳴放？」

後來，文化部藝術局決定將《馬思遠》的公開演出改為內部試演，張伯駒仍執意不肯。他說：

「既然開放劇目，《馬思遠》卻不能演，第二次全國戲曲劇目工作會議等於沒開。」

《馬思遠》禁禁演演的一番周折，便形成了所謂的《馬思遠》事件。事件的中心人物是張伯駒。張伯駒劃為右派分子，《馬思遠》事件是重要的罪證。就連報導此事的《北京日報》副刊記者、年輕的曹爾泗也未倖免，被戴上了右派帽子，押送到南口農場監督勞動。

說白了，《馬思遠》不就是一齣戲嗎？上邊讓演就演，不讓演就不演，有什麼大不了的。為啥張伯駒肯把價值連城的東西捐給官方，卻要為幾個演員一齣戲跟官方叫板又較勁呢？我想來想去，覺得這和政治家為了維護自己的政見能豁出性命的道理有相通之處。藝術的衰落，令有識者尤感痛切。張伯駒從戲曲某些過左的改革政策，看到了文化衰敗的消息，並隨著「戲改」深入進一步加劇

和普遍。他認爲這事和在戰亂中眼瞅著珍貴文物大量流失，沒啥區別，無不屬於文化的流失。張伯駒痛心於這種有形的文化財富的流散和無形的文化精神的墜落。而從前不惜以黃金房產購回文物和今天不顧利害地要求對戲曲解禁，表達的正是一個中國傳統文人對當今社會日趨喪失文化品格的深刻焦慮與椎心的痛苦。所以，他要利用自己包括金錢、地位、影響、眼力、社會交往在內的全部能量和文化優勢，盡其可能地去挽回或恢復原來的文化品質和文化意境。

八月三十日、三十一日，戲曲界、國畫界聯合，連續兩天舉行了張伯駒批判會。馬少波等人批判他挖掘整理的《甯武關》、《祥梅寺》，無一不是站在封建王朝的立場上，歪曲偉大的農民起義。──張伯駒讀後，仍然不服。

張伯駒不服，反倒質問批判者：「我們今天不是也講忠嗎？那麼，我們統戰是統忠孝的周遇吉呢？還是統開城迎李自成的太監呢？」霎時間，群情激憤。

幾天後，北京市文化局負責人張夢庚在《北京日報》撰文批判張伯駒，說：共產黨也要忠，但要的是董存瑞、劉胡蘭的忠於革命，而非周遇吉全家忠於崇禎，反對農民起義。

父親會說：「最優秀的人，往往是最固執的。」從這個意義上說，張伯駒是最優秀的，也是最頑固的。他不想拖時代的後腿，更無意通過反對「戲改」（即戲曲改革）去和共產黨政權作對。什麼叫保守？無非是保住傳統。而他的「右派」言論，只不過是在全力維護自己鍾愛的東西──我把這個看法對潘素講了。

她一把抓住我的手，很有些激動：「要是那些管文藝的人，也能這樣看待你張伯伯，他就不會

劃爲右派了。」繼而，又用詛咒的口氣說：「他這個人就是那麼簡單。自己喜歡老戲，便到處去講，一些藝人也慫恿他講。結果，非說張伯伯是在主張禁戲開放，提倡鬼戲和色情。那些領導反右的人也壞，還專門把唱老生的演員找來批判你張伯伯。藝人哪懂什麼政治批判，只會挖苦和嘲諷，講的話還很難聽。比如，譚富英就面對面地說：『你算什麼名票，唱戲的聲音像蚊子叫的！』你張伯伯回家不跟我講批判會上的情況，是我自己從報紙上看到的。報沒有看完，眼淚就下來了。」

張伯駒見我們在說話，也走過來。聽清楚我們是在說這件事，他一句話也不講，躲得遠遠的。

也許他根本就不在意，也許他早已齒冷心寒。

我仍然按部就班地跟著潘素學畫。有些微進步，便受誇獎。

秋天的一個週日上午，我去了張宅。進門後，便問潘素：「我今天學什麼？」

「今天不學新東西了。」說著，潘素遞過一張畫著山水的小書籤。書籤約三指寬，三寸長。上端中央的小圓孔，繫著一條極細的紅絲帶。我接過來，準備放進書包。以爲這是潘素送我的小禮品。

「這不是禮品，是我畫的一個樣子。你要照著它畫。」說著，潘素從抽屜裏取出一大疊空白書籤。讓我拿回家去畫，兩週以內全部畫完。

書籤雖小，畫面卻是精心佈置了的：有松，有水，有遠山，有近石。潘素叫我當場就照著畫一張，她要看看。我大概不到五分鐘，便畫好了。

「不行，太潦草。」潘素邊說，邊拿起筆給我塗改，又重新配色。

我問：「潘姨，這樣一張書籤能賣多少錢？」

「五分。」她頭也不抬，繼續修改我的小書籤；還給我講解畫面無論大小，必須講究佈局的道理。

小書籤經她修改，很好看了。我很想把它留下來。可潘素說：「不行，你一張也不能要。工廠發下來的書籤，是有數的。畫好後，要如數交回。」

在以後的兩週時間裏，我每做完學校的作業，便在燈下畫書籤。畫得很認真，很嚴肅。我的嚴肅認真，不是為了學什麼佈局，只是為了潘素。父親舉著我畫好的書籤仔細端詳，挺高興，誇我能幫著老師幹活兒了。我不敢告訴父親書籤的價格。我更不敢問潘素：每畫一個書籤，您能得多少。是一分，還是二分？

我把畫好的書籤整整齊齊地交給潘素的時候，她一個勁兒地謝我，說我幫了她的忙，完成了任務。我覺得北京市成立國畫工廠，是件很奇怪的事。創作國畫的機構或組織，怎麼能叫工廠？從名稱上看，政府似乎就沒把潘素視為畫家，而是當做職工或工人。

潘素把所有的書籤翻檢了一過兒，發現在一個書籤裏，我畫丟了一座淡青色遠山。她當即補上。一切收拾妥貼，潘素對我說：「今天，帶你去故宮。」

我問張伯駒：「您去嗎？」

「怎麼不去？是我提議的。每年故宮要舉辦院藏書畫展，東西是一流的。我們都該去看看。」

我們三人，步行至故宮。仍然是張伯駒走在前，我和潘素跟在後。陳列大廳內，佳作濟濟，觀者寥寥。

潘素停留在宋人王希孟的青綠山水手卷的展櫃前，細細講了起來，讓我仔細觀摩這幅堪稱經典之作的山水長卷。因為下個星期，要教我畫青綠山水了。

張伯駒背著手，獨自瀏覽。大廳裏有些陰冷，清鼻涕流出來，他順便用手一擦，了事。他欣賞這些故宮藏畫，遠沒有潘素看得細緻。好像自己與這些藏品是老朋友了，這次來，不過是抽空會個面罷了。我越接近張伯駒，就越覺得他是雲間的野鶴、世外的散仙，自在得沒人能比。

我想聽他講講這些故宮珍品，便問道：「張伯伯，您能給我講解講解嗎？」

他說：「你又不學字畫鑑定。字畫的真假判定方法，是可以講的。紙張、題款、印章、裝裱、佈局、技法等等，都有一套。而你現在是學畫，在家教了你畫法，到了這裏，你就要好好地看，多多地看了。看多了，自能領會。再一個，就是要多欣賞大自然，從北方的鏡泊湖到南方的灕江，都要去走走。比如你現在常畫松，黃山的松固然好，但一時看不到，你就可以去頤和園的後山，那裏的松也很好。」

只參觀了一個多時辰，張伯駒便催著出門。

「為什麼？」我偷偷問潘素。

「先頭在家就說好的。看完展覽，三人去吃西餐。」

在路上，張伯駒對我說：「小愚，這樣的展覽，你來一趟是不夠的。」

我是聽話的。按張伯駒的要求，一個人多次去參觀故宮博物院的藏品展覽。但我從沒有看到陳列張伯駒捐獻的陸機《平復帖》或展子虔《遊春圖》。據說，《遊春圖》裏的馬，畫得最好。後人稱之爲「天下第一馬」。我又想，官方這樣做似乎是對的。寶馬歸新主，何必見舊人。再說，舊人還被新主劃爲了右派。

一天晚上，飯後無事，大家在北屋客廳閒坐。警衛秘書王鎖柱進來，對父親說：「有一對夫婦來訪。」

「是誰？」我問。父親接過會客單，那上面在來賓姓名一欄裏，塡著：潘素。

「快請他們進來。」父親邊說邊從沙發上站起來，急步走到庭院，又高叫勤務員趕快把前後院的電燈統統打開，並瞪著眼對我說：「你的老師登門，跟著我做什麼？還不快到前面去接！」

黑黝黝的院子，霎時變得明晃晃。張伯駒夫婦在光量樹影間，快步而行。我跑了過去。父親帶著興奮的神情，站在院子的中心。

主賓坐定後，父親先開口：「這麼晚了，你們又徒步而來。一定是有什麼事情吧？」

潘素告訴我們：她受聘，要到吉林藝術專科學校去教國畫。

父親即問：「那伯駒先生呢？」

「當然，我們是一起去了。」

父親又問：「伯駒先生的工作，吉林方面也談妥了嗎？」

張伯駒答：「我到藝專也能做點事。如教教詩詞，或講講書法。」

父親捨不得他們離京北去，但終歸是高興的。他說：「張先生，這可是大材小用哇！你們夫婦是有才氣和有學問的人，北京埋沒了你們。現在，有吉林的學校請過去教書，也好。不過，總覺得有些委屈你們。你們的才學，靠我們這些民主人士欣賞是沒有用的，要等到中共裏面的伯樂去發現，才能發揮出來。」

潘素說：「我想，起碼那裏的生活環境，會比這裏好一些。」

父親停頓片刻後，說：「我如今是個被撤了職的人，在行政方面沒有什麼能力了。但在吉林多少還有幾個朋友。其中有一人叫徐壽軒，是我們民盟的老同志，也是我的好友。反右沒有被牽累進去，如果沒有意外，現在可能還在擔任副省長。他即使不擔任副省長，中共也會安排他充任其他領導職務的。你們去後，我會與他聯繫，把你們夫婦的詳細情況告訴他，請他關照你們。」

潘素既是客氣、又是感激地說：「那就多謝了。章部長自己身處逆境，還要去操心別人的事。」

我知道，坐在爸旁邊的張伯駒，是不會說這些的。父親要給他們餞行，約他們後天來吃晚飯，說：「憑個政協常委和三百五十元的工資，我請你們吃一餐飯的能力還是有的。」

張氏夫婦推辭了，說行期緊，還有許多事情等著去處理。今晚就是特來辭行的。送客時，父親執意送至大門。月亮升起來，樹影花香，庭院另有一番朦朧的景致。父親與張伯駒並排走在前面，兩人一路無話。晚風裏著涼意，輕輕吹拂他倆已經開始灰白的額角。

父親無論如何要用老「別克」車，送他們。張伯駒答應了。到了大門口，父親雙手握住張伯駒的手，說：「如果你們夫婦休假回北京，一定要來我這裏！」

夜已轉深，父親仍無睡意。說：「小愚兒，陪老爸爸再坐會兒吧。」不想，父親與張伯駒的淡泊之交，於短別之際是如此沉鬱的一抹。

張氏夫婦去長春不久，民盟召開中委會。開會期間，爸特意請徐壽軒吃飯。謝天謝地，徐壽軒沒有回絕，來了。雖是老友重逢，但沒有了以往那種無拘無束、無所不談的氣氛，彼此客客氣氣地扯些與政治毫不相干的事情。不過，父親已經很知足了。那時國家已進入了三年困難時期。一桌飯菜是用心準備了的。在飯桌上，父親提起了張伯駒，遂問徐壽軒，是否知曉其人。徐以點頭作答。

父親鄭重地放下碗筷，十分詳細地介紹了張伯駒和潘素後，說：「希望你在吉林能關心、照顧這對有貢獻的夫婦。潘素的工作已經定了，是在一個藝術專科學校教書。張伯駒的工作好像還沒有確定，他在文物鑑定、藝術鑑賞方面是中國一流專家，不可多得之人才。壽軒，你回到吉林，看看能不能跟省裏的人疏通一下，給張伯駒安排個妥當的、能發揮他專長的工作？」徐壽軒當時滿口答應。但不知他回吉林是否真的關心、照顧過張伯駒夫婦。

父親萬分慨歎張伯駒夫婦的離京謀職。徐壽軒走後，父親說：「凡是有才能的人，總會受到外在世界的壓迫。中國這樣，外國也如此。」

一九六二年一月，春節即臨。北京的老百姓都在為國家配給的幾斤豬肉雞蛋、幾兩香油瓜子奔

忙不息。一日，張伯駒夫婦徒步來到我家。因事先不曾得到他們從吉林返京的消息，讓我的父母頗

感突然。

張伯駒只解釋了一句：「前兩天從吉林回的北京，節前一定要看看朋友。」

他倆是下午來的。父親說什麼也要留他們吃晚飯，於是，馬上叫洪秘書和梁師傅想方設法弄幾

個菜來。

從張氏夫婦的神情氣色上看，他們在吉林的日子似乎要比在北京舒暢些。張伯駒告訴我們，他

擔任了吉林省博物館的第一副館長。潘素則說，她的教學搞得不錯，還在那裏開了畫展，觀者踴

躍，備受讚譽。特別是她的大幅青綠山水畫，引起東北畫界的極大震動。——我知道，無論教學，

還是畫展，潘素在北京就能做到，但在文化發達的北京，不讓她做。從事文物博物的指導工作，對

張伯駒來說，可謂人盡其才。但傳統深厚的首都，不叫他幹。見他們在吉林工作順手，生活舒坦，

父親特別興奮，連連舉杯向他們祝賀。

我對潘素說：「自您走後，我再沒有畫畫了。」潘素聽了，直說可惜。

張伯駒卻道：「關係不大，詩畫是一輩子的事。」

飯後，潘素細語細言對我說，抽個時間把借我以供臨摹之用的她的畫作，清理出來還回去。她

還特別做了解釋：「要回這些畫，是為了帶去吉林作教學示範。」

潘素的《什剎海冬景》水墨畫，是我最喜歡的，一直存放在我的書房。蒼遒的樹幹，無葉的柳

枝，不過寥寥數筆。晦暗的天空，含雪的遠山，盡在隨意點染之中。我指著畫對父親說：「我太喜歡它了，不想還給潘素。爸，我能請求她把這張畫送給我做個紀念嗎？」

「不行，必須還。」父親口氣無庸置疑，我心裏很不痛快。

父親見我面帶不悅，便道：「我的小女兒，請記住，畫只能由畫家主動送你，而你決不能向畫家討要。這是規矩，也是修養。我有不少齊白石的畫，卻沒有一張徐悲鴻。其實，我跟悲鴻的關係要比齊白石深得多，也早得多。他身邊的那位太太，在留德留法學生的老婆當中，是最漂亮的，也是最有風韻的，令許多的光棍學生暗羨不已。現在悲鴻的馬，被認爲是他最拿手的。而我始終認爲悲鴻的油畫，特別是裸體女人畫，是他最好的作品。有一次在任公（李濟深）家中，他對我說：『伯鈞，我送你一匹馬吧。』我說：『我不要你的馬，我要你的女人。』悲鴻聽了，搖頭說：『那些畫，是不能送的。』」

父親的確喜歡油畫和西畫中的裸體作品。他每次去歐洲開會，用公家發的外匯除了買黑格爾的書，就要買些油畫畫冊和裸體素描畫冊。與之同行的畫家邵宇吃驚於他的這一愛好，曾主動送過不少質量很高的西方繪畫圖冊。

父親說：「人體繪畫，中國不行。」他見我也喜歡，遂將這類藏品全都搬到我的畫室存放。

後來，父親又送我一張十八世紀德國印刷的鋼筆素描畫。畫面是位端坐在鋼琴旁、一手扶鍵的美麗少女。

「你看，她的神態有多美。」父親讚歎不已，並親自將素描畫鑲嵌在銀灰色的木質雕花相框

內，懸掛在我的畫室。

有一次，父親發現了我臨摹潘素的一尺見方的習作，畫的是中國山水畫中司空見慣的松林與石崖。父親說：「我來收藏它。」

我說：「是我的臨摹。」

「我知道。」

「爸，等我畫一張自己的，送你。」

父親擺出一派莊嚴的樣子，說：「好。我等著，等我女兒的畫作問世。」說罷，我倆大笑。

一九六三年，我被分配到四川工作。我與張氏夫婦失去了聯繫，父親與他們也沒有了往來。

一九六六年，「文革」開始，父親已是萬念俱灰。對自己往昔的政治生涯持深刻懷疑的他，眞的寫起詩來。他一作詩，便感吃力，便想起作詩比說話還要利索的張伯駒，便要自語道：「這對夫婦如今安在？怕也要吃苦受罪了。」父親的詩，絕句爲多，都是信手寫來。樹上的麻雀，窗外的細雨，爐上的藥罐，外孫的手指，他都拿來入詩，唯獨不寫政治。一個搞了一輩子政治的人，由政治而榮，因政治而辱，而最終超然於政治之外。我不知道是應爲他悲傷，還是該向他祝賀？

一九六九年五月十七日父親走了，離開了這個世界。他走時，我正關押在四川大邑縣劉文彩的地主莊園。一年後，我被四川省革命委員會、四川省公檢法軍事管制委員會宣佈爲現行反革命犯，從寬處理：判處有期徒刑二十年。獄中產下一女，遂押至苗溪茶場勞改。苗溪茶場地跨天（全

蘆（山）寶（興）三縣。那裏與我同在的，還有一個在押犯人，她叫梅志（胡風夫人）。我站在茶園，遙望著大雪山，覺得自己生活在另外一個世界。

十年後，我丈夫走了，離開了這個世界。我被宣佈：無罪釋放。宣讀時，我無喜無悲；宣讀後，我面對一紙裁定書和滿屋子公檢法，拒不說「感謝政府感謝黨」之類的話。因為我覺得是政府和黨長期虧待了我，有什麼可感激的？我穿著監獄發的那件最好的玄色布襖布褲，回到北京。我從擁擠不堪的火車車廂慢慢移出，月臺上十年未見一面的女兒，親睹我的醜陋憔悴，嚇得躲在我姐的背後，別人拖也拖不出來。

為慶祝我的無罪釋放，也為歡迎我回歸故里，母親將晚餐定在東安市場的「東來順」，吃的是涮羊肉。切成片的又薄又嫩的羊肉，紅紅亮亮規規正正地橫臥在潔淨的青花瓷盤裏。我彷彿有一個世紀沒見過沒吃過酒席了。看著圍坐在我身邊的至親至友的興奮面孔，我很想說點什麼，但我什麼也說不出；至少我該笑一笑，可我也笑不出。幸虧在親友當中有個老公安，他以極富經驗的口吻，低聲解釋道：「關久了剛放出來的人，都不會說笑。以後會好的。」

謝謝他的理解，我可以專心致志地吃東西了。我的那雙紅漆木筷，千百遍地往返於肉盤與火鍋之間。我一個人幹了六盤，每盤的羊肉片重小四兩。

「小愚吃了一斤八兩（老秤說法）！」不知誰報出了數字。

這個數字把全席「鎮」住了，也讓我笑了，當然是那種傻吃後的傻笑。我想，這時和我一起高興的，還該有我的母親。可扭臉一看，她正用餐巾抹去墜出的滴滴老淚，而她面前的那盤羊肉，紋

絲未動。

這一夜，母親和我和我女兒三代，共眠於一張硬榻。女兒上床後便昏然大睡。我與母親，夜深不寐。

這一夜，我要問清十年人間事。

我問的第一件事，就是父親的死。母親敘述的每一句話，我都死死記住，記到我死。

母親告訴我：首先得知死訊的，是梁漱溟和張申府。那日，父親死在了北京人民醫院。母親從白塔寺大街出來，走到西四的時候，便碰上了迎面走來的梁、張二人。

在街頭，他倆問道：「伯鈞現在怎麼樣了？」

母親說：「他去世了，剛剛走的。」

張申府，這個與父親從青年時代就相識、一道飄洋過海去歐洲留學的人，滿臉悽愴，低頭無語。梁漱溟，這個同我爸一起爲民盟的建立而奔走呼號、又先後被民盟摒棄在外的人，佇立良久。

之後，梁公說：「也好，免得伯鈞受苦。」

接著，母親又告訴我：父親死後，她一而再、再而三地懇請搬家。好不容易上邊開恩，給了建國門外永安里的兩間一套的單元房。早就搬進樓住的蔣光鼐夫人、蔡廷鍇夫人、龍雲夫人、李覺夫婦，以及陳銘德、鄧季惺夫婦見到母親居然有些吃驚。

母親說：「自搬到建國門，我就清靜了，誰都不知道新地址。可是，你能猜想得到嗎？是誰第一個來看我？」

我從親戚系列裏，說了一長串名字。母親說，不是他們。

我從農工（即農工民主黨）系列裏，挑了幾個名字。母親說，不是他們。

我從民盟系列裏，揀了幾個名字。母親說，不是他們。

我說：「如果這些人都不是的話，那我就實在想不出，還有誰能來咱們家呢？」

「我想你是猜不到的，就連我也沒想到。那天下午，我一個人在家，揀米準備燜晚飯。忽聽咚咚敲門聲，我的心縮緊了。怕又是造反派搞到咱們家地址，找上門來打砸搶。我提心吊膽地問：『誰？』門外是一個女人的聲音：『這裏，是不是李健生大姐的寓所？』她的話帶有江浙口音，我一點也不熟悉。忙問：『你是誰？』門外人回答：『我是潘素，特地來看望李大姐的。』我趕緊把門打開，一看，果然是潘素站在那裏，我一把將她拉進門來。我更沒有想到的是，她身後還站著張伯駒。幾年不見，老人家身體已不如前，頭髮都白了。腳上的布鞋，滿是泥和土。為了看我，從地安門到建國門，不知這二老走了多少路。」

聽到這裏，我猛地從床上坐起，只覺一股熱血直逼胸膛──

我是在關押中接到父亡的電報，悲慟欲絕。《易經》上說：傷在外者，必返其家。一家骨肉，往往也相守以死，而我卻不能。獄中十年，我曾一千遍地想：父親淒苦而死，母親悲苦無告。有誰敢到我那屈死的父親跟前，看上一眼？有誰敢對我那可憐的母親，說上幾句哪怕是應酬的話？我遍尋於上上下下親親疏疏遠遠近近的親朋友好，萬沒有想到張伯駒是登門弔慰死者與生者的第一人。

如今，我一萬遍地問：張氏夫婦在我父母的全部社會關係中，究竟佔個什麼位置？張氏夫婦在我父

母的所有人情交往中，到底有著多少份量？不過是君子之交淡如水；不過是看看畫，吃吃飯，聊聊天而已。他怎麼能和父親的那些血脈相通的至親相比？他怎能與父親的那些共患難的戰友相比？他怎能同那些曾受父親提拔、關照與接濟的人相比？人心鄙夷，世情益乖。相親相關相近相厚的人，似流星墜逝，如浮雲飄散。而一個非親非故無干無係之人，在這時卻悄悄叩響你的家門，向遠去的亡靈，送上一片哀思，向持守的生者，遞來撫慰與同情。

母親又說：張伯駒夫婦在我家只待了幾十分鐘，恐怕還不及他倆走路的時間長。

母親要沏茶，潘素不讓，說：「伯駒看到你，便放心了。我們坐坐就走，還要趕路。」

張伯駒對母親說：「對伯鈞先生的去世，我非常悲痛。我雖不懂政治，但我十分尊重伯鈞先生。他不以榮辱待己，不以成敗論人。自己本已不幸，卻為他人之不幸所慟，是個大丈夫。所以，無論如何也要來看看。現在又聽說小愚在四川被抓起來，心裏就更有說不出的沉重。早前，對身處困境的袁克定，憑著個人的能力還能幫上忙。今天，看著李大姐的痛苦和艱辛，自己已是有心無力。」

「張先生，快莫說這些」。伯鈞相識遍天下，逝後的慰問者，你們夫婦是第一人。此情此義，重過黃金。伯鈞地下有知，當感激涕零。」話說到此，母親已是淚流滿面。

母親問潘素：「這些年，張先生受到衝擊沒有？」

潘素說：「伯駒因為兩首金縷曲，和小愚一樣，成了現行反革命。關了八個月，最後做了個『敵我矛盾按人民內部矛盾處理』的結論，遣送舒蘭鄉下。人家農村不收，才又回到北京的。我們

什刹海的家，也不像個家了。抄家時紅衛兵、造反派、街道居委會串通一氣。凡能拿走的，都拿走了。房子拿不走，就叫外人搬進來住。四合院一旦成雜院，日子就難了。你家來什麼人，你說什麼話，家裏吃什麼東西，都有眼睛盯看。

母親還叮囑潘素：「如有機會，就給伯駒先生弄點好吃的吧。年歲大了，身體要緊。」

告辭的時候，張伯駒握住母親的手，說：「李大姐，我們都得活下去。」

備受感動的母親，送他們夫婦一直送到建外大街。街燈，一盞盞地亮了。他們的背影，在漸沉的暮靄中遠去⋯⋯

母親還告訴我：原來張伯駒是從一張報紙上，讀到了父親去世的消息。翌日，他和潘素即去東吉祥胡同十號看母親。剛進胡同口，便見十號的大門敞開著，有輛小轎車停放在那裏，不少人進進出出。潘素上前打聽，問章伯鈞的家人是不是還住在這裏？人家說已經搬家了。他們是給新首長來看房的，早就曉得這所宅院極好。接著，張伯駒就讓潘素四處打聽母親的新址，可一點線索也沒有。後來，他老人家好不容易找到地安門大街一家古董店的店員老樊，託他去打聽。老樊去農工黨北京市委會，假託要和李健生核對章伯鈞生前所欠帳目，人家才把住址寫給了他。

母親的敘述，令我心潮難平。革命吞沒人，尤其像中國的各種政治運動，其吞沒與消化的程度，因人的硬度而不等。當然，知識份子往往是其中最難消化的部份。張伯駒自然屬於最難消化的一類人，而他的硬度則來自那優游態度、閒逸情調、仗義作風、散淡精神所合成的飽滿個性與獨立意志。他以此抗拒著革命對人的品質和心靈的銷蝕。任各種潮汐的潮漲潮落，張伯駒都一如既往地

守著做人的根本，過著他那份生活。張伯駒的一生見過許許多多的昂貴之物，就是他的一顆心，一顆充滿人類普通情感和自由的心。

一九八〇年春節，我對母親說：「咱們去給張伯駒、潘素夫婦拜年吧。」母親同意了，我們還去友誼商店買了上等的水果。

當我見到潘素的時候，她比我們還要高興，特意拿出當時還是稀有之物的雀巢咖啡和奶精，給我和母親各沖一大杯。沖好後，又往杯子裏放了滿滿三勺白糖。她讓我倆趁熱喝。

喝的時候，潘素不住地上下打量我，看著看著眼圈就紅了，喃喃自語道：「小愚可憐，怎麼也沒想到在牢裏一待十年。」

我問：「張伯伯呢？在家嗎？」

潘素笑著說：「他現在比我忙，他供職的中央文史館事情不多，可其他單位的事情倒不少。像什麼詩詞學會、書法學會、畫院、京劇院、崑曲社、文物學會、文史資料委員會，都來請他，甚至連那些雜七雜八的事，也都來找他。今天，又不曉得讓什麼人請走了。」

潘素的口氣裏，不無抱怨，但也裏著一點小小的得意。我認識的國民黨太太和共產黨夫人不算少。潘素恐怕是最有資格為丈夫得意的，只是這種得意來得太晚了。

潘素問我是否還想繼續學畫？並說：在我走後還有個唱京戲的，叫楊秋玲的女演員跟她學了一陣子畫。

我告訴她：自從四川調回北京，被文化部分配在中國藝術研究院的戲曲研究所。它的前身就是我當年就讀的中國戲曲研究院。同事不是師長，便爲學友。然而，我的遭遇與歸隊，未得他們多少的同情和歡迎。工作上，人家或拿研究課題，或進入國家項目。領導給我的任務不外乎做紀錄整理，拿著錄音機跟在別人屁股後頭。一個好心人偷偷對我說：「令尊大人還是頭號右派，你雖說坐牢是冤枉，可你敢說敢做，思想不安份是事實。講老實話，你能從四川調回研究院，大家就足夠吃驚的了。」

講到這裏，我自己的情緒也激動起來，竟大聲地說：「潘姨，共產黨虧待了我章家兩代人。我不背叛這個政權，就算對得起他們。眼下人家如此輕賤我，我就必須自強。所以，我顧不上跟您學畫了，先得把業務抓起來。」

潘素對母親說：「小愚被關了那麼多年，性情絲毫未改。」

坐了一個多小時，見張伯駒仍未回來，我們母女便告辭了。

一九八〇年冬季，一天的中午，正是機關食堂開飯的時候，我竟在單位所在地——恭王府的二門口，看見了張伯駒。他已是龍鍾老態，非往昔丰采。手持枴杖，緩緩而行，身著寬大的絲棉衣褲，越發顯得單薄。他老人家在這個時刻出現，我估計肯定是院領導請包括他在內的院外學者，參加什麼座談會。一個清水衙門請一群無官階的文人開會，當然只有清談，談到肚餓爲止。此刻，我覺得自己當請他老人家吃頓飯。哪怕是去斜對面的小麵館，我倆各吃一碗晉陽刀削麵，也好。於

是，我一邊向張伯駒招手，一邊朝他跑去。老人家好像沒有看見我，只顧使勁地拄著手杖，逕直奔向自己的目標。順著他奔走的方向看去，有個小夥子站在大門口，扶著輛自行車。仔細辨認我才看出，那推車等候的青年是他的小外孫。小外孫伸手接過張伯駒的枴杖，一把將他扶上自行車的後架，叫他坐好，即蹁腿蹬車，馱著自己的爺爺，走了。我癡癡地立在院中，研究院領導乘坐的小轎車，一輛輛從身邊掠過。不知為什麼，我心裏酸酸的。在張伯駒「發揮餘熱」的夕陽情調裏，含著一點傷感，一縷悲涼。

翌年春節，我和母親去什剎海給張伯駒夫婦拜年。大家好高興，天上地下，啥都聊。話題自然又談到了戲曲。我向張伯駒談出了自己對繼承傳統、振興戲曲的看法。我說：「經過幾十年的實踐，現在的理論界對傳統亦有了新的認識。傳統的價值恐怕不僅是針對藝術而言，它對於人，有著絕對的意義。傳統究竟是導致社會進步還是退化？傳統的對立面是否就是現代化？『推陳出新』裏『推』是指推開、推倒？還是也包含著推廣的意思？其中的『陳』，是否就是指傳統而言？這些問題現在下結論，恐怕為時過早。我們最大的問題不在傳統，而在沒有把人的創造力充分激發出來。」

張伯駒對我的看法，反應冷淡。他只是歎息：「現在對中國文化上的老傳統，懂得的人是越來越少了。就拿戲曲來講，能在舞臺上掌握戲曲傳統的人，就不多。今後的戲曲為何物，也只有後來人才曉得。」顯然，他對戲曲的發展前途，表示出茫然不可測的悲觀。

我向張伯駒請教：「今後搞戲曲研究，我該從哪方面入手？」

他的回答是：「不知舊物，則決不能言新。你要從研究傳統入手，而且越具體越好。」

話說了一陣子，張伯駒忽然問我：「我好幾次在你的那個單位開會，怎麼就看不到你呢？」

我說：「張伯伯，我尚無資格參加您所參加的學術會議。」我心疼他，始終沒有勇氣提及二門口曾經見到的坐自行車後座歸家的情景。

我和母親品著香茶，仿佛歲月全溶化在漸淡的茶水裏。我甚至覺得張伯駒的經歷，就像中國純正的茶葉。不管怎樣的烘製和壓縮，只要遇上了好水，再遇到識貨的好茶客，便會舒展自如，輕輕浮起，滲出舊日的湯色來。

一九八二年二月二十七日下午，潘素託人打來電話說：張伯駒於昨天去世了。

我和母親全驚呆了。因為此前從未聽說老人家患病生疾，怎麼一下子就突然撒手歸去？

第二天清晨，母親帶著我趕到張宅。跨進已變為靈堂的客廳，失魂落魄、老淚縱橫的潘素撲向我母親，二人抱頭痛哭。

母親問：「張先生不是好好的嗎？怎麼回事？」

潘素哭道：「伯駒是好好的，只不過得了感冒。幾天不見好，才把他送進醫院，他不願意去，是邊勸邊哄的。原以為送他進去就能把病治好，哪曉得我把他一送就送進了鬼門關。」說到這裏，潘素不住用拳頭捶打胸口，痛悔萬分。

「張先生住的是什麼醫院？」母親又問。

潘素說：「後庫的北大醫院。伯駒走進病房見是八個病人住在一起，就鬧著要回家，而且這幾

個病人的病情都比他嚴重。我好說歹說，才把他安頓下來，跟著我就向院方請求，能不能換個單人或雙人病房？誰知醫院的人說：『張伯駒不夠級別，不能換。』兩天以後，同房的一個病人死了，伯駒的病情也不見好，反而比進來時重了。他情緒更壞，鬧得也更厲害，就是要回家。我再跟醫院的人請求換病房，人家還是那麼講，說我們伯駒不夠格。過了兩天，又死了一個。這時伯駒想鬧也鬧不動了，他從感冒轉成肺炎。」

潘素又告訴我們：「伯駒死後，有人跑到北大醫院，站在大門口叫罵：『你們醫院知道張伯駒是誰嗎？他是國寶！你們說他不夠級別住高幹病房？呸，我告訴你們——他一個人捐獻給國家的東西，足夠買下你們這座醫院！把那些住高幹病房的人，都扒拉一遍，看看哪個的貢獻，能趕上張伯駒？』」

擔任北京市衛生局顧問的母親感歎道：「醫院壓根兒就不該這個樣子。可是在官本位的制度下，我們的醫院就認部長、局長、紅卡、藍卡，不認得張先生的真正價值。」

其實，就算把官本位取消了，如果一個民族對文化的認識尚未達到成熟的話，像張伯駒這樣的文人，其社會地位就一定會排在要人、貴人、闊人及各色成功人士的後面，甚至在末尾。

張伯駒的追悼會在八寶山革命公墓舉行，悼者無數，輓聯無數。我代表母親赴會，在人群中被推來搡去，根本無法去貴賓室慰問潘素。薩空了和千家駒看見了我，一把將我塞進了他們兩個當中，叫我別再亂跑，安心等候開會。在等候的時間裏，三人不禁對張伯駒的逝世，深感痛惜。我心

裏知道：薩、千二位在一九五七年是民盟左右的積極份子。

薩空了說：「伯駒先生是我們民盟的驕傲。說句老實話，把我們現在的三個部長的作為加在一起，還抵不上張伯駒一個人的貢獻。」

千家駒講：「這幾年，我參加的八寶山追悼會不知道有多少次了。很多人的悼詞上都無一例外寫著『永垂不朽』。依我看，並非都能永垂不朽，眞正的不朽者，張伯駒是一個。」

不久，潘素當選為全國政協委員，據說是當時的中共中央高級黨校副校長宋振庭的提名。六十年代初張伯駒在長春，擔任吉林省博物館第一副館長，也是他的安排。那時，他的身份是中共吉林省委宣傳部長。這一點，恰恰應驗了父親生前說的一句話——「你們的才學，靠我們這些民主人士欣賞是沒有用的，要等到中共裏面的伯樂去發現，才能發揮出來。」

張伯駒晚年患白內障，極少出門。閑坐無聊，便回憶起自七歲以來所觀之戲、所演之戲以及菊苑軼聞。於是，「拉雜寫七絕句一百七十七首，更補注，名《紅氍記夢詩注》」【註釋十三】。張伯駒還特意說明這本書「其內容不屬歷史，無關政治，只為自以遣時」。【註釋十四】不想，書流入民間，即獲讚譽。一九七八年，《詩注》由香港中華書局出版。

八十年代初，吳祖光從香港將此書帶回。他請我的同事轉呈給中國劇協副主席、中國藝術研究院副院長張庚先生，看看是否可以出版。

張庚看了，對我的同事說：「這是在用沒落的情緒去看戲。這樣的書，怎麼能出版呢？」

直到張伯駒去世後的第四個年頭，《紅氈記夢詩注》才由寶文堂書店出版。

然而，也有讓我感到寬慰的事。一次，我參加一個戲曲學術會議，旁邊坐的是京劇名演員袁世海。

我的學友低聲問我：「你認識袁老嗎？」我搖搖頭。

學友不管我是否同意，便說：「我來介紹介紹吧。」

當介紹我是中國藝術研究院戲研所的研究員的時候，袁老不過點點頭，很有些冷淡。當介紹到我的父親叫章伯鈞的時候，袁世海的態度大變，變得熱情而恭敬。他握著我的手說：「令尊大人是我們非常景仰敬佩的專家、學者。他對我們戲曲界的貢獻是我們這些演員所不及的……」

頓時，我心裏明白了：袁世海是把章伯鈞當成了張伯駒。而這樣的錯認，是我後來常碰到的。

每逢此情景，我都聽到許多令人感動的話。

張伯駒去世後的第一個春節，母親和我一起看望潘素。潘素見到我們，特別高興。說清晨起來，就聽見喜鵲叫了。

那時，北京正在搞政策落實。潘素指著兩件造型獨特、工藝複雜的硬木雕花古舊家具，說：「這是抄家退還的東西，算是落實政策了。不過，在退賠的時候，人家還問：『你認領它們，有什麼證據嗎？』我也發火了，說：『請你去打聽打聽，除了張伯駒之外，誰家還有這樣的東西？』」

母親問潘素今後有什麼打算。

她說：「我想搬到其他地方去住，把這所宅院搞成伯駒的紀念館。」母親非常支持她的想法。

兩個老人越談越投機。

我坐在一邊沉思：無論從什麼角度去看，張伯駒的這所私人宅院都應該開闢爲紀念館。但在我們今天的意識形態背景下，有關方面是不會批准的。儘管公認張伯駒是愛國的，卻不會像某個受寵作家，其作品大部已被歷史淘洗，其故居卻定爲愛國主義教育基地。儘管張伯駒是中國第一收藏家，但他已不可能像現在的某些文化商人，在家中擺滿藏品，搞成私人博物館。因爲張伯駒早把天下絕品統統捐了出去。

有人說：收藏古董，好似留意和觀賞月色，古往今來的月色。可如今，收藏不再是個單純愛好，它還是個一夜致富的行當。於是，張伯駒的價值便是更多地體現在獻寶上了。我不這樣看。他的一生，比捐獻的文物生動得多；他的爲人，更比國寶珍貴。我和他相處，感受到的是人的氣息和光澤。而這，才是永恆之物。

張伯駒決非如今如今某些人所評價的——僅僅是個把《平復帖》、《遊春圖》捐了出去的有愛國心的大收藏家。博雅通脫的他，在我們這個政權下是很有些孤獨和落伍的。然而他的孤獨和落伍，要透過時間才能說明其涵義。他在時代裏消磨，但卻由時間保存，不像某些人是在時代裏稱雄，卻被時間湮沒。張伯駒富貴一生亦清平一生。他正以這樣的特殊經歷，演示了一個「人」的主題，一個中國文人的模樣和心情。

二〇〇二年四月—六月於北京守愚齋

【註釋一】張伯駒（一八九八─一九八二年）原名家騏，字叢碧，別號游春主人、好好先生，河南項城人。係張錦芳之子，過繼其伯父張鎮芳，幼年入私塾，後就讀天津新學書院。一九一六年入袁世凱混成模範團騎兵科學習，畢業後曾在曹錕、吳佩孚、張作霖部任提調參議等職（皆名譽職）。因不滿軍閥混戰，一九二七年起投身金融界。歷任鹽業銀行總管理處稽核，南京鹽業銀行經理、業務董事。秦隴實業銀行經理等職。一九三七年抗日戰爭爆發後，一度去西安，後致力於寫詩填詞。抗戰勝利後，曾任國民黨第十一戰區司令長官部參議、河北省政府顧問、華北文法學院國文系教授、故宮博物院專門委員、北平美術分會理事長等職。一九四七年六月在北平參加中國民主同盟，任民盟北平臨時委員會委員，參加北大學生會助學運動、反迫害反饑餓運動、抗議槍殺東北學生愛國民主運動。北平解放後曾任燕京大學國文系中國藝術史名譽導師、北京中國書法研究社副社長、北京京劇基本藝術研究社副理事、北京棋藝研究社理事兼總幹事、第一屆北京中國畫研究會理事、北京古琴研究會理事、文化部文物局文物鑑定委員會委員、公私合營銀行聯合會董事、中國書法家協會名譽理事、京華藝術學會名譽會長、北京戲曲研究所研究員、北京崑曲研習社顧問、民盟中央文教委員等職。一九五四年被選為北京市政協委員、中國民主同盟總部財務委員會委員、文教委員會委員、聯絡委員會委員。一九五六年加入中國國民黨革命委員會。一九五八年劃為右派分子，一九六二年起任吉林省博物館研究員、副館長。「文化大革命」中遭到迫害和誣陷。一九七九年改正。一九七二年周恩來得悉後，指示聘任他爲中央文史研究館館員。晚年選擔任過北京中山書畫社社長、北京中國畫研究會名譽會長、中國書法家協會名譽理事、京華藝術學會名譽會長、北京戲曲研究所研究員、北京崑曲研習社顧問、民盟中央文教委員等職。一九八二年二月二十六日在北京逝世，終年八十四歲。一生醉心於古代文物，一九五六年與夫人潘素將其收藏的西晉・陸機《平復帖》卷、隋・展子虔《遊春圖》、唐・李白《上陽臺帖》、杜牧《贈張好好詩》卷、宋・范仲淹《道服贊》卷、蔡襄自書詩冊、黃庭堅《諸上座帖》、元・趙孟頫《千字文》等珍貴書畫捐獻國家。在任吉林省博物館第一副館長期間，積極徵購古代文物字畫，使流落於社會的許多優秀文化遺產得以善保存。著有《叢碧詞》、《春遊詞》、《秋碧詞》、《無名詞》、《斷續詞》、《詩鐘分詠》、《叢碧詞話》、《叢碧書畫錄》、《亂彈音韻輯要》、《宋詞韻與京劇韻》、《洪憲記事詩注》、《續洪憲記事詩補注》、《張伯駒詞集》、《中國書法》、《京劇音韻》、《紅毹紀夢詩注》、《洪憲記事詩注》、《素月樓聯語》、《春遊瑣談》等。

【註釋二】關於民國四公子，張伯駒在《續洪憲記事詩補注》一書中曾這樣寫道：「人謂近代四公子，一爲寒雲，二爲余，三爲張學良，四、一說爲盧永祥之子小嘉，一說爲張謇之子孝若。又有謂：一謂紅豆館主溥侗，二爲寒雲，三爲余，四爲張學良。」

【註釋三】劉海粟（一八九六─一九九四）字季芳。江蘇武進人，祖籍安徽。六歲讀私塾，喜愛繪畫。一九〇五年入繩正學堂。一九〇九年赴上海，入畫家周湘主持的佈景畫傳習所習西洋畫。一九一二年在上海創辦中國第一所美術學校上海圖

畫美術院，任院長。一九一九年赴日本考察繪畫及美術教育。回國後創辦天馬會會長。一九三一年－一九四〇年先後在德國、法國、英國、印尼、新加坡舉辦畫展，講授中國繪畫。一九二五年任江蘇教育會美術研究會會長。一九四二年被日軍逮捕，解送上海。一九五二年任華東藝術專科學校校長。一九五六年加入中國民主同盟。一九五八年任南京藝術學院院長。一九七九年任院長。一九八四年任名譽院長，當選為全國政協常委。

【註釋四】朱光潛（一八九七－一九八六）安徽桐城人。幼年入私塾，十五歲升入桐城中學，次年考入武昌高等師範中文系。一九一八年考取香港大學。一九二二年畢業，應邀赴上海吳淞中國公學中學部教授英文。一九二五年考取安徽官費留學英國，入愛丁堡大學學習文學、哲學。一九二九年畢業後轉入倫敦大學學院，並在清華大學、中央藝術學院兼課。一九三七年抗日戰爭爆發，赴四川大學文學院，任院長。越一年，任武漢大學外文系教授。一九四一年九月任教務長兼外文系主任。按國民黨大學裏「長字型」人物必須參加國民黨的規定，參加了國民黨（朱光潛對這段歷史感到終身遺憾）。中華人民共和國成立後，任北京大學一級教授，第二、三、四、五屆全國政協委員。中國民主同盟第三、四、五屆中央委員、中國社會科學院學部委員、中國美學學會名譽會長等職。著有《談美書簡》、《文藝心理學》、《給青年十二封信》等。

【註釋五】楊虎（一八八九－卒年不詳）字嘯天，畢業於南京將弁學堂。一九一五年袁世凱稱帝時，任江蘇軍總司令、海軍陸戰隊司令兼代理海軍總司令。一九一八年任廣州大本營參軍，後任鄂軍總司令。一九二二年任廣州非常大總統府參軍。一九二四年任北伐討賊軍第二軍第一師師長。一九二六年赴江西，任國民革命軍總司令部特務處處長。一九二七年任上海警備司令。一九三一年當選為中國國民黨第四屆中央監察委員。一九三六年一月，授陸軍少將。四月任淞滬警備司令。一九四五年當選為制憲國民大會代表。一九四六年當選為制憲國民大會代表。一九四八年任監察院監察委員。一九四九年寓居北京。五十年代初，被捕。後病逝於復興醫院。

【註釋六】關於袁克定的晚年生活，當代紅學家周汝昌在〈承澤園軼事〉一文裏，曾這樣寫道：「承澤園位於海澱暢春苑的稍西北，本是果親王胤禮的賜園，故名『承澤』。我在燕京大學讀書時（其址即今北京大學）它是張伯駒先生的居處。其內有小樓二重，樓上住的是袁大公子——即袁世凱洪憲稱帝後的『大太子』。袁張兩家是至親，此時大公子孤身無依，故張先生養之。」

【註釋七】見張伯駒《紅氍記夢詩注》第八十四頁。一九八八年寶文堂書店出版。

【註釋八】摘自一九五七年四月二十五日《北京日報》題爲「放！放！放！除四怕──全國戲曲劇目工作會議閉幕」的通訊。

【註釋九】京劇《寗武關》，一名《別母亂箭》，又名《一門忠烈》。寫闖王起義，明將周遇吉失守代州，突圍回寗武關探母。母令其再戰，周出戰後，其母令媳、孫自殺，然後放火自焚。周遇吉死戰，被亂箭射傷，自刎。

【註釋十】京劇《祥梅寺》寫祥梅寺內了空和尚從陰間小鬼那裏得知黃巢起義時，要用他試刀。便藏於樹內。黃巢見四周無人，即以樹試刀，結果了了空的性命。

【註釋十一】京劇《馬思遠》，一名《海慧寺》。清末實事。王龍江在北京馬思遠飯肆充廚司助手，三節歸家。其妻趙玉兒不甘寂寞，閒遊海慧寺，遇賣絨線之賈四，由調笑而私通。年終王龍江自京歸家，中途飲酒大醉，遇故友甘子邊，向其借貸，王拒之。甘見其行囊沉重，跟蹤至家，擬乘夜偷盜。趙玉兒見夫歸，急使賈四藏匿缸中。乘王醉臥，用廚刀將王劈死，並埋屍，甘子恐王久不回飯館，啓人疑竇，反至京向馬思遠索人，誣馬害死其夫，到官成訟。問官不能明，輾轉上控至巡城御史，時甘子邊因犯夜被押，乃將目睹之實情說出。堂官逮捕賈明，嚴訊趙玉兒，馬思遠冤情得雪。

【註釋十二】小翠花（一九○○──一九六七）京劇演員，字紹卿，北京人，原籍山東登州。九歲入盛和班，別名小牡丹花，旋入富連成第二科，後改名于連泉。一九一八年出科，在北京、上海、漢口等地演出，聲譽日隆。他扮相豔麗，眉目靈活，做功細膩，蹺功尤佳。擅演潑辣旦。以《坐樓殺惜》、《紅梅閣》、《戰宛城》等劇目見長。藝名小翠花，係蕭長華所取，因其首次登臺在梆子《三疑計》中扮演翠花一角而得名。解放後致力於收徒傳藝工作。著有《京劇旦角表演藝術》一書。

【註釋十三】見張伯駒《紅氍記夢詩注》第七頁，〈自序〉一文。一九八八年寶文堂書店出版。

【註釋十四】同右。

最後的貴族

——康同璧母女之印象

康同璧，女，字文佩，號華鬘，廣東南海人，一八八三年二月生。康有為次女。早年赴美國留學。先後入哈佛大學及加林甫大學，畢業後回國。歷任萬國婦女會副會長、山東道德會會長、中國婦女會會長。曾在傅作義召開的華北七省參議會上被推為代表，與人民解放軍商談和平解放北平事宜。

一九五一年七月被聘任為中央文史館館員，是北京市人民代表，第二、三、四屆全國政協委員。一九六九年八月十七日病故，終年八十六歲。

——摘自《中央文史研究館館員傳略》

我在校讀書的時候，有位同窗是城市平民出身，那個年代由於階級成份好，很受組織信任。我畢業後發配到邊陲，她被留校當了研究人員，「文革」時期，自然又是造反派成員。「改革開放」以後，她突然宣佈自己本乃末代皇帝一個妃子的近親。「哇！灰姑娘一夜成公主。」——自信息發佈，與之共事數十載的同事，無不愕然。適值單位最後實施福利分房，她給統戰部打了報告，言明皇親國戚的貴族身份，以求統戰。報告轉給了文化部（我所供職的中國藝術研究院直屬該部）。結

果，滿足了「被統戰」的期待，實現了分房的要求。

而今隨意翻開一張報紙，貴族兩字隨處可見：什麼世襲貴族、東方貴族、白領貴族、單身貴族、金卡貴族、精神貴族；與之相搭配的圖片，不外乎豪宅別墅，靚車華服，美酒佳餚。把這些東西擺起來，簡直就是一本時尚大觀，看了足以讓人頭暈目眩，進而想入非非。可以說，貴族生活、貴族氣派、貴族氣質，已是當今眾多少男的理想，無數少女的美夢。

總之，一九四九年後曾與「地富反壞右」一樣被視為棄屣的「貴族」二字，到了二十世紀八十年代以後，又陡然時興起來，頓時身價百倍。而我真正懂得什麼是「貴族」，是在認識了康同璧母女以後。其實，它根本不是什麼用來炫耀、用以兌換到各種利益或實惠的名片，也非香車寶馬、綾羅綢緞、燈紅酒綠的奢華生活。

我們一家人認識康同璧，是反右以後的事。

一九五八年初，反右運動結束了。戴上頭號右派帽子的父親經過無數次親人檢舉、朋友倒戈、同僚揭發的教訓以後，在待人接物方面很開竅了，也很收斂了。比如，在公開場合，他一般不主動招呼人，哪怕這個人是從前的下屬。又如，在非公開場合，一般不邀請他人聚會，哪怕這個「他人」是昔日之好友。

既然人家都不跟你玩了，那只好自己跟自己玩吧。於是，不久便形成了一個右派小群體，或叫小圈子。由於父親是右派之首，也由於我們全家好客，加之，上邊給父親保留了大四合院、小轎車

及廚師等等。所以，一群「烏合之眾」的聚集地，大都選在東吉祥胡同十號。這是我家的地址，現在它已一分爲二，正院住的是中共高官，先搬進去住的是萬里，後爲段君毅。跨院分給了藝壇領導高占祥。

右派圈子的人，聚攏一起也很熱鬧。清茶一杯，有說有笑。聊國際政治的是羅隆基；談佛學和古詩詞的是陳銘樞；既說社會新聞、又講烹調藝術的是陳銘德、鄧季惺夫婦。在有來有往中，相互關心，彼此尊重。一人病了，其他幾個會自動傳遞消息，或電話問候，或登門探視。在無所事事的日子裏，這種交往是他們的生活內容。在孤立壓抑的環境中，這個聚會是他們的慶典和節日。一般人是害怕這個右派圈子的，而唯一沒有右派帽子的加入者，便是康同璧及其女兒羅儀鳳。

記得一九五九年春季，父母同去全國政協的小吃部吃午茶。傍晚歸來，父親是一臉的喜色。

我問母親：「爸爸爲啥這麼高興？」

母親說：「自我們戴上帽子，今天頭一回遇到有人主動過來做自我介紹，並說希望能認識你爸爸。」

「難道這人不知道老爸是右派嗎？」

「當然知道。但她說以能結識章先生爲榮。」

「他是誰？」

「她就是康有爲的二女兒，叫康同璧。」

「她有多大？」我問。

「大概快八十歲了。」母親遂又補充道：「康老和她的女兒說，後天請我們去她家做客呢！」

父親好久沒當過客人了——想到這裏，我替父親高興。

第三天，父母去了。康氏母女的盛情款待，令父母感動不已。

母親說：「一切都出乎想像。康老住在東四十條何家口的一所大宅院。我們原先以為不過是小坐，喝茶罷了。到了那裏，才知道是要吃晚飯的。而且請我們吃的菜餚，是她女兒羅儀鳳親自下廚操持的。儘管屬於粵菜，那味道與街面的菜館就是不一樣。單是那又糯又香的廣東蘿蔔糕，你爸爸就夾了好幾塊。」

父親欣賞康同璧的個人修養和藝術才華。說：「果然名不虛傳哇！難怪康有為那麼疼愛這個女兒。她英文好，詩詞好，繪畫好。今天老人家拿出的幾幅自己畫的山水畫，可謂蒼古清雋，情趣天然。

「依我看，她的畫和那些專業畫家不相上下。」

其實，我心裏清楚：讓父母最為讚歎的，是康同璧母女對自己的態度。

過了一個禮拜，父親提出來要在家中回請康氏母女。

未及母親表態，我高舉雙手，叫道：「我同意！我贊成！」

父親也舉手，並向母親叫道：「二比一，通過。」

三人復大笑。

母親用手指指著我的嘴巴，說：「是不是嘴饞了？」

「不，」我辯解道：「我想見見她們。」

經過緊張的準備，一切就緒。父母親視康老為貴客，又是首次登門的緣故，所以決定不讓小孩上席。我聽了，不怎麼慪氣，反正能能躲在玻璃隔扇後面偷看，偷聽。

雜花生樹，飛鳥穿林，正是氣候宜人的暮春時節。下午三點，父親讓司機開著老別克小轎車接客人。

康同璧母女一走進我家闊大的庭院，便駐足欣賞我家的楹聯、花壇、魚缸及樹木。老人看見正房前廊一字排開的八盆蠟梅，不禁發出了驚歎：「這梅太好了，枝幹蒼勁、縱橫有致，可以入畫了。」

父親說：「康老，你知道為什麼這八盆蠟梅這樣好嗎？」

「當然是你養得好哇。」

「不，因為送花的人是梅蘭芳。」

康同璧聽罷，一直站在那裏不肯走。我則一直站在玻璃窗的後面打量她。應該說，臉是老人家全身最美的部分。那平直的額頭，端正的鼻子，潔白的牙齒，細彎的細眉，明亮的眼睛，可使人忘卻歲月時光。她身著青色暗花軟緞通袖旗袍，那袍邊、領口、袖口都壓鑲著三分寬的滾花錦邊。旗袍之上，另套青紬背心。腳上，是雙黑緞面的繡花鞋。一種清虛疏朗的神韻，使老人呈現出慈祥之美。繫在脖子上的淡紫褐色絲巾和胸前的肉色珊瑚別針，在陽光折射下似一道流波，平添出幾許生動之氣。染得墨玉般的頭髮盤在後頸，繞成一個鬆鬆的圓髻。而這稀疏的頭髮和舊式髮型，則描述出往日滄桑。

跟在康同璧身後的，是女兒羅儀鳳。從外表判斷，她約有四十來歲，全身藍色：藍旗袍，藍手袋，藍紗巾，以及一副大大的灰藍色太陽鏡。港式剪裁的旗袍緊裹著少女般的身材，並使所有的線條均無可指摘。雖然一襲素色，但一切都是上等氣派的典雅氣質。走進客廳，羅儀鳳摘下眼鏡後，我才得以看清她的容貌。老實講，嬌小玲瓏的她即使年輕時，也算不得漂亮。臉上敷著的一層薄粉，似乎遮蓋不住那貧血的蒼白。嘴巴寬大，嘴唇亦無血色。她的眼球特別地黑，往裏深陷，在一道青色眼圈的映襯下，非常幽深。這高貴神態的後面，似乎還隱含著女性的一種傷感氣質。

大圓茶几上，擺滿了母親從北京最好的食品店裏買來的各種西點和水果。父母與客人聊天。剛開始，還聽得見康氏母女說話。半小時後，客廳裏就只有父親的聲音了。我躲在連通客廳的玻璃隔扇後面，目不轉睛地瞧著。忽然，我發現羅儀鳳把鞋穿錯了：怎麼一隻腳穿的是藍色的皮鞋，而另一隻是白色的呢？於是，父親說的話，我全都聽不見了，只是專注於那雙腳，琢磨著那雙鞋。而在下定羅儀鳳是於匆忙中穿錯一隻鞋的結論之後，我無論如何也憋不住了，有如父親發現社會有問題，就非得站出來提意見一樣。

我大喊：「媽媽！」

母親聞聲而至，問：「你躲在這裏做什麼？」

面帶焦憂之色的我說：「請你告訴羅儀鳳阿姨，她把鞋穿錯了。」

母親不回答我，邊笑邊往客廳走去，來到羅儀鳳面前俯耳幾句。羅儀鳳遂朝著玻璃隔扇，笑道：「請章小姐出來看看我的鞋，可以嗎？」

我有些難為情地跨出玻璃隔扇，走到客廳，來到她的面前定睛一看：天哪！原來她的鞋是左右

兩色，從中縫分開，一半藍、一半白。

羅儀鳳微笑著，解釋道：「不怪小姑娘，這是意大利的新樣式，國內還很少見。」

父親也笑了。我知道：在他的笑容裏，有替我難為情的成份。

康同璧則拉著我的手，問：「你叫什麼名字？」

「小愚。」

「哪個愚字？」老人又問。

「愚，笨的意思。」

「哦，大智若愚嘛！」

再問：「你大名呢？」

「章詒和。」

「詒和平。你爸爸給你起的名字太好了！先父的名字裏，也有這個『詒』字。」康同璧弄清

了「詒」字後，立即這樣誇道，並一定讓我坐在她的身邊。

我就是在一種尷尬處境中，結識了康有為的後代。父親讓我尊康同璧為康老，稱羅儀鳳為羅

姨。後來，康同璧送來她的兩幅畫作。大幅的山水，送給父親。小幅的，送母親。作品的氣勢、用

筆及題款，令人無論如何想像不到它出自一個七十歲女性老人的筆下。從此章、康兩家經常往來，

而康同璧就成為父親戴上右派帽子以後，結識的新朋友。

康有為的後代，人數不少，其中的絕大部分在海外。康同璧就讀於哈佛，丈夫姓羅名昌字文仲，廣東人，是梁啓超的名弟子，先留學日本早稻田大學，後留學英國牛津大學，獲博士學位。歷任新加坡、倫敦、加拿大總領事，國務院參議，以及北京大學、輔仁大學、北京女子師範大學教授、系主任、文學院院長等職，專攻國際公法、世界史及拉丁、希臘古文學。康同璧有一個兒子叫羅榮邦【註釋一】，自留學美國後，一直在大洋彼岸工作、生活。老人自己則帶著女兒生活在社會主義中國。

父親曾經問：「康老，你爲什麼要留在大陸？」

她答：「我要在這裏做此事，給先父修訂年譜，整理遺書、遺稿。」

「除了政協委員的榮譽之外，政府對你還有什麼安排？」

「中央文史館館員。」康同璧停頓片刻，又說：「共產黨建國之初，我們的領袖還是有愛才之心，也有容人之量。毛主席和我第一次見面，就馬上背誦出我十九歲獨自登上印度大吉嶺時寫的詩。這樣聽了，非常吃驚。沒有想到他看到我，便翹起大拇指說『我是支那第一人。』【註釋二】——我的態度與氣派，當然能夠吸引許多人從海外歸來。」

康同璧登大吉嶺的事，很像一部老舊的風光片：一九○一年，正值妙齡的康同璧在一張日文報紙上，看到父親逗留印度的消息。戊戌變法失敗後，西太后曾下令不許康有爲家屬出城，但她尋父決心已定。在長輩朋友的幫助支持下，於一九○二年春，女扮男裝的她一個人偷偷溜出京城，沿絲綢古道，踏上尋父之路。從居庸關開始，穿大同，經潼關，過蘭州，沿河西走廊入新疆；繼而，出

喀什米爾，翻越蔥嶺帕米爾，再折轉南下，直至印度。當時英國與印度的報紙，都報導了她這次長途跋涉的驚人之舉。梁啓超對康同璧子身獨行的膽魄，曾讚歎道：「以十九歲之妙齡弱質，凌數千里之莽濤瘴霧，亦可謂虎父無犬子也。」

一次大戰後，隨父周遊世界的她，曾代表北洋政府回應荷蘭女王，呼籲和平。康同璧又是萬國婦女會副會長，中國最早的婦女報紙，是她創辦的。不纏足會，她也是創辦者之一。毛澤東在〈北平問題和平解決基本原因〉一文中，還提到她。和平解放北平前夕，傅作義找名流徵求意見，繼徐悲鴻講話之後，康同璧有個發言。她說：「北平有人類最珍貴的古跡，是無價之寶，決不能毀於兵燹。」當時，她是北平古物保管機關之代表。在圍城的困境中，心慈且勇敢的她還到窮人多、死人也多的城根兒，施粥埋屍。

康同璧自豪地說：「毛主席是知道我的，也知道我做的事。」

——老人所言，亦非虛詞。一次在人大會堂小禮堂舉辦文藝晚會，我與父親同去，坐在靠後的位置。為了能看清演出，康同璧坐在第一排。開演前三分鐘，毛澤東進了會場。當他看見了這個「支那第一人」的時候，便主動走過去，俯身與之握手。當時康同璧帶著花鏡，正專注於節目單。她認清來人，即匆忙起身。微笑的毛澤東，即用手按住了老人的肩膀。許多人見到了這個場面。

我身邊的一個官員模樣的中年人，對他身邊的夫人說：「這老太太不知是哪個將軍的母親或者是烈士的媽媽，面子可眞大，咱們的毛主席都要過去跟她打招呼。」

我忍不住，插了句嘴：「她不是誰的媽媽，她是康有為的女兒。」

「誰是康有為?」那中年人的夫人追問。

我大笑不止，父親狠狠瞪我一眼。

一天下午，父母乘車外出，歸來時路過東四十條，看天色尚早，決定順便去看看康同璧母女。跨進大門，就看見康同璧和一些容貌蒼老的人優閒地坐在院子裏。一張大圓桌，上面擺著茶具、雜食及瓜果。正是殘夏、初秋的轉折時節，整座庭院散發出馥郁的草木氣息，幾棵枝幹舒展的老樹，綻放出潔白的花朵。這裏既令人心曠神怡，又呈現出一種令人惆悵的魅力。做為不速之客的父親一下子面對那麼多的生人，臉上的表情一時也好像找不到適當的歸宿。康老很高興，一再請父母坐下，共賞院中秋色。在所有的客人裏，父親只認得載濤【註釋三】。

康同璧用手指那開著白色花朵的樹木，對父親說：「這是御賜太平花，是當年皇上（光緒）賞賜給先父的。所以，每年的花開時節，我都要叫儀鳳準備茶點，在這裏賞花。來聚會的，自然也都是老人啦!」接著，羅儀鳳把張之洞、張勳、林則徐的後人，以及愛新覺羅家族的後代，逐一介紹給我的父母。

園中一片舊日風景。顯然，這是一個有著固定成員與特殊涵義的聚會。在康同璧安排的寬裕悠然的環境裏，他們的一舉一動，都成爲對歷史的重溫與懷念。主客談話的內容是詩，連其中一個相貌清秀的中年女性，也是滿口詞章。而這恰恰是父親最不精通的話題，父母很快告辭。

回到家裏，父親把這件事講述給我聽。在他的講述裏，流溢出一種嘆服。在父親的感受裏，康家的舉動不僅是出於禮貌，而且是一種美德。這種禮貌與美德，給人以精神撫慰和心靈的溫暖。康

同璧款待朋友之殷勤敦厚，對前朝舊友的涵容忠忱，是少有的。一切以「忠義」為先——老人恪守這個信條自屬於舊道德，完全是老式做派。而那時，官方正在全社會強力推行「階級、階級鬥爭」學說，貫徹「政治掛帥」的思想路線。

有意思的是，康同璧在認識父親以後，又提出很想結識羅隆基。父親當然高興，並很快做了見面的安排。因為都姓羅，所以康氏母女與羅隆基一見，便「自來熟」。

「五百年前是一家。」羅隆基高興地對康同璧說：「我正孤單度日，現在我有妹妹啦！以後窮了，病了，有妹妹照顧，我不怕了。」

羅儀鳳則說：「我有個哥哥，很疼自己，可惜在國外。現在好了，又來了一個。」

總之，康氏母女都很喜歡羅隆基。後來，父親又把章乃器【註釋四】、陳銘德、鄧季惺等人，介紹給康氏母女。這些人經常聚會，聚會多在我家。我家的聚會只要有羅隆基在場，就會變成個沙龍。而羅隆基身邊由於有了一個未婚女性，人也顯得格外精神。一有縫隙，他便滔滔不絕，誇示自己很有學問。遇此情況，父親每每暗自發笑。羅儀鳳則很少開口，但很注意羅隆基的談話。即使在他和父親談論民盟的往事，康同璧的這個女兒也很專注。那不移動的注視，意味深長。有時在她的臉上，還浮散著一陣紅暈。

後來，羅隆基除了在我家與康氏母女聚會，自己還去東四十條登門拜訪。後來，他又單獨在自己的住所請康同璧母女吃茶點、喝咖啡。

三年困難時期來了，連國家元首都發出了「忙時吃乾，閒時吃稀」的號召。一兩油，二兩芝麻

醫，三兩瓜子、半斤花生，是市民百姓逢年過節的特別供應。它們似乎金子般地珍貴。為了多吃一口飯、多爭一塊肉，兄弟打架、姐妹吵嘴、夫妻反目、父子翻臉的事，屢見不鮮。也就在這個時期，康氏母女凡來我家，羅儀鳳必帶些糖果或點心。

到了物資極度匱乏的緊張階段，羅儀鳳不再送糖果糕點。一次在我家聚會吃午茶，她趁別人不注意的空隙，朝母親的手裏遞上一個一兩寸長、一寸來寬的自製小信封，並用食指封嘴的手勢告訴母親：別吱聲。客人走後，母親拆開一看，全家大驚：是北京市政府根據僑匯多寡發給在京僑眷的專用糕點票、糖票、布票，且數額不少。

父親激動地說：「這是康老的兒子從海外孝敬老人的，我們不能收。」

母親撥通電話，向羅儀鳳表示：「伯鈞和我們全家，不能接受這樣的重禮。康老年邁，需要營養。再說，我們的生活比一般老百姓強多了。」

那邊廂，傳來康同璧的聲音：「我的生活很好，你們不要客氣了。我的生活原則是——有難同當，有福同享。」

在以後的三年時間裏，母親不斷地從羅儀鳳手裏接過裝著僑匯副食票、布票的小信封。母親懷揣小信封，由我陪著去坐落在王府井大街的僑匯商店買點心，買白糖，買花布。那個商店，永遠是滿滿的人，長長的隊。大家都在安心排隊，耐心等待。

我和母親捧著這些最緊俏的食品和物品，一路上誰也不說話，懷著一種複雜的心情回到家中。

母親把東西一件件攤開，父親看後，說：「康同璧不說解放全人類，卻從救一個人開始。」

誰都明白，父親的這句話是個啥意思。

母親拿著這些稀罕之物，曾招待或轉贈別的人。如儲安平、馮亦代。他們的處境比父親更差。

到了春節前夕，康氏母女總要送來一小盆長滿花蕾的水仙。羅儀鳳還要在每根花莖的下端套上一個五分寬的紅紙圈。如有四個花箭，那就並列著四個紅色紙圈。水仙自有春意，而這寸寸紅，則帶出了喜慶氣氛。

母親望著它，說：「什麼東西到了康家人手裏，便與眾不同。」

即使到了「文化大革命」階段，在康氏母女節儉度日的年月，羅儀鳳把鋪曬在窗臺的橘皮，統統做成醬，還要把這一瓶瓶香甜的橘皮果醬塞進我的書包，讓我帶給父母。母親捨不得吃這些果醬，連連歎道：「看看儀鳳，你就懂得什麼叫俠骨柔腸了。」

聽說我家在使用蜂窩煤爐子取暖，羅儀鳳就親手教我做一種取名為「艾森豪湯」的美式湯菜。

並介紹說：「這是艾森豪將軍在二戰軍營裏的發明。」

老太太還補充道：「這湯又便宜又營養，只是費火。你一定要給爸爸媽媽多做幾次，叫他倆多喝些湯，對身體有好處。」

與康同璧母女幾年的交往，使我認識到貴族紳士和物質金錢的雙重關係。一方面，他（她）們身居於上層社會，必須手中有錢，以維持高貴的生活；另一方面，但凡一個真正的貴族紳士，又都看不起錢，並不把物質的東西看得很重。所以，在他（她）們心中，那些商人、老闆、經紀人，決非 gentleman。儲安平在他的那本很有名的《英國采風錄》裏，拿出整整一章的篇幅，去描繪、剖

析貴族和貴族社會。他這樣寫道：「英國教育的最大目的，是使每一個人都成為君子紳士（gentleman）。一個英國父親，當他的兒子還沒有成為一個man時，即已希望他成為一個gentleman。英人以為一個真正的君子是一個真正高貴的人。正直，不偏私（disinterested），不畏難（capable of exposing himself），甚至能為了他人而犧牲自己。他（她）不僅是一個有榮譽的人，並且是一個有良知的人。」〔註釋五〕如果說，康氏母女讓我懂得什麼是貴族的話；那麼儲安平的這段話，便教會我如何判別真假貴族。

也就在這個困難時期，右派們的聚會成了聚餐，並實行AA制。每次聚會，父親都會帶上我。這時，我漸漸發現羅儀鳳的衣著，從講究轉變為漂亮。像過去不怎麼穿的翠綠色，也上了身。頭髮油亮油亮的，髮式也是經過精心梳理，越發地洋氣了。更大的變化是在聚會中，她和羅隆基常開小會，且說英文。有一次，我們在西單絨線胡同的四川飯店吃晚飯。飯畢，大家步出這座昔日的王府。我們都來到了大門，他倆還落（音拉）在後面老遠。

我返身要催他倆，父親一把拽住了我，嗔道：「傻丫頭！」

月色下，庭院中遲開的花朵，吐露著芬芳。他倆說的是英語，羅儀鳳語調溫軟，雙眸迷茫又發著光，羅隆基的身心，好像都一齊被那雙黑眼睛吸了過去。

羅儀鳳經受不住羅隆基的感情攻勢，也抵擋不了羅隆基的個人魅力。於是，這以兄妹相稱的一對，開始了長達數年的戀愛。除了單獨約會，電話、書信是他們來往的主要方式。

見此情景，父親不無擔憂地說：「努生（羅隆基的字）是舊病復發，一週女性即獻殷勤。可憐康有為的這個外孫女，眞的是在戀愛了。」

一次，康氏母女到我家作客。人剛坐定，電話鈴就響了——是羅隆基打來，問：「儀鳳到了沒有？」

這個用英語交談的電話，足足打了半個小時。父親很不高興，嘴裏直嘟嚷：「這個努生，談情說愛也不分場合。」

電話打完，羅儀鳳回到客廳，略帶靦腆地眨著眼睛。我發現，她那張原本不怎麼漂亮的臉，竟因興奮而生動，因生動而美麗起來。

不久，羅隆基的好友趙君邁 [註釋六] 來我家閒談。父親關切地問：「老趙，到底努生和儀鳳關係怎麼樣了？」

趙君邁說：「你們不都看見啦？就是那樣一種關係吧。」

父親索性直言：「我想知道努生的態度。他怕是又在逢場作戲吧？」

趙君邁沒有立刻做出回答。他起身站到客廳中央，舉臂抬腿，打了兩手太極拳。然後慢條斯理地說：「伯老，你這不是在給我出難題嗎？努生這個人的性情和毛病，你是清楚的。他現在對儀鳳是熱烈的，將來會不會冷淡下來，誰也不敢打這個保票。」

羅儀鳳在明知羅隆基是右派的前提下，奉獻出自己近乎神聖的感情——這讓父親非常尊重和心疼她，並擔憂這場戀愛的前景。因爲自從羅隆基和妻子王右家分手以後，他熱戀過不少的女人，卻

無一人與之攜手到白頭。故父親常說：「沒有辦法，負心的總是努生，可又總是有女人自願上鉤哇！」

極想成全好事的，是母親。她興沖沖地說：「他們要眞的成了，那敢情好。老羅的生活有人照料，儀鳳的未來也有了歸宿。再說，他們是般配的。儀鳳的出身、學識、教養、性情哪點比不過老羅？老羅只熟悉英文，人家儀鳳可會六種語言呢！」

「李大姐（指我的母親）說得對。」趙君邁附和道：「我見過羅儀鳳寫給努生的信，全是用英文書寫。句式、修辭、包括語調，都是那麼地簡潔明淨、含蓄優美。一般的英國人，也寫不出那麼精美考究的書面語言。別看努生總誇自己的英文如何如何，依我看無論是說、還是寫，他都不是羅儀鳳的對手。」

「老羅爲什麼把情書拿給外人看呢？」母親的問話，顯然是對羅隆基的這個舉動有所不滿。

「李大姐，你不要誤會。」趙君邁趕忙解釋：「這不是努生有意公開情書，而是震驚於儀鳳的文字表達水平。他挑出一封信讓我欣賞。我一邊讀信，他就一邊感歎：『我的這個妹妹寫信的口氣，不僅是徹底的西化，還是眞正的貴族化。我搞不明白她是從哪裏學來的這個本事？』而父親的歸結是：「這兩人都是在戀愛。不過，羅隆基用的是情，羅儀鳳用的是心。至於結局嘛，恐怕主要取決於努生了。」

在給第一批右派摘帽後不久，爲安撫父親和羅隆基，上邊組織他們南下參觀。父親參觀的路線是在江浙；羅隆基走的是湘贛。而與羅隆基相伴的人，是康同璧母女。

在車廂裏，父親悄悄對母親說：「看來，中央統戰部很掌握、也很會利用羅隆基與康氏母女的特殊關係呀。」

此行歡愉而愜意，加之感情的注入，無論羅隆基還是羅儀鳳，無不顯現出充沛的精神。他們返京後，在我家聚會了一次。父母發現身材消瘦的羅儀鳳竟豐滿了一些，兩人暗自高興。

經過一段時光，羅儀鳳以爲到了收穫愛情的季節。她在給羅隆基送去的生日蛋糕上，親手用奶油繪製出兩顆並列的心。心是紅色的，丘比特箭從中穿過。此外，還有花，有信。羅隆基接到生日禮物，大驚失色。這是他萬萬沒有料到的。他不知該如何回應，便向父親求救。

父親責怪羅隆基不該大獻殷勤，說：「你半輩子的羅曼蒂克史，有一部書厚。但現在的你是個右派，而人家出身名門，至今未婚，如今能袒露心曲，已是極果敢、極嚴肅的舉動。如果講般配的話，羅儀鳳實在是配得過你，就看你有無誠意了。再說選擇妻子，主要在於心地好，其餘的都無關緊要。」

羅隆基說：「我們只能是互稱兄妹，而不可結爲夫妻。」

父親問：「開始是你主動接近她，現在又回絕她。努生，你到底搞什麼名堂？」

羅隆基支吾半天，說不出一條理由。

「你是嫌人家老了，也不夠漂亮吧？」父親的話，讓羅隆基啞口無言。

後來，儘管他們二人的關係再沒有向婚姻之途發展，畢竟羅儀鳳是康有爲的後代，對羅隆基仍以禮相待。每逢端午、中秋或重陽，父母都會收到羅儀鳳自製的糕點。有時，母親打電話問羅隆基

如何過節。

羅隆基答：「幸有妹妹送來點心，方知今夕是何夕。」

如果說，戀愛對羅隆基是享受的話，那麼，戀愛對羅儀鳳，就是消耗。消耗了許多的時間，許多的心力，許多的感情。而進入中年的女人，怕的就是消耗。不久，羅儀鳳得知羅隆基在與自己繼續保持往來的同時，陷入了另一場戀愛。那個女人雖說不是燕京畢業，也不精通英語，但是精通打牌，擅長跳舞，活潑漂亮，頗具風韻。她與羅隆基從牌桌搭檔、舞場搭檔關係開始，便一發而不可收拾。爲了她，羅隆基還與其兄（時爲中國科學院副院長）大鬧一場，甚至鬧到周恩來那裏。這，對羅儀鳳是致命的一擊。我知道，羅儀鳳無論怎樣地傾心羅隆基，也決不會跑到公眾場合去充任什麼牌友或舞伴的。

一九六三年秋，我被分配到四川省川劇團藝術室工作。羅儀鳳陪伴身爲全國政協委員的康老來成都視察。在錦江賓館，趁著母親睡覺，她一連幾個小時在述說這件事。

「小愚，如果他（指羅隆基）向我求婚，我也是決不嫁的。」她用陰沉的聲音說出了這樣的一句話。

「羅姨，爲什麼？」

「我嫌他髒，骯髒。」她語調平靜，嘴角卻在顫抖。顯然，在這平靜的語調裏，蘊涵著無比的怨恨。

我發現她一下子老了。

羅儀鳳是何等的聰穎，當知羅隆基的浪漫天性及過去之種種，但她仍投身其中，往而不返。之所以如此，大概是要給自己日趨枯涸的人生，編織出一個最後的幻象，一個幸福又奇魅的幻象。羅儀鳳曾經將這次令她心碎的感情經歷用文字寫了出來，以傾吐內心的痛苦與不平。寫完以後，卻始終未示於人。「問世間，情是何物？直教生死相許。天南地北雙飛客，老翅幾回寒暑？」——元好問的這首〈摸魚兒〉，替天下為情所苦所累者發出了永恆的追詰。看來，比死亡還神秘的，真的就是愛情了。這場錐心刺骨的戀愛從明亮的粉紅色開始，到黯淡的灰黑色結束。而從開始到結束，羅儀鳳一直瞞著她的母親。在情感生活中能持久地保持這樣一種虔心、凝韌、隱忍的態度，一般女性是辦不到的。儲安平曾說：「賢良、寬恕及自愛之中盡心與克制，是當今世界上最好的妻子的品行。」羅儀鳳的身上就有這種品行，只是應了父親的那句話：「努生無慧眼，也無福份哇！」

兩年後，羅隆基突發心臟病死在了家中。

消息傳出，康同璧立即給父親打電話，問：「羅先生猝然而去，我和女兒夜不能寐，悲痛又震驚。我要寫副輓聯，以表哀思。不知寫好後，該送至何處？」

父親說：「老人家，你一個字也不要寫，努生是右派。據我所知，對他的死民盟中央是不舉行任何儀式的。」

「怎麼可以這樣做？一個普通人走了，也是要做喪事的。章先生，我們是不是可以問問統戰部。」康同璧的情緒有些激動。

不知如何作答的父親，掛斷了電話。

老太太哪裏曉得：給民盟中央拿主意的，正是統戰部。

我在四川省川劇團的幾年，備受打擊和歧視。說在藝術室工作，實際上派給我的活兒是白天弄幻燈，晚上打字幕。我不敢把自己工作的真實情況告訴家裏，怕父親傷心母親落淚，卻很自然地想到了康氏母女，貿然地給康家寫信，訴說滿腹的委屈和憤怒。因為在我的直覺中，她倆是最可信賴的。直到「文革」前夕，我們始終保持著書信往來。康家的覆信，顯然是由人代筆。但信中表現出的悲憫、溫良與仁愛，則發自康氏母女的內心。一九六四年底，臨近聖誕節了。羅儀鳳隨信寄給我一個極其精美的金魚書籤，它用工筆繪製而成，形態乖巧，色澤豔麗。信上說：「這條魚靈動又快樂，它就是我們眼中的你。」我捧著它，看著它，愛不釋手，又泫然欲泣。

「文革」時期，我有很長一段時間住在康家。這使我對康同璧母女，有了較為深入的往來和瞭解。從一九六六年的八月開始，我家就經歷著無日夜之分的抄家和洗劫。整座四合院被紅衛兵、造反派佔領，全家人被驅趕到緊挨大門的傳達室和警衛室。

一九六七年春季的一個深夜，父母和我已經睡下。突然，暴烈的叫罵聲、撞擊聲把我們驚醒。當父母和我從木板床上剛翻身坐起，一群紅衛兵已用腳踹開了門。打頭的一個，只有十六、七歲的年紀，如果不鬧革命的話，該在中學讀書。他在問完「誰是章伯鈞？」這樣一句話以後，就命令大家動手抄家。

我家經過無數次的抄家，只剩下板床、木凳、棉被之類。所以，這次洗劫對他們來說，收穫實

在太小，太小。這個打頭的，看見我們的手腕上還有錶。於是，把錶「洗」了。其中包括父親送給

母親的「摩凡陀」、父親送給姐姐的「勞力士」以及他自己戴的「歐米茄」。他們走後，母親發現晚

飯後放在桌上的一塊冰糖，也被紅衛兵「洗」了。

翌日，吃過早飯。神色嚴肅的父親對母親說：「健生，這個家太不安全。讓小愚到外面去住

吧。」

母親同意了。我不同意，說：「我要和你們住在一起。」

父親說：「你白天和我們在一起，只是不要在家過夜，太危險。」

「爸，你讓我住到哪兒去？再說，誰有膽量讓章伯鈞的女兒住在自己家裏呢？」

父親想了想，說：「現在，我們只有找眞正的保皇黨了。」

母親怪道：「事情到了這個時候，你還在開玩笑。」

「哪裏是在開玩笑，我說的保皇黨是指康同璧。聽說，她的住所至今還沒有外人搬進去住。」

我眞的佩服父親，不管處在什麼樣的險境，都不失清醒。當日下午，父親叫我拿上睡衣和牙

刷，跟他去東四十條何家口。

我說：「我拿睡衣幹嘛？還不知道人家同不同意呢？」

「會同意的，你把東西都帶上。」父親的口氣，不容爭辯。

我和父親搭乘十三路公共汽車，便從地安門到了東四十條。當看見我和站立在我身後的父親的

時候，康同璧母女興奮得將我倆抱住。

康同璧緊緊抓住父親的雙手，說：「這眞是一場噩夢哇！同住一個城市，卻彼此不明生死。」

羅儀鳳則說：「從運動（指「文革」）一開始，我們就掉進了地獄。」說罷，便去張羅茶葉，拿開水燙茶杯。

父親忙說：「不要麻煩啦。今天我帶著小愚來，是有事相求康老。」

康同璧說：「章先生，你有什麼事？只要我能做到，我和女兒盡量去辦。」

父親在介紹了家中屢遭抄家和「打砸搶」的情況之後，說：「我老了，紅衛兵再怎麼搞我，無非骨頭一把，老命一條。可讓小愚住在這樣危險的環境裏，我和健生就很不放心了。我想到你這裏或許會安全一些，不知康老能否同意，讓她每晚留宿貴府。」

康同璧說：「當然可以，而且我非常歡迎小愚來我家。」

父親聽了，萬分感激。

康同璧打量著父親，心疼地說：「章先生瘦了，你千萬要保重哇！我現在出門不方便，不能去看健生，替我問候她吧。請轉告她，小愚在我這裏是最安全的，叫她放心好了。」

父親隨即告辭。我挎著父親的臂膀，送至車站。父親叮囑道：「這樣的家庭是有規矩的，你要守人家的規矩。稍有疏忽，便成失禮。我敢說，現在除了康同璧，再沒有第二個敢收留我們家的人了。」

路上，父親情緒不錯，話也多了。他說：「康同璧的樂於助人，在一定程度上是受了家庭的影響。因為康有爲就是這樣的一個人。」

接著，父親告訴我，現在的人只曉得徐悲鴻的畫好，卻不清楚他是如何成材的。當年的悲鴻在宜興老家，不過是個教書的。到了上海，窮得連飯都吃不上，還談什麼繪畫深造。這時遇見了康有為。當年的悲鴻在花園的總管，是他把悲鴻的一切生活費用包下來。後來，悲鴻想去法國進修深造，為此拜見了康有為。康有為稱讚悲鴻有志向，並說要給他弄個留學的官費名額，以便將來悲鴻在國外和蔣碧薇的生活也能寬裕些。得以專心習畫。很快，康有為給朋友寫信，通過教育總長傅增湘，促成了這件事。所以悲鴻成名後，不論什麼時候、什麼場合提起康有為都是滿懷崇敬與感激。後來在一個偶然的機會，我見到一幅徐悲鴻為康有為一家人畫的「全家福」。畫作是一個溫州富商從法國購得。有人質疑其真偽，我卻一口咬定：它是真的！因為它的美豔、工整與仔細，都應和了徐悲鴻對康有為的虔誠之心和景仰之情。

——父親剛走，羅儀鳳便忙著為我張羅起來。第一件事，即指點我盥洗間在何處，以及手紙、肥皂、牙刷、毛巾的擺放位置。第二件事，即帶我去我的臥室，讓我看看自己的床鋪、床單、棉被、枕頭、拖鞋以及床頭燈的開關、鬧鐘的使用。第三件事，即騰出一個空抽屜，讓我存放自己的內衣或小物品。第四件事，向我介紹家中的兩個男傭老郭和二陳。第五件事是告訴作息時間，如三餐的開飯鐘點。

我說：「父親有交代，只住不吃。」

坐在一旁的康同璧睜大眼睛，說：「小愚怎麼能只住不吃？到了我家，你就要聽我的。」

最後達成妥協：我只吃早餐。

由於在這裏落腳，我才有了充裕的時間和條件去熟悉這所大宅院。康同壁告訴我：房子的設計師就是自己的丈夫羅先生，風格是外中內西。所謂外中，就是指中式磚木建築，粉牆黛瓦，四合院格局。進大門，即有一道用原木、樹幹及枝條搭造的柴扉，粗糙笨拙，顯得很原始，很不經意。但仔細打量卻發現，不經意中其實十分經意。院落裏栽植著不加任何人工修飾的草與樹。過柴扉，入正門，當中經過的是一條「之」字形的石板路。石板色澤如硯，腳踏上去涼涼的，滑滑的。這讓人有置身鄉村的感覺，卻分明又都是經文化薰染過的、一派文人士大夫式的精緻風雅。而所謂的內西，則指房間的使用和陳設。一進門便是一間待客室：高靠背布藝沙發，有刺繡的墊子，菱形花磚鋪裝成的地面。房間雖小，卻玲瓏活潑。客廳很大，鋪著紅地板。它按使用功能分做了三個空間，一邊是用來吃飯，一邊是用來會客，另有一角擺放著書櫃和寫字台，供讀書、作畫、寫字之用。客廳裏最惹眼的東西，是漂亮的英式壁爐以及與之相配的火具，還有銅製的枱燈、煙缸和燭台等擺設。除了掛在壁爐上方的毛澤東水墨畫像以外，一切都是康同璧舊日風華的反光。與客廳相通的，是康氏母女寢室：白牆壁，白家具，白窗簾，一塵不染。要不是母女的臥具分別是淡藍與淺粉的顏色，真聖潔得令人有些發寒。後來，羅儀鳳又帶我到與盥洗室相連的一間屋子，裏面堆滿了許許多多的書籍和數不清的家具。那屋子大得似乎一眼望不到頭。極講究的是用一寸寬柚木條拼成的人字形地板和一道十二屏雕花玻璃落地隔扇，優良的木料、精細的雕工，給這間大廳營造出華美氣派。

「這麼大的房子，原來是幹嘛用的？」我問羅儀鳳。

「跳舞，開雞尾酒會。你瞧，那道玻璃隔扇是活的，能移動。移動的位置，是依據來客的多少

而定。」

她又說：「你現在看到的是側院，是我們家原來的馬房。後面的房子更大，也更好，那才是正院。

「讓給外交部的一個頭兒住了。」

「那你和康老怎麼不住在後面？」我不解地問。

「……」

當晚，我打開羅儀鳳為我準備的全套白色臥具，躺在小床上。和自己家裏日夜的驚擾、惶悚相比，這裏則是裝滿了寧靜與蒼涼。它們隨著縷縷清朗的風月星輝，直入心底，令我難以入睡。

第二天清晨，當我梳洗完畢走進客廳，即看見黑褐色菲律賓木質圓形餐桌上已擺好了小碗、小碟等餐具。約過了半小時，康老走了進來。還沒等我張口，她便問我昨夜睡得如何？我們坐定後，羅儀鳳開始上早餐：每人一碗稀飯，桌子當中上的是一碟炸小銀魚，一碟豆腐乳，一盤烤得兩面黃的饅頭片。兩塊糟糕，單放在一個小瓷盤裏。

康老對我說：「和從前不一樣了，現在我家吃得很簡單。不過，銀魚下稀飯，腐乳抹饅頭也還是好吃的。」她邊說邊挑了一片烤饅頭遞給我。在吃過薄薄的饅頭片後，老人又吃了一塊糟糕。

羅儀鳳指著另一塊糟糕，說：「這是給你的。」

我有禮貌的謝絕了。儘管銀魚下稀飯、腐乳抹饅頭的味道，真的很好，我卻不知該對這頓早餐說些什麼。因為我的父母雖然做了牛鬼蛇神，每天早晨還是喝牛奶，吃雞蛋。私下裏，我問也寄居

在康家的一位上海小姐：「康老為什麼吃得這樣簡單？」

她說：「羅儀鳳沒有收入，一家人全靠康同璧在中央文史館的一百五十元的工資，以及靠後面院子收來的一點點房租。從前老太太的兒子常常寄些外匯來。可從文化大革命開始，錢越寄越少，越寄越稀，後來就不寄了。原來她母女吃的早餐也是很齊備的，有蛋有奶，有麵包黃油，有水果肉鬆。如今，家裏的開銷一再緊縮，卻把老郭和二陳的工錢加了又加。」

「幹嘛要加錢？」我不理解地問。

上海小姐說：「還不是怕他們到居委會去胡說亂講瞎揭發唄！或到社會上勾結紅衛兵，引來造反派。現在的保母雇工，可是惹不起呀。」

我把康老的早餐向父母描述了一番，惹得他們十分不安。過了一段時間，我覺得康老家的早餐也很不錯。尤其是豆腐乳，第一天的味道，似乎與第二天的不同，第二天的又與第三日相異。我把這個味覺感受告訴羅儀鳳，她竟興奮起來。

一天早上，天氣特別好。雖說是初冬，城市披上了灰沉沉的外衣，樹葉也完全落光，可這是一個晴天，金色的陽光如美酒，人的心情也舒展了許多。早餐後，羅儀鳳問：「小愚，你今天能跑一趟路，幫我買點東西嗎？」

「當然可以啦！你說，買什麼？」

「豆腐乳。」

「行，這很方便的。一會兒，我回家的時候順便到地安門副食店就買了。」

羅儀鳳拍著我的肩膀說：「章家二小姐，你不是說我家的豆腐乳好吃嗎？這好吃的東西可不是隨便就能買到的。」

「羅姨，我該去哪兒買？」

「前門路東，一家專門賣豆腐乳的商店。現在的招牌叫向陽腐乳商店。」

「行，我這就去。」我轉身即走。

羅儀鳳拽住我，說：「別忙。」

我說：「你不用給我錢。」

「不是錢，是給你拿盛豆腐乳的盒子。」

「什麼盒子？」

「你待會兒就明白了。」說罷，她進了裏屋。不大工夫，雙手舉著很漂亮的六個外國巧克力鐵盒，走了出來。見我吃驚的樣子，羅儀鳳笑了。放下鐵盒，她從上衣口袋裏掏出一張便籤遞給我。我接過來看，又是一驚。原來那上面排列著各種各樣、形形色色的豆腐乳名稱。什麼王致和豆腐乳、廣東腐乳、紹興腐乳、玫瑰腐乳、蝦子腐乳……羅儀鳳像交代要事那樣告訴我：每種豆腐乳買二十塊，一種豆腐乳放進一個鐵盒，千萬別搞混了。買的時候一定向售貨員多要些腐乳汁。

她解釋道：「用豆腐乳的湯汁抹饅頭，最好。這也就是我非要用巧克力盒子裝它們的道理。」

羅儀鳳拿出十塊錢，非要我收下。我不肯，見她真有些急了，我才把錢放進口袋。

她說：「小愚，我要告訴你，豆腐乳買好後回家的一趟路，才是最累的。因為六個鐵盒子一定

要平端著走，否則，所有湯汁都要流出來。為了減輕累的感覺，你一路上可以想點快樂的事情。端鐵盒走路一定要挺胸，如果躬腰駝背地走路，你會越走越累。」說罷，她捧起裝著鐵盒的布袋，昂首挺胸地沿著餐桌走了一圈。那神態、那姿勢、那表情，活像是手托銀盤穿梭於巴黎酒店茶館的女侍，神采飛揚。

「羅姨！」我叫了她一聲，笑著撲到她的懷裏。

我按照羅儀鳳繪製的前門街道示意圖和豆腐乳細目表，順利地買到了五種豆腐乳（有一種缺貨），並讓和氣可親的老售貨員在裏面澆上許多湯汁。在歸途，我不但想著快樂的事情，且始終神抖擻，器宇軒昂。冬天的太陽，也同樣的溫暖。這時的我，一下子全懂了——雖「坐銷歲月於幽憂困苑之下」而生趣未失，盡其可能地保留審美的人生態度和精緻的生活藝術。難怪康家的簡單早餐，那麼好吃！

一日下午，冬雨霏霏，晚上我沒有回到康家。飯後，一家人圍爐聊天。

父母對我提起了章乃器。母親告訴我，一九六六年八月章乃器被一群紅衛兵拉到王府井，參加「集體打人」大會，由於他拒不認罪，態度惡劣，被打得皮開肉綻，鮮血淋漓，渾身上下見不到一塊好肉。紅衛兵把他的家抄個精光，還當著他的面，把新夫人王者香打得死去活來，不久死去。一個蹬三輪的車夫，見他還有一口氣，便將其拖上車，拉回了家。誰見了，誰都說他活不過三日。可章乃器不愧是條硬漢，靠著氣功和意志，居然活了下來。民建中央和全國工商聯的那些要員及幹

部，沒有一個理他，同情他。倒是原來糧食部的一個司機常做些吃的，悄悄送到他家。章乃器就是

這樣挺了過來。

父親半晌不語，約莫過了十幾分鐘，才用一種遲緩的語調對我和母親說：「乃器現在的情況怎

麼樣了？我們一點消息也沒有。他一個人怎麼過？我很想見見他，也不知道我還能不能再見到

他。」母親和我聽了，無以為答。

數日後，我把父親想見章乃器的心事，告訴羅儀鳳。

羅儀鳳眉頭微皺，說：「這個會晤當然好啦，但事實上很難辦到。」

康同璧嫌我倆說話的聲音太小，便起身坐到我跟前，說：「你們剛才說些什麼？能不能再講上

一遍，給我聽呢？」

羅儀鳳用粵語把我的話，重複了一遍。康同璧聽清楚後，問道：「小愚，是不是你的爸爸很想

見章乃器？」

我點點頭。坐於一側的羅儀鳳，用手指了指窗外說：「外面到處是紅衛兵、造反派、街道的人

（即居委會的人）都成了革命政權的耳目和爪牙，我們這樣的人一舉一動都被監視。聽說俞平伯想

吃點兒嫩豌豆，晚上蒙著被單剝豌豆，夜裏把豌豆殼用手搓成

碎末兒，摻在爐灰裏，又怕鄰居發現。老兩口想了個辦法，晚上蒙著被單剝豌豆，夜裏把豌豆殼用手搓成

反動學術權威還繼續過著資產階級的生活。你想，一捧豌豆殼都逃不過他們的眼睛，更何況是這麼

兩個大活人、大右派的聚會。一旦被別人發現，真的要大禍臨頭了。」

這時康同璧把臉扭向女兒，用一種近乎拷問的口氣，間道：「你怕嗎？」

康同璧正色道：「你怕，我不怕。我就是要請兩位章先生來我家見面。」

「我怕。我是驚弓之鳥，當然怕啦！」羅儀鳳說罷，雙臂交叉扶著肩膀做出一副害怕的樣子。

羅儀鳳怔住了。我一時也不知該如何表態。

「怕咱們擔不起搞反革命串聯的罪名。」

「你怕什麼？」老人繼續追問女兒。

「小愚，你也害怕嗎？」老人轉而問我。

我遲疑片刻，遂答：「我怕連累你們母女。」

康同璧突然起身，面向我們站立，像宣佈一項重大決議那樣，高聲地說：「下個禮拜，我以個人名義請小愚的爸爸和章乃器先生來這裏做客。」這令羅儀鳳手足無措，表情顯得十分尷尬。

康同璧則為自己陡然間做出的大膽決定而興奮，她拍著胸脯，說：「我不怕承擔反革命串聯的罪名，一人做事一人當！」接著，手指地板，說：「會面的地點，就在我家，就在這裏！」

「就之如日，望之如雲。」看著老人因情緒激動而泛紅的臉頰，我無法表達內心感激、尊崇、欣喜以及歉疚的複雜感受。只是覺得自己惹了事，讓康氏母女二人，一個擔著風險，一個感到為難。儘管老人慷慨激昂地說「一人做事一人當」，但我知道真正要擔待的，是她的女兒。羅儀鳳不僅要擔待，還要去操辦，她肯嗎？

「羅姨，你看怎麼辦？」我用充滿疑慮的眼光看著她。

「怎麼辦？還不得按她的主意辦。要不聽她的，她能跟我拚命。」她苦笑著回答。

我無論如何想像不出來，老太太和女兒「拚命」是個什麼樣情景。我只知羅儀鳳是出了名的孝女，有口皆碑。康同璧讓女兒立即著手準備。比如：確定會面的日期；確定如何通知章乃器的方法；決定會面時喝什麼樣的茶；買什麼樣的佐茶點心。

康同璧叮囑女兒：「點心要好的。」

羅儀鳳背轉身，向我做個鬼臉，偷偷地說：「她嘴饞。買來好點心，請客人吃，自己也能吃。」

「你們兩個又在說什麼？」康同璧問。

「康老，我們沒說什麼。」我走到她跟前，用手梳整她那稀薄的頭髮。

「我知道，她又在說我。而且，還不是說我的好話。」

我笑了，覺得老人可愛得像個孩子。

羅儀鳳也笑了，說：「她說自己耳聾，其實是假的！」

「你們一笑，就說明我的話是對的。怎麼樣？」老人一副得意的神情。

第二天，吃早餐。康同璧發現屬於她專用的一份槽糕，沒了。她東瞅西瞧一番後，問：「儀鳳，我的槽糕呢？是不是老郭給忘了。」

「老郭沒忘。媽，咱們家不是要請小愚的爸爸和章乃器吃茶嗎？你還特地吩咐要請他們吃好點心。我現在就要籌劃，你的槽糕剛好吃完，暫時不忙買，你說呢？」

老人「哦」了一下，不再吱聲。過了會兒，她對我說：「小愚，爲了這次會面，我很願意不吃槽糕。」

我一把握住她的手。我知道，自「文革」開始，老人的零食已經從西點、粵點降爲北京槽糕。現在，北京槽糕也取消了。關於取消槽糕的事，我沒有告訴父母，怕自己說得心寒，怕他們聽得心酸。

大約過了近十天的樣子，一切由羅儀鳳鋪排停當，由我和章立凡（章乃器之少公子）聯絡，父親和章乃器在康同璧家的客廳得以見面。這是他們「文革」中的唯一一次見面，也是他們相交一生的最後會晤。

父親一身老舊的中式絲棉衣褲。母親說：「去見康老和乃器，還不換件衣服。」

父親答：「越舊越好，走在街頭好讓別人認不出我來。」

章乃器穿的是潔白的西式襯衫、灰色毛衣和西裝褲，外罩藏藍呢子大衣。我說：「章伯伯，你怎麼還是一副首長的樣子？」

章乃器邊說邊站起來，舉著煙斗說：「小愚呀，這不是首長的樣子，這是人的樣子。」

會晤中，做爲陪客的康同璧，穿得很講究。黑緞暗團花的旗袍，領口和袖口鑲有極爲漂亮的兩道條子。條子上，繡的是花鳥蜂蝶圖案。那精細繡工所描繪的蝶舞花叢，把生命的旺盛與春天的活潑都從袖口、領邊流瀉出來。腳上的一雙繡花鞋，也是五色煥爛。我上下打量老人這身近乎是藝術品的服裝，自己忽然奇怪起來：中國人爲什麼以美麗的繡紋所表現的動人題材，偏偏都要裝飾在容

易破損和撕裂的地方？這簡直就和中國文人的命一模一樣。康同璧還讓女兒給自己的臉上化了淡妝，抹了香水。

她的盛裝出場，簡直「鎮」了。我上前擁抱著老人，親熱地說：「康老，您今天真漂亮！是眾裏挑一的大美人。」

「我不是大美人，但我要打扮。因為今天是貴客臨門啦！」

我故意說：「他們哪裏是貴客，分明是右派，而且還是大右派。」

老人搖頭，道：「右派都是好人，大右派就是大好人。再說，我不管什麼左派、右派，只要來到我家，就是我的客人，我都要招待。而且，你的爸爸和章乃器不是一般的客人，是貴客。」講到這裏，便開始抱怨毛澤東發動的政治運動，她用手指了指領袖畫像，說：「人活八十，我見的世面多了，但是從沒有見過像他這樣治國的。中國自古是禮儀之邦，現在卻連同城而居的好朋友都不能見面，還美其名曰文化大革命，可算得傾囊而出。單是飲料就有咖啡、印度紅茶、福建大紅袍、杭州龍井。另備有乾菊花、方糖、煉乳。一套金邊乳白色細瓷杯碟，是專門用來喝咖啡的；幾隻玻璃杯為喝龍井而備；吃紅茶或品大紅袍，自是一套宜興茶具。還有兩個青花蓋碗擺在一邊。佐茶的餅乾、蛋糕、南糖，是特地從東單一家有名的食品店買的。羅儀鳳還不知從哪裏弄來兩根進口雪茄，擱在一隻小木匣裏。

父親舉起一根雪茄嗅了嗅，放回原處，不禁歎道：「坐在這裏，又聞雪茄，簡直能叫人忘記現

在的文化大革命，也忘記了自己是牛鬼蛇神。」

康同璧在勸茶的時候，說：「兩位章先生，吃一點東西吧。這些是我女兒派人昨天從法國麵包房買的，味道不知如何，東西還算新鮮。」

羅儀鳳糾正她的話，說：「媽，東單的那家食品店，不叫法國麵包房，改叫『井崗山』啦！」

「怎麼回事？井崗山是共產黨鬧革命的地方，這和麵包房有什麼關係？」康同璧的吃驚與質問，讓我們都笑了。

一陣寒暄之後，康同璧母女作陪，父親和章乃器開始了談話。父親問章乃器現在民建和工商聯的情況。

章乃器說：「我是被他們開除的，具體情況不大清楚。好像在中國的資本家裏，毛澤東只保了一個榮毅仁，其他人都受了衝擊。」

羅儀鳳在一旁糾正道：「榮毅仁其實也沒能躲過。他在上海的公館是有名的，漂亮講究。北京高幹出身的紅衛兵說榮宅整座樓都屬於四舊，於是放了火，火苗從一樓竄到頂層。他們又把榮太太用皮帶套著脖子，從樓頂倒拖至樓底，現在還有腦震盪的後遺症呢。不過，毛澤東檢閱紅衛兵時，讓榮毅仁上了天安門，還特意和他握了手。寓意是——我們共產黨對民族資產階級的政策沒變。」

繼而大家談到資本家在新社會的生活來源，羅儀鳳對章乃器說：「你主張資本家拿定息二十年。結果呢，當初他們把產業都捐了出來，現在別說吃不上飯，連性命都難保。」

章乃器說：「『定息二十年』不是我提出來的。我講定息不是剝削，是不勞而獲。中國原來只

有政策而無法律，現在連政策也沒有了。共產黨什麼程式、手續也沒有，一下子就把定息全取消了。」

羅儀鳳說：「三五反、公私合營，就已經把資本家弄慘了，而這次運動，他們算是徹底完了。工人造反派把每個資本家的底細摸得透透的，非要他們交出多少多少錢來，不夠這個數字，就往死裏打。結果也真厲害，資本家交出的私人錢財數目和他們算的數字，基本一樣。咱們的銀行也積極配合，把替私人保密的存款底單一律公開，把存放在銀行的私人保險櫃也一律打開或撬開，金銀首飾，美元英鎊，外國銀行的債券股票，統統沒收。抄家的時候，紅衛兵和工人造反派才叫大顯身手，把籐椅用刀斧和錘子砸碎，能從籐芯裏抽出美鈔。家裏燒鍋爐用的煤，哪怕堆得像座山，也都篩上一遍，居然能從裏面篩出用黑漆布緊裹的存摺來。當然，這樣藏匿私產的資本家，都會被打死或打得半死。」

康同璧還把同仁堂老闆樂松生慘死的情況，講給章乃器聽。

章乃器向父親詢問起民盟一些老人的情況。他也和父親一樣，慶幸羅隆基死得早，並說：「努生的個性是矛盾的。他脾氣倔強，可質地脆弱，算不上硬漢。單是紅衛兵的暴打和抄家，他就受不了，一定不會像我這樣硬挺過來。」

父親慨然道：「即使是條硬漢，也難過此關。黃紹竑不就是個例子嗎？」

話說到這裏，客廳的氣氛便沉悶起來。羅儀鳳忙提著滾燙的銅壺，給他們續水。康同璧用微顫的手端起玻璃大盤，請他倆吃水果。

此後的話題，自然是對「文化大革命」的看法。章乃器說：「從表面看來，這個運動像是突然發生的，但從來沒有什麼東西是突如其來的，其中不爲人知的原因，恐怕已醞釀多年。毛澤東除了沒有做法律上的準備，事前的一切準備都很充分了。」

父親講：「依我看，老毛動的這個念頭（指發動「文革」），內因是源於他的帝王思想，就怕人家搶了金交椅。外因是有感於蘇聯的現實，看到史達林死後出了個赫魯雪夫，他就憂慮得睡不好覺了，還給人家起了名字，叫修正主義。於是，在反修的旗號下，趁著自己還活著，就先要把中國的赫魯雪夫挖出來。至於他和劉少奇的矛盾，決不像共產黨報紙上寫的那樣吧。」

談到「文革」的政治後果，章乃器皺著那雙淡淡的眉毛，說：「一場文化大革命，給中國形成了兩個極端。一個是極端個人崇拜；一個是極端專制主義。這兩件東西，自古有之。毛澤東是把它發揮到頂峰了。而他手下那些所謂的無產階級革命家，不是迎合，便是依附。」

父親說：「『拈草樹爲刀兵，指骨肉爲仇敵。』搞這個運動都是什麼人？就像德國盧森堡當年形容的專政浪潮——少數幾個首領，一些隨機應變的政治騙子，還有一群被同化的弱者尾隨其後，而他們根本不知道在這場革命中自己需要什麼！這場標榜文化的革命對靈魂來說，是件極壞的事情，把人統統變成懦夫，這無異於政治奴役。運動過後，病勢深重的是人心。」

羅儀鳳則十分不理解毛澤東的搞法，憤憤地說：「要搞劉少奇，就搞劉少奇一個人好了。他爲什麼要把全國的人都發動起來。又是抄家，又是武鬥，又是毀文物。《聖經》上說：『有時候，我們的英雄似乎只比土匪頭子稍強一點。』」我看兩千年前猶太人說的這句話，在兩千年後的中國應驗

了。」

康老在這裏插了話：「今天哪裏是兩個大右派的聚會，我看是三個右派的沙龍。」她的話，惹得大家哈哈大笑。

有些興奮的章乃器，探過身對老人說：「康老，我念一副最近寫的對聯給你聽，好嗎？」

「好！」老人高興了，用白手帕揮揮耳廓，說：「我洗耳恭聽。」

「你是詩人，我是個俗人。不過，偶爾也謅兩句。」章乃器立於客廳中央，面向毛澤東像，一字一頓地說：「腸肥必然腦滿。」接著，把煙斗轉過來對著自己的胸口，說：「理得而後心安。」

一言既出，頓時寂寞無聲。

康同璧輕輕拍手，道：「寫得好。」

羅儀鳳吐吐舌頭，對康同璧說：「媽，這副對聯你只能聽，可不能對人說呀！一旦傳出去，咱們可都要掉腦袋！」

康同璧趁著女兒進臥室的空隙，也向我們吐了吐舌頭，笑著說：「她怕，我不怕。當時紅衛兵抄家的時候，打了我，我也不怕。現在的中國人，只剩了一條命。何況，我已八十多歲了。」

父親立即勸解老人：「儀鳳的話是對的。你們母女相依為命，儀鳳的生活全靠你，你更應小心才是。」

談話進行了近兩個小時。章乃器望望漸暗的天空，對康氏母女說：「今天過得太愉快了，這得謝謝康老和儀鳳。天色不早，我和伯鈞要分頭離開這裏才好。他有小愚陪同，住得又不遠，所以我

要先走一步了。」

父親和他緊緊握手，互道珍重。羅儀鳳為他挑起客廳的棉門簾。

分手的一刻，臉上鋪滿微笑的章乃器對父親說：「伯鈞，我們還會見面的。」

大家目送他的離去。夕陽給這座僻靜的院子，塗上一片淒涼的金色。章乃器敞開的大衣，在寒風中微微擺動。剛才還在說笑的人們，又都回到了現實。「可恨相逢能幾日，不知重會是何年。」

父親也起身告辭。臨別之際，對康老說：「在人們要不斷降低自己做人的標準以便能夠勉強過活的時期，老人家依舊君子之風，丈夫氣概。這次會面實在難得，但不可再搞。太危險了！尤其對你和儀鳳的這個家，風險太大。」

康同璧握著父親的手，連聲說：「不怕，不怕，我們大家都不要怕。」

羅儀鳳執意要將父親送出大門。走在石板路上，她一再感謝父親，並說：「要不是章先生最後說了不可再聚的話，我還過不了多久，又要請你們來了。」

父親用解釋的口吻，說：「人老了，怕寂寞哇。」

「不單是這個理由。」羅儀鳳反駁道：「更主要的是，她特別敬重你們。」

父親內心十分感動，因為他已經很久沒有聽見這樣的話了。

寄住在康家的這段日子，我還認識了三個教授。

一個叫張滄江。說得一口好英語、又有一手好書法的他，十天、半月來羅宅一次，負責處理康

同璧的文字類事務。他曾偷偷告訴我：「你在川劇團，康氏母女給你的回信，大多由我代筆。所以，我們早就認識，只不過無緣得見。」

張先生進門後，從不急於走到寫字桌忙著提筆幹活。他要和老人說上許多閒話、趣話，以及街頭新聞。和我聊天，則講菊苑舊書、文壇掌故。一旦和羅儀鳳談及需要處理的事情，有我在場的話，就全講英語了。我也理解，畢竟屬於人家的私事。他在康家從不吃飯，哪怕是抄抄寫寫到天黑。知書達禮、隨和風趣以及對人情世故的諳通，使他成為一個備受歡迎的人。可以說，張滄江一來，康氏母女總是眉開眼笑的。

（二十世紀）八十年代中期，大陸颳起留美狂潮。我在北海後門附近，遇到那位上海小姐。簡短的閒聊中，她對我說：「你要去美國嗎？要去，就找張滄江。他不教書了，在美國大使館工作，可紅啦！他對你印象很深，常念叨你呢。」

另一個教授的名字，怎麼也記不起了。他並不怎麼老，卻已是滿頭白髮，在山東的一所大學教書，自心理學科被官方取消後，改教中文了。他來北京料理私事，請假三日，食宿在康家。當他聽說我父親是章某人的時候，即表現出異乎尋常的熱情。他說：「我對令尊大人非常敬佩。今天我們給馬寅初和章羅聯盟下政治結論，為時尚早。因為勝負輸贏不到最後一刻，是難辨分曉的。現在的文化大革命的性質，究竟是革命還是反動？更要留給歷史評說。」

三天裏，他天天議論江青。說：「江青就是藍蘋嘛。沈從文就認識她，也跟我談過她。一個三流電影明星，品質也差，非要稱什麼文化旗手，還成了叱咤風雲的英雄。她一登政壇，便用盡低劣

之極的招數。我們英明領袖的『英明』，也真是少有。最讓我不明白的是，幾百萬的共產黨員竟都能服從、容忍，甚至擁戴。」說話時，那無比憤怒的態度和膽量，使人覺得他根本不是什麼教授、書生而是俠客、壯士。

臨別時，他希望我能在羅宅多住些日子，說：「這個家太冷清，人太寂寞。從前可不是這樣的。」

再一個教授，便是黃萬里了。

那天下午，我回到康家，見一個學者風度的人坐在餐桌旁邊。他身材魁梧，相貌堂堂，約四十來歲，衣著得體，腳下那雙生膠底軟牛皮皮鞋，很顯洋氣。

羅儀鳳說：「你們該認識吧。」我們各自搖頭。

康同璧驚奇地說：「怎麼會不認識呢？一個是黃炎培的公子，一個是章伯鈞的千金。」

康氏母女哪裏曉得民盟中央的複雜結構與人事。父親與黃炎培的往來純屬公務性質，談不上有多少私交。反右以後，索性就斷了聯繫。

黃萬里聽了老太太的介紹，立即起身，向我伸出右手，說：「我叫黃萬里，在清華教書。雖說我是父親的兒子，可現在是你父親的兵呀！」

站在一邊的羅儀鳳解釋道：「萬里和你爸爸一樣，戴了右派帽子。」遂又翹起大拇指，說：「他的學問特別好，在美國讀了三個大學，得了好多個學位。萬里，萬里，他本該鵬程萬里。」

有了這個前提，似乎也就有了話題。我問黃萬里是因為什麼劃了右派。他告訴我：「是因為黃

河，具體說就是反對三門峽工程。」原來，黃萬里認為黃河的特點在於泥沙。治黃關鍵在治沙，那時蘇聯專家的方案是根本不考慮排泥沙的事。後來三門峽用於挖沙的錢好像比發電得的錢還多。大壩一次次改建，弄得千瘡百孔。庫區百姓上下折騰，來回搬遷，搞得苦不堪言。實踐證明，他是對的，可帽子戴了二十三年。

康同璧用稱讚的口氣，補充道：「小愚，萬里的詩是做得很好的！」

黃萬里笑了，說：「快不要提什麼詩了。五七年劃成右派，跟我寫的《花叢小語》（隨筆小說）還有很大關係呢。」

大約閒談了一個多小時，黃萬里起身告辭。說：「回清華的路太遠，要早一點走。」

康同璧非常捨不得他走，拉著他的手，一再叮囑：「你只要進城，就一定要來呀！」

黃萬里一再保證：「只要進城，就一定來。」

有了這句話，老太太才鬆了手。

這三個教授與康氏母女都是老朋友了。他們之間的往來，無關利害，也不涉「關係」，完全是傳統社會的人情信託。他們之間的相處，親切、信賴、安閒，是極俗常的人生享受，又是極難得的心靈和諧。他們之間的談話，因文化積累的豐富而有一種特別的情調，因有了情調而韻味悠長，像白雲、細雨、和風。

我每天是在晚飯後去東四十條羅宅。有時因為天氣不好，父親就叫我早一點離開家。康氏母女

見我回來得早，總是特別高興，見面的第一件事，便要我說說當日新聞或小道消息。聽完以後，康同璧常說的一句話是：「現在外面太亂，人變得太壞，好多事情也搞不懂。我經歷了四個朝代，總結出的經驗是『以不變應萬變』。」

憶舊，則是我們的另一個話題。一提到過去，康同璧的話就多了，而且講得生動有趣。一次，大家坐在客廳搞精神會餐，羅儀鳳講發鮑魚和燉燕窩的方法；上海小姐介紹如何自製沙拉醬，我也聊起父親和我愛吃西餐的事情。

老太太接過話頭說：「先父也愛吃西餐。在倫敦生活的時候，有一次上街看見一家地下餐廳，他想餐廳開在地下，價格肯定要便宜，就走了進去。翻開菜單，那上面竟有龍蝦。先父大喜，叫來服務生說，我要龍蝦。飯飽酒足後，呈上帳單。他一看，嚇壞了，就是把口袋裏所有的錢掏光，全身的衣服當盡也不夠。他只好狼狽的坐在那裏，等外面的朋友送錢付帳。原來倫敦的地下餐廳是最貴的地方。」

老人講的故事，不但引來笑聲，而且引出口水。我叫嚷著：「羅姨，我想吃西餐！」

老人見我叫，便也跟著叫：「我也要吃。」

上海小姐說：「如果吃西餐，沙拉醬歸我做。」

羅儀鳳嗔道：「都鬧著要吃，可誰來洗那二百個盤子？」

「怎麼要洗二百個？」這個數字讓我吃驚不小。

羅儀鳳答應了我們，並說：「你們不許催我，什麼時候準備好了，什麼時候吃。」

康同璧高興得直拍手。我回家卻挨了父親的罵，說我嘴饞的毛病走到哪裏也改不了，也不看看現在是什麼局勢和環境。

第二天，我對康同璧說：「不想吃西餐了。」

「是不是爸爸批評你了？」坐在一邊的羅儀鳳馬上就猜出了原因。

我點點頭。

羅儀鳳說：「我一定讓你吃到西餐，不過，就別回家再說了。」

過了許久，我早把鬧著要吃西餐的話，忘在了腦後。突然有一天，羅儀鳳告訴我，晚上吃西餐。她簡直就是一個能施魔法的仙女，在社會生活都已全部革命化的情況下，居然擺出了規範而正宗的西餐。長長的白蠟插在燭台，高腳玻璃杯斟滿了紅酒，鍍銀的刀叉，雪白的四方餐巾。我不禁歎道：「咱們好像到了一個神話世界。」

什麼都擺弄好了，羅儀鳳竟沒有在場。我問：「羅姨是不是還在廚房？」

康同璧和上海小姐都默不作聲。等了一會兒，羅儀鳳從臥室裏走出，那一瞬間，她漂亮得好似回到了少女時代。燙染過的頭髮起伏閃亮，並整齊地覆蓋著額頭。粉紅的唇膏襯托出一口整齊的牙齒。秀麗的眼睛上面，眉毛彷彿出自畫家之手。苗條的身材裹著白底藍色小碎花圖案的旗袍，跟盛開的花叢似的。散發著香水芬芳的她，溫雅又柔美。接著，又驚異地發現她的睫毛比平素長了，胸部也高了⋯⋯這是怎麼弄的？我那時還真的搞不懂。

每上一道菜，必換一次盤，包括襯盤、襯碟在內。在刀叉的配合、唇齒的體味與輕鬆的交談

中，我漸漸找到了西餐的感覺和舊日的情調。在橙黃色的燭光裏，真有種類似夢境的意味。

我把吃西餐的始末與美妙，講給父母聽。父親說：「你太粗心大意了。一個女性能如此操辦、

打扮，肯定是在給自己過生日了。」

「那羅姨為什麼事先不說或在舉杯時講呢？」

「儀鳳是在迴避自己的年齡。」

我又問父親：「羅姨的生活環境那麼優越，怎麼她什麼都會？做粵菜，做點心，做西餐，燒鍋

爐，種玫瑰。」

父親告訴我：「英德兩國的傳統貴族，自幼均接受嚴格的教育及訓練，都有治家的性格與能

力。哪裏像你的那些幹部子弟同學，生活上的事共產黨一律包幹，兩隻手除了會花錢，就什麼都不

會幹了。」

縱不能惹起某個男人的熱烈情感，但足以引起普遍的喜愛，羅儀鳳就是這一流的女子。優雅的

舉止，純良的品質，處理日常事務的穩妥周全的才智，以及由此派生出來的大家風範，兼備於一

身。難怪父親、章乃器、陳銘德、鄧季惺夫婦等人，都無一例外地喜歡她。我也喜歡羅儀鳳，但在

我與她已經混得很熟的時候，仍覺自己並不完全瞭解她。她和自己的母親擁有一個很大的活動天

地，交遊縉紳，往來鴻儒。但是當她一個人獨處時，又好像全世界皆與之無關。她與康老一樣地善

解人意，卻很少將自己的事隨便告人。我至今不知她從燕京大學畢業後的幾十年，有著怎樣的經

歷？她怎樣生活？工作過麼？被人愛過麼？又被人害過嗎？因為父親根據她對政治的極度恐懼，揣

測有濃厚親英美色彩的羅儀鳳，在抗戰時期很有可能受過日本的迫害，甚至被抓過。——為了能解答這些疑問，我對她說想看看她的影集。羅儀鳳爽快地答應後，一頭扎進後面的書房。

我接過落滿塵土的老相冊，不禁叫起來：「羅姨，怎麼只有一本？」

「我自來就不愛照相。」她笑著回答。

本想從舊影中對她的過去尋些蛛絲馬跡，不料竟一無所獲。相冊裏面，絕大部分是康同璧的照片，屬於羅儀鳳的，很少很少。偶爾發現一兩張，那也是她與女友的合影。即使這樣的照片，她的相貌也是模糊不清，因為總有一副碩大的太陽鏡遮住半拉臉。在所有的照片裏，生活十分西化的她，身邊居然沒有一個男性。曾聽上海小姐說：「康老不願意女兒和男人往來，想把女兒永遠留在身邊，好照顧自己。一次，同仁堂的樂家大姑專門來給羅儀鳳說媒。沒幾分鐘，康老就把樂大姑攆出了大門。老太太惟有對羅隆基是個例外，始終視為貴客。」

我看完影集後，問：「羅姨，你為什麼不愛照相呢？」

她撫摩著影集的黑皮封面，歎道：「這些相片對留影的人來講，當然是寶貴的。可你想過沒有，多少年後一旦落在陌生人手裏，那將是個什麼情景？恐怕不是當廢紙扔進紙簍，就是做為廢物賣掉。想到這樣的結局，即使面前是多美的景致，身邊有多好的朋友，我都不願拍照了。」

「羅姨，一張好照片，可隨時欣賞。你現在何必擔憂幾十年後的事。」我想，羅儀鳳不留影的根本原因，恐怕是覺得自己並不漂亮。

她搖頭，說：「像我生活在這樣的家庭，又是一個人，是必須學會預算未來的。」

羅宅有一套看著大氣、坐著舒坦的英國沙發，而且被保養得很好。當那位上海小姐要搬離康家的時候，羅儀鳳毫不猶豫地把沙發送給了她。我問：「這麼好的東西，你也可以用，幹嘛要送給別人？」

羅儀鳳說：「我的小愚，你還年輕啊！許多事要提前做安排，不能等老了以後再說。特別是那些視爲珍貴之物的東西，一定要由自己親手處理，不要等到以後由別人來收拾。我說的『別人』，甚至包括自己的兒孫和親戚。」

「淡生涯一味誰參透？」在我得知她所持的這個觀點後，才漸漸懂得了她的行事及做派。羅儀鳳給自己立的做事規則，猶如提前執行遺囑一樣，很有些殘酷。別說我接受不了，就是一向欣賞西方人生活原則的父親和羅隆基，恐怕也辦不到。然而，當我歷盡坎坷、不再年輕、並也成了孤身一人的時候，對她的觀點和行爲，不但深深地理解了，也徹底地接受了。

羅儀鳳愛香水。

她對我說過：「香水好，就連裝它的瓶子，也是美的。」由於都知道她的這個喜好，所以從她讀燕京開始，人們在送她禮品的時候，都不約而同地選擇上等香水。她把最好的香水做爲藏品，裝入一個木箱。「文革」爆發，這個木箱再沒有打開過，就是說，她把香水「戒」了⋯不搽，不聞，不看。

後來，她把箱子送到我家，對母親說：「這裏面都是最好的香水，有的比黃金還貴。你有兩個女兒，她們可以用。」

母親執意不收。

羅儀鳳想了想，說：「算我寄放在這裏，總可以吧？」

母親答應了。那麼喜歡香水的她，自己竟一瓶不留。從此，她不提木箱的事，直到死。

羅儀鳳喜歡鞋。

我一直以爲在她的服飾穿戴裏，最講究的部分就是腳下的一雙鞋。她穿鞋要配衣服，配季節，配場合，配情緒。一句話，把鞋穿到了審美的境界。所以，她的鞋既是用品，也是藏品。紅衛兵抄家、破「四舊」的時候，她不知該如何處置，又捨不得把它們丟掉。

情急之下，她把我的姐夫找來，急切地說：「紅衛兵在『勒令』中，只規定不許穿高跟鞋。你看，咱們是不是可以用鋸把所有的鞋跟兒都鋸掉？」

姐夫聽後，同意了。

夜深人靜，羅儀鳳把鞋子統統翻出來，幾乎堆成一座小山。她又找出了鋸子。先是姐夫一個人鋸，後來是兩人一起對拉。十幾分鐘，卻連一隻鞋的後跟兒也沒鋸掉。羅儀鳳累得滿頭大汗，急得滿臉通紅。北大物理系畢業的姐夫觀察發現：羅儀鳳的鞋均爲進口貨，別看後跟兒纖巧如一彎細月，可內裏都有優質鋼條做支撐。他擦著汗說：「國產鋸怎麼對付得了進口鋼？羅姨，我們這樣幹個通宵，也鋸不了幾雙鞋。」

羅儀鳳坐在地板上，瞧著那些八方買來、四季穿著、一心收藏的鞋，什麼話也說不出來。最後，她屈從了現實，放棄了審美，把鞋子扔了。一雙未留。

羅儀鳳愛花。

她家的庭院裏，栽有一片法國品種的玫瑰，還有十餘株品質極高的榆葉梅，排列於大門兩側。五十年代的春日，一位副總理級的高官駛車路過東四十條。那繁密似火、濃豔似錦的榆葉梅，綻露牆外。花樹之盛，引得他駐足而賞。後來，他的手下工作人員，含蓄地表達了首長意思。待花謝盡，羅儀鳳讓人把所有的榆葉梅連根挖去，送了過去。一株未留。

一個冬日的夜裏，我住在康家。惡夢把我驚醒，開了床頭燈看錶，已是半夜三點多了。一片寂靜中，彷彿覺得有仙樂從天上飄來。細聽，那仙樂是一首小提琴獨奏曲。再細聽，那聲音是從羅儀鳳的臥室傳出。頓時，我睡意全消。月亮穿過窗幃，投下寒冷的光波。我躺在狹小的床上，忘記了外面的瘋狂世界。「此曲只應天上有，人間哪得幾回聞。」儘管自己知道此時此刻，是絕對不該叨擾她的。但我難以克制湧動的心潮，不由得推開了通向她臥室的小門——

羅儀鳳見我光腳散髮，立在她的床頭，驚恐不已。原本就沒有血色的臉，霎時變得灰白，灰白。她的雙手下意識地抱住一個有整塊青磚大小的東西。那東西在月光映射下，閃動著金屬的光澤。我想，美妙的音樂該是從這裏流淌、蔓延開來。恰恰在這個時候，小提琴旋律戛然而止，從

「磚頭」裏傳出的是英語。

我問：「羅姨，這是什麼東西？」

「這是現在世界上最好的一種收音機。」

然後，我不知道該對她說些什麼；她也不知道該向我解釋些什麼，二人相對無語。沉默中，羅

儀鳳突然爆發出無比的激憤，她下顎骨發顫，眼睛像火一樣地紅了起來。她把「磚頭」護在懷裏，用一種類似詛咒的口氣，說：「小愚，我是一個軟弱的人，也是個無能的人。我無夫無子，這輩子只剩下一點兒愛好。我喜歡鞋，現在鞋都扔掉了。我愛花兒，可那些盛開的玫瑰是我在六六年八月被抄家的當天夜裏，流著眼淚親手用水澆死的。現在，花兒沒有了。我愛香水，香水沒有了。我愛音樂，音樂沒有了。我愛英文詩，詩也沒有了。我從來沒有、也不想妨礙共產黨，可共產黨爲什麼要如此侵害我？這場文化大革命對我家來說，是釜底抽薪；對我個人而言，是經脈盡斷哪！」羅儀鳳仰望夜空，力圖抑制住心底的悲與痛。但我還是見到了她的淚水。燈下，她的淚水像玻璃一樣剔透。

待情緒稍有平復，羅儀鳳反倒起身送我回屋，並問我：「要不要吃點安眠藥？」

後半夜，我一直在琢磨康氏人家，索性不睡了。父親說過，她們母女是真正的貴族。我想，這些昔日貴族活在今天，日子太難，心也太苦。康同璧常說自己的處世原則是「以不變應萬變」，然而，現實卻在逼迫她們做出「順適」。出於教養，也出於經驗，她們的「順適」往往表現爲一種不自覺其努力的努力。這種努力和共產黨員努力「改造世界和世界觀」，當然其內涵各異。後者的努力是向外、向外、再向外，具體說就是去與天鬥，與地鬥，與人鬥。前者的努力，是內向、內向、再內向，具體說就是努力於自省、自律和克己。努力的核心內容便是……忍。在雲詭波譎世事不勝其變幻的年頭，誰都得忍。強權下的老百姓，以其渺小而忍。那麼，康氏母女所代表的老派家庭的忍，又體現出什麼呢？是閱歷太多、見事太明的無可奈何？還是抹殺自己、無損於人的智慧生存

——年輕的我無法判斷，但羅儀鳳的哭訴，卻讓我深深懂得：這種「忍」，原來是最可痛心的，在內裏，有著怎樣的悲涼與沉重。因爲任何分寸的「順適」，都要毀損或抑制天性。想到這裏，我暗自發誓：這輩子決定保衛自己的天性，決不「順適」。而後來的情況竟是——我爲這樣的決定付出了近乎一生的代價。

康同璧自幼成材，遊學歐美，後投身社會，並從事藝術。有如此經歷的人，該是不迷信的。但不迷信的康同璧，卻很喜歡讓人給自己算卦，而且只相信一個人的卦。這個人不是什麼風水大師、易經專家，是與之同住的一個女人。這個女人姓林，大家都管她叫林女士，我至今亦不知其名。羅宅院子一側的兩間平房，是她的落腳之處。

從相貌到舉止、從打扮到說話都是個十足農婦形象的林女士平素常待在自己房間裏做女紅，如衲鞋底兒、縫棉襖、絮棉被。康同璧母女叫她，她才進到正院。在我們面前，她有些拘謹，極少說話。即使有人問她什麼，也是用最短的語句回答。而老人叫她，不外乎兩件事。一是治病，即按摩、針灸、拔火罐。二是算卦。隔幾日，康同璧必請林女士算上一卦。老太太什麼都算：如天下下雨？有沒有客人來？某人今天是否平安？而林女士又是什麼都能算，而且從草梗、紙牌、硬幣到縫衣針，林女士都能拿來當做占卜工具。

我曾問羅儀鳳：「你媽媽爲什麼喜歡算卦？」

她笑道：「哎，算著玩唄！八十歲的老太太還能玩什麼？現在我們能玩什麼？」

「林女士算得準嗎？」

「很準。」

「眞的？」

「眞的。」

「爲什麼？」

羅儀鳳說：「因爲她的命最苦，心最善。這樣的人算出來的卦，最準。」

「羅姨，你能給我講講她的身世嗎？」

羅儀鳳儘管講講點頭，卻一個字不說。我常站在一旁，看林女士給康同璧算卦。一般來說，都是好卦，至少是平卦。可到了一九六八年以後，林女士算出來的卦，有時就不太好了。如果卦不好，康同璧往往是擺擺手，讓林女士離開客廳。

一天清晨，康同璧起床便說自己頭昏，心裏不舒服。剛吃過早飯，就叫女兒請林女士過來給自己的身體狀況卜算一下。那日的天氣特別地壞，狂風大作，烏雲蔽日，氣溫驟降。羅儀鳳建議等到中午再去請她。老人怎麼也不肯，非要立馬見人。林女士很快來了，算出來的卦，很糟。

「怎麼會這樣？」老人的眼睛直視對方。

「康老，就是這樣。」林女士小聲回答，態度謙恭。

羅儀鳳使個眼色，林女士即退了出去。

那日下午，我回到羅宅。剛跨進門，羅儀鳳便悄悄告訴我：「還不到吃午飯的時候，我媽又讓

人把林女士叫來，又測一卦。

「結果怎麼樣？」我問。

「假如早上的籤，是『不好』的話，那麼中午的籤，就是個『很不好』了。所以，你最好在客廳多坐些時間，多和她聊天說話，讓她把『卦』的事忘掉。行嗎？」

「當然可以。羅姨，你放心吧。」

不一會兒，康同璧午覺醒來，走到客廳。羅姨趕忙取來木梳，給母親攏頭。我趕忙打開話匣子，東扯西拉。一向愛聊天的老人，對我們的談話失去了興趣。她將雙手攤在膝蓋上，看看掌心，再翻過來瞧瞧指甲。之後，便抬頭對女兒說：「你去請林女士來。」

羅儀鳳指著窗外，說：「外面颳大風，是不是明天再讓她過來？」

「不，你現在就去。」口氣堅決的不容置疑。

羅儀鳳無可奈何，也毫無辦法，只好去請林女士。

占卜是在餐桌上進行的。康同璧神情專注，眼睛緊盯著林女士的手。羅儀鳳志忑不安，站在母親的身後。我也跟著緊張，害怕再出壞籤。林女士的臉上則無任何表情。整個宅院像一座久無人住的古堡，四周沒有一點聲音，只有窗外的狂風在猛烈地呼嘯著。這哪裏是在做占卜的遊戲，簡直是兩軍對壘，決戰前夜。卦推出來了……下下籤，是個最壞的結果。

「你說說，這是什麼籤？」老太太面帶怒容，一下子把臉拉得老長。

林女士不語，康同璧氣得兩手發顫。羅儀鳳急得朝林女士呶嘴，使眼色，意思是叫她趕快撤

離。

康同璧繼續逼問：「我問你，這是什麼籤？」

林女士還是不說一字。

「我在問你，你怎麼不回答我？」老人嚴峻的表情，甚至有些刻毒，眼裏閃耀著可怕的光芒。

她那佈滿皺紋的臉上，還流露出一種能打動人心的痛苦。

在林女士呆板的神色裏，含著一種不祥的鎮靜。大概是一日三卦，一卦不如一卦的凶兆和林女士一問三不答的態度，同時刺痛了老人。康同璧忽然滿臉緋紅，鼻翼也由於激動而張大。一條深深的皺紋從緊咬的嘴唇氣勢洶洶地向下巴伸展過去，她死死盯著眼前這個給自己三次預言厄運的女人。眼睛裏的那股可怕光芒，已變成了無法遏止的怒火。「啪！」老人猛地伸出右手掌，一記耳光打在了林女士的左臉頰。這個舉動發生得這樣突然和意外，瞬間行為和一貫舉止的巨大差異，把我嚇呆了。而毫無表情的林女士，站在原地一動不動。

羅儀鳳驚呼，道：「媽媽，你怎麼打人呀？!」隨即，從暖壺裏倒了一杯開水，遞給林女士。

康同璧也震驚於自己的舉動。她用手扶著桌子，閉上眼睛，彷彿眩暈了似的，額頭滲出細細的汗珠，臉色紫紅紫紅的。

我膽怯地問：「康老，我扶您到沙發那兒去坐吧。」

「不用，小愚，謝謝你。」顯然，她在竭力約束住自己，慢慢地轉過身朝臥室走去，在掀開門簾的時候，肩膀一下子靠在了門框。我覺得那個耳光，同時也打在了老人自己的身上，打掉了她全

部體力和精神。

晚飯後，我們圍坐壁爐前。這時，康同璧的眼神又恢復了清亮，像是烏雲散去後，那洶湧的波濤經月色的照拂，已歸於平靜。她讓女兒再請林女士過來一趟。我想，這次該不是又要算卦了。林女士在羅儀鳳的陪同下，進來了。她的溫和與禮貌，使我不由得想起了兒時在香港教會學校讀書見到的修女。

康同璧看到她，立即起身，走到跟前深鞠一躬，說：「林女士，請你原諒我下午的舉動。」這個舉動也如那記耳光，同樣令我吃驚。林女士也有些驚恐。站在我身邊的羅儀鳳則長出一口氣，臉上浮出了微笑。

事後，我問父親：「為什麼一個下下籤，就能讓康老失去常態呢？」

父親認為，我提的可不是個簡單的問題。這其中有哲學內容，有心理學成份，還有社會因素。

他說：「中國是一個沒有宗教的國家，中國人沒有信仰，卻迷信。窮人迷信，闊人迷信，貴人迷信，要人也迷信。康同璧自然也不例外。」說到這裏，父親用手指著後院的方向，說：「小愚，還記得我們家後院角門的四扇活頁門板上分別寫的『元亨利貞』四個字吧。你知道它是個什麼意思？」

我瞎猜道：「大概是說平安通泰吧。」

父親裝出一副神秘的樣子，故意壓低嗓門在我耳邊說：「這是卦辭。」

「真的？」

「當然啦！是《易經》裏的乾卦的卦辭。」

「天哪！卜辭都進了家門。」我叫了起來。

父親說：「你看，這不就叫迷信到家了嘛。連續三次打擊，她老人家就消受不了。衝動下的那一耳光，與其說是針對算卦的人，不如說是針對她算出來的卦。不過，康老在衝動過去後，便去鞠躬道歉，這是很有勇氣的。不像某些人明知自己錯了，卻從不認賬。」

以一個凶卦對她來說，就是打擊。再說，像康同璧這樣的老人，只想長壽、平安。所以後發生的事情證明：林女士的卦是靈驗的；林女士本人也很不簡單。

一九六八年，康同璧過了最後一個生日。

羅儀鳳對我說：「家裏還存有一些燕窩，準備在母親生日的時候，全拿出來請客。」

我說：「我這輩子還沒吃過燕窩呢。」

「你怎麼會沒吃過它？」羅儀鳳吃驚地問。

我說：「四八年在香港，馬來的燕窩大王曾送給父親兩大口袋燕窩。回國後我爸忙，我媽也忙，誰都顧不上吃，一直擱在堆放雜物的房間裏。結果，紅衛兵抄家時把燕窩全抖落在地上，腳踩來踩去，都成了粉末。」

康同璧聽了，拍著沙發扶手說：「生日那天，你一定要在這裏吃晚飯，我請你吃燕窩啦！」

我高興地答應。可到了老人生日的那一天，父親胃痛，我陪著父母喝稀飯。天完全黑盡的時

分，才趕到東四十條。一進門，我即向康同璧鞠躬祝壽。滿臉喜氣的老人趕忙拉著我的手，走到平時吃早餐的圓形餐桌旁邊，端起小碗舉到我嘴跟前，說：「這就是燕窩。要不是我提醒儀鳳給小愚留些，大家早就吃光了。」

燕窩是涼的，但我願意當著壽星的面，趁著興奮勁兒一古腦兒吃下去。吃的時候，舌唇雖難察其味，但幸福與滿足的感覺，一起滲入了心底。

客廳裏坐滿了客人，令我驚詫不已的是：所有的女賓客居然都是足蹬高跟鞋，身著錦緞旗袍，而且個個唇紅齒白，嫵媚動人。提著鋥亮小銅壺、不斷給客人斟茶續水的羅儀鳳，穿了一件黑錦緞質地、暗紅色軟緞滾邊的旗袍，腿上長筒黑絲襪，腳下一雙式樣極其別致的猩紅氈鞋。頭髮也攏直了，用紅絲線紮成一雙辮子。不僅是女孩兒家打扮，而且紅黑兩色把她從上到下裝扮得風情十足。

轉瞬之間，我彷彿回到了「萬惡的舊社會」。

我問那上海小姐：「現在，連花衣服都被當做『四舊』取締了，她們怎敢如此穿著打扮？」

上海小姐說，她們來的時候每人手提大口袋，內裝旗袍、高跟鞋、鏡子、梳子、粉霜、口紅、胭脂、眉筆。走到康家大門四顧無人，就立即換裝、化裝，而丈夫則在旁邊站崗放哨，好在那時胡同裏的行人和居民不算多。

我問：「她們幹嘛不到家裏去裝扮，非要在外面？」

「這是規矩，也是對老太太的尊重。你想呀，進門就要行禮祝壽，穿著那套革命化制服怎麼行？」

我坐在客廳的角落，看著滿屋子貴客和康氏母女時而英語、時而粵語、時而舊話、時而笑話地熱烈交談著。在暖融融的氣氛裏，被強權政治壓瘋了的靈魂便頓獲釋放，而重新飛揚起來。其中最年輕的一位女性穿的是銀色軟緞旗袍，腳下是銀色高跟鞋，淡施脂粉的姣好面孔，煥發著青春的光彩。

我問羅儀鳳：「她是誰？實在是太漂亮了。」

「她姓吳，芭蕾舞演員。上海永安公司老闆的外孫女。」

這時，我聽見康同璧問她：「你的媽媽好嗎？」

吳小姐答：「媽媽被趕到一間閣樓，閣樓窄得只能放下一張床。每月發給她十五元錢。領工資的那一天，媽媽必去『紅房子』（上海一家有名的西餐廳）拿出一塊錢，挑上一塊蛋糕吃。她說，現在上海資本家家裏最寶貴的東西，就是裝著食品的餅乾筒了。如果紅衛兵再來抄家，她說自己一定先把能吃的東西都塞進嘴裏，再去開門。」

吳小姐還說：「媽媽說話常帶出英語單詞。越是著急，英語就越是要蹦出來。爲了這個，批鬥時吃了不少苦。」她還模仿了一番母親怎樣「英漢雙語」地說話。那活靈活現的表演，讓大家拊掌大笑。

另一個中年女性始終端坐在單人沙發，神情高貴，很少說話。即使對老人說上幾句，也是我一點也聽不懂的廣東話。羅儀鳳告訴我，她是自己的親戚，在北歐一個國家的駐華使館工作，月薪高達三百。「文革」開始不久，上邊就命令她回家。那個國家的大使夫婦曾手持鮮花，數次登門拜

訪，一再表示希望她能回到大使館。因為現在外交部派了三個人來頂替她，也沒能把她丟下的活兒幹好。

在那麼一個既恐怖又瘋狂的環境裏，大家都在苟活著，誰也談不上風節。去康家做客，服舊式衣冠，絕非屬於固有習癖的展示，也非富人闊佬對其佔有或曾經佔有財富及文化資源的炫耀。他（她）們的用心之苦，的確體現出對老人的尊崇與祝福。然而，這種對舊式衣冠及禮儀的不能忘情，恐怕更多的還是一種以歷史情感為背景的文化表達。儘管這些人必須聽黨的話，堅持政治掛帥，讀毛選，背語錄，去過革命化、格式化的生活。但在他（她）們骨子裏欣賞並懷念不已的，還是風雅、細膩、高度審美化、私人化的日子。而康家老宅及舊式禮儀及衣冠所蘊涵的溫昫氣息和超凡意境，又使每個人自動獲得了精神歸屬和身份確認。「感秋華於衰木，瘁零露於豐草。」——想到這裏，我不由得瞧了瞧自己身上的咔嘰布制服。別看住在康家，與之相比，歸根到底我還是個圈外人。

進入高齡的康同璧，是很少生病的，只是夜間尿頻。為此，羅儀鳳每天都要給母親砸核桃、剝核桃吃。不僅要她吃核桃肉，還要她必須吃掉兩半兒核桃肉之間的那片木質的「衣」，說這個東西可以「攔」尿。老人吃得愁眉苦臉，然而起夜卻並未減少。由於我睡的房間緊靠盥洗室，所以她每次起夜，必從我的床邊穿過。冬天的後半夜是很冷的，康同璧照樣自己起身，打開床頭燈，戴好睡帽，披上睡袍，扶著牆壁或家具走進盥洗室。有一次，患有高血壓的康同璧白天就喊頭暈眼花，夜裏簡直就是跌跌撞撞地走路。望著老人一趟趟的艱難挪步，一次次地頻繁往返，我對羅儀鳳說：

「幹嘛不在臥室裏放個高筒痰盂，偏要三更半夜地折騰老人？」

「哪裏是我折騰，是她自己不肯呀。」羅儀鳳一臉的委屈。

一天，我被上海小姐傳染上了重感冒。康氏母女無論如何也不讓我回家了。說這裏的條件要好些，也有現成的藥。我臥病在床的那陣子，康同璧每天都要走到床頭問：「現在是不是感覺好些了？」說罷，還伸手摸摸我的額頭，看看是否發燒。

羅儀鳳只要發現她進我的屋子，就要攙她走，並生氣地說：「小愚病了，好辦。你要再病了，我可就麻煩了。」

老太太乘羅儀鳳到外面張羅事兒的工夫，又躡手躡腳地走進來。她像個勝利者，很得意地說：「女兒總要管我，我不服她管。」隔了會兒，她從外屋給我端杯白開水。一路上顫顫巍巍，水也灑了一地。她還一定要站在床前看我喝上幾口，才肯離開。

和康同璧相處，使我在不知不覺中進入了一個高齡老人的天地，第一次體會到人生最後階段的種種心理及困苦。有豐富閱歷和教養的她，即使進入到老年，也竭力在維護著人的尊嚴與自由。她懂得失去獨立意志和自理能力的生活，是痛苦和羞恥的。所以，老人頑強地拒絕幫助和攙扶。這種不承認衰老、不向年齡委協的心理，其實是老人與自己的命運在做主動較量。她過問我的病情、遞給我白開水時所表現出來的驕傲、溫情和快樂，一方面說明老人以自己尚能關懷別人、照顧別人為樂事、幸事；另一方面，是她用行為證明自己仍然可以獨立自主，進而嘗試到把握生活的滿足。總之，我在東四十條生活的日子裏，康有為這個最有才氣的女兒特有的個性、習好、自尊以及某種乖

僻所合成的人生最後樂章，讓我無比地珍視與感動。以至於這種感動和珍視，影響了我的後半生——無論面對什麼樣的人，我都能體味出落日餘暉的傷感和美麗。

父親感到外面的風聲越來越緊了。一天下午，他拿出一個自己裝訂成冊的厚厚的小本，對我說：「爸爸一輩子喜歡詩，先是讀詩、背詩，後來學著作詩，到老才寫了一點詩，都在這個小本子上了。我看，現在的局勢越來越壞，爸爸和這個家隨時都可能出意外，什麼都保不住。我只是捨不得丟掉這些詩，你看是不是可以帶到康同璧家裏，放上一段時間？」

我二話沒說，把小本子當寶貝一樣，揣進貼身的口袋，就去了羅宅。晚上睡覺的時候，將它放進羅儀鳳專給我使用的抽屜，壓在換洗衣物的最底下。

第二天傍晚，羅儀鳳問我：「你有什麼東西忘記帶回家呀？」

我說：「沒有。」

第三天傍晚，羅儀鳳又問：「小愚，你有什麼東西忘記帶回家了？」

我仍說：「沒有。」

見我如此遲鈍，羅儀鳳便開門見山了：「我收拾你抽屜的時候，看見一個小本。小愚，你羅姨可是驚弓之鳥哇！萬一……」

我說：「羅姨，如果這裏不能放，我爸的詩就沒有地方可以放了。」

羅姨目光低垂，並不看我，只是伸出右手食指在左手掌心像寫字一樣地劃動著，說：「這可是

白紙黑字，讓外人抓住，就是鐵證如山哪！」

我卻無言以對，心裏一片淒惶。

最後，我告訴羅儀鳳：「小本子的事，我要問父親。聽他的決定。」

「小愚，請你父親諒解，我實在是害怕。」羅儀鳳說罷，匆匆離去。

父親知道實情後，難過又無奈，長歎道：「燒了吧，保命要緊。」

我將小本子送進了康家專門燒洗澡水的小鍋爐，看著它變為灰燼，眼淚順著臉頰流淌。耗子還會打洞藏食呢，我恨自己連個耗子都不如。

在以後的一段時間裏，我的心裏一直很彆扭、憋悶。羅儀鳳察覺到了，她對上海小姐說：「小愚心裏不好受，其實我也不好過。」

父親則批評我說：「那些詩燒了，就燒了。人家收留你，就已經顯出最大的膽量和勇氣。」

也就在這一年，按毛澤東的偉大戰略部署，社會總動員，開始狠挖階級敵人，抓現行反革命。

我必須返回成都的工作單位。離京前夕，我去和康同璧母女告別。

「小愚，你為什麼要走呢？陪著你爸爸媽媽多好！」康同璧邊說邊搖頭，分明流露出不滿。

我不知道該向老人家如何解釋自己的危險處境，羅儀鳳見我面帶難色，便對母親說：「小愚的工作單位在四川，在北京住了那麼久，當然要回去一下，至少該把這幾個月的工資拿回來。」

「去，把工資拿來，再回北京。回來還住在我家，我隨時都歡迎。你領回的工資，留著自己用。再不，送給爸爸媽媽，我這裏仍舊是吃住免費。我這個人是施恩不圖報。」

我們三個人都笑了。我答應康同璧，一旦把羅務事料理好，立即返京並仍住在她這裏。

老人很滿意我的回答。隨即伸出一個手指，問：「你去一個禮拜，好嗎？」

見我沒有反應，又伸出兩個手指，問：「要不，去兩個禮拜？」

見我仍無反應，便再加上一個手指，直聲直氣地問：「三個禮拜？」

羅儀鳳朝我眨眨眼睛，我忙說：「康老，要不了三個禮拜，我就回來了。」老太太樂了，高興得雙手拍巴掌。

其實，我很明白自己的返川之途是凶多吉少，一踏入川劇團的大門，即會被革命群眾專政。鬥我，關我，怎麼收拾我都行。我捨得自己的命，卻捨不得父母。父母比天大，比命重。只要想到年邁的父親，我便心神不定，很悲哀，很迷茫。和康同璧的相對寧靜安穩比較，我簡直不敢揣測父親本已不多的未來。難以克制內心憂傷與恐懼的我，低聲對羅儀鳳說：「我這一走，不知道爸爸以後的日子會怎樣？」

儘管把耳朵湊過來，康同璧仍然聽不清我的話。她迫不及待問女兒：「小愚在說些什麼？」

羅儀鳳用粵語大聲地重複了我的話，她聽懂後，一隻手拍著自己的胸膛，說：「小愚，你放心地去吧！你的爸爸只要不生病，今後就不會出問題。我敢打包票！」她的口氣堅定無比。

我感謝她的快慰之語，卻情不自禁地問：「康老，您憑爲什麼這樣說？又還敢打包票。」

老人說：「是命運告訴我的。先父的經歷，證明了命運是存在的。你大概知道戊戌變法的事情吧？」

我點頭，道：「中學歷史課就講了，大學又講了一遍。我還根據譚嗣同獄中題壁的情節，寫了一折戲呢。」

「望門投止思張儉，忍死須臾待杜根。我自橫刀向天笑，去留肝膽兩崑崙。」老人隨即大聲背誦出譚嗣同那首寫在監舍牆壁上的絕命詩。

她叫我移坐到她的身邊，又叫女兒給自己倒上一杯水。見此情狀，估計這是要跟我認真談談了。果然，她開始了關於康有為命運的講述：「戊戌年（一八九八年）的八月，先父變法失敗，假如我還沒有記錯的話，是初六清早發生的政變。皇上（光緒皇帝）被囚，西太后臨朝聽政，下諭抓維新人士，南海先生是情罪重大的首犯。他恰恰在這一天的上午十一點鐘，把自己的行李從招商局的海晏輪搬下來，改乘英國太古公司的重慶號輪船，離開天津。榮祿派飛鷹兵艦追，飛鷹兵艦的速度比重慶號快一倍，可是走到半路，兵艦的煤不夠了，只好折回天津。小愚，你說這是不是命定？兵艦向上海道、煙台道發出『截搜重慶號，密拿康有為』的密電。恰好煙台道有事外出，隨手把電報塞進了口袋。等他掏出一看，馬上返回煙台時，重慶號已經初八船過煙台，先父上岸買了水果。榮祿向上海道、煙台道發出『截搜重慶號，密拿康有為』的密開走。小愚，你說這又是不是命定？上海道得到密旨，連日親自坐鎮吳淞，凡來自天津方向的輪船都要上去搜查。上海的維新黨人士看見許多兵勇守在那裏，以為康有為這一回是死定了，大家痛哭而返。可就在這個時候，船上一個叫普蘭德的英國人用對照片的方法找到先父，把一道『皇上已崩，急捕康有為，就地正法』的電旨拿給他看了。然後，這個英國領事館的人，讓先父馬上和自己一起坐上小輪船登上英國兵艦。剛上了兵艦，上海道派來搜拿的小船便靠了重慶輪。小愚，這又是

不是命定？先父在船上情緒很壞，以為皇上已被西太后和榮祿殺掉了，便也想去死。在船上他寫了一首詩，我現在還能背出來——『忽灑龍鬚黯太陰，紫微移座帝星沉。孤臣辜負傳衣帶，碧海波濤夜夜心。』先父做完詩，又寫家書，和大家訣別。那個英國人看到這個樣子，就說：『皇帝的死訊還沒有證實，請康先生忍死須臾。』在英國兩艘兵艦的護送下，先父到了香港，知道了皇上還活著的消息。所以，後來先父對我們家人說，這次脫險他有十一個可死的機會，只要碰上一個就沒有性命了。」

講到這裏，康同璧舉起手指像數數一樣地說：「小愚，你看南海先生有多少可死的機會。假如皇上不催他立即離京，那一定是死了。假如西太后的政變早一天發生，那一定是死了。假如遲一天出京，那就會在南海會館被捕，一定死了。假如在天津住客棧，搭不上輪船，那一定是死了。假如乘的是招商局的海晏輪，英國領事館的人就無法救他，那一定死了。假如追他的飛鷹兵艦不是因為缺煤折回天津，那一定死了。假如煙台道不外出，接到電報就派兵截拿，那一定死了。假如那個英國人不派兵艦護送，半路被截，那一定是死了。——小愚，你看先父就有這麼多的可死機會而不死，不是冥冥中有鬼神護佑，是什麼？我說這就叫命運，叫命定。每個人都有自己的命。」

接著，老人霍地起來站到我跟前，說：「不要看現在你爸爸倒楣，他的命終歸會好。別看紅太陽現在紅，連他的夫人也紅，將來這一家人的命，都不會好的。小愚，你不要笑，我說的是真話、老實話、正經話。」我的確笑了，卻笑得有些勉強。

康同璧覺得我似乎不大相信她的斷語，便神色嚴肅、拍著胸口大聲地說：「你爸爸命中注定，

不會有事的！除非章先生他自己不想活了。你放心地去成都吧，不要擔心，也要不害怕。你遇到困難，還有我呢！」顯然，老人說這話的時候，已經忘記了終日吃豆腐乳的處境，忘記了夜間起身艱難挪步的年紀，更忘記了外面的紅色恐怖。我流著眼淚，撲在了她的肩上，彷彿在惡風撲面、腥雨滿地的時候，有人護衛我，向我張開了雙臂。

是的，一切死生之說、任何存亡之難，每個人都有自己的認識，卻又難以預知。後來的事情，恰如康同璧所言：一年之後，父親死於病。終極原因是自己不想活，是包括親人在內都難以理解的心靈創痛、精神孤獨，以及恥辱、疲憊、消沉，這使得他決意告別這個已是一無所求的紛繁世界。生命之於父親，真是一個過於奢侈的字眼，胸中填滿了痛苦與悲憤，走了。而這，不正是康同璧所說的命運或命定嗎？

自我離開羅宅，康氏母女還收留過一個人，她就是黃紹竑的親妹妹，人稱黃姑太。年邁多病的黃姑太也是苦命。哥哥自殺了，家抄個精光，房子收繳了，人無立錐之地，又無經濟來源。慈悲為懷的康氏母女把她接到了羅宅。後來，上邊給了黃姑太坐落在西黃城根的一間小平房。到了年終歲尾，羅儀鳳便叫章立凡給她遞送包裹。包裹裏面有衣服，有食品，還有信。

黃姑太讀信後，對章立凡說：「這裏面還有錢呢！」

可激動不已的黃姑太，怎麼也找不到包裹裏的錢。還是章立凡從其中的一件衣服口袋裏，翻出了二十元。

我返回成都，即被革委會關押，失去了行動自由。一九六九年秋，已是現行反革命份子的我，抱定最後能看上母親一眼、死也要死在自己家裏的決心，半夜翻牆逃出川劇團私設的牢房，縱身跳上開往北京的火車，站在車廂廁所過道，兩天不吃不喝不闔眼，回到了北京。當晚母親告訴我，在父親去世（一九六九年五月十七日）後的三個月，即一九六九年八月十七日康同璧病逝。

老太太最初不過是患感冒，先在家中調養。不想，病越來越重，便送進醫院，擱在了觀察室。窄窄的床鋪正好對著門口，穿堂風吹個不歇，過往之人走個不停。羅儀鳳一再懇求，是否可以轉到病房。

院方的人白了她一眼，回答說：「你母親不就是個社會名流嘛，這麼待著就行了。」

幾天後，康同璧死在了觀察室。

記得一次閒聊，羅儀鳳對我講起西方的一則故事。她說，在一座大樓裏住著許多國家的房客，有英國人、法國人、猶太人、德國人、還有中國人。一天夜裏，大樓突然起火。只見英國人去救妻子，德國人去救女兒，法國人去找情人，猶太人去拿錢袋。而中國人呢，卻背著老母親向樓下快跑。——她的故事惹得我哈哈大笑。笑後，忽然覺得，我的羅姨不正是在中國政治風暴中馱著母親疲勞奔跑的人嗎？現在，母親從她的背上滑落下來，她或許可以喘口氣，歇歇腳了。然而，事實並非如此。

在我潛逃回京的短暫日子裏，經母親周密安排，我見到了羅儀鳳。時隔一年多，她形容盡變，變成了一個老婦。兩鬢和眼窩深陷，臉孔呈鉛色。本已瘦弱的她，彷彿全身僅由骨頭和神經構成似

的。特別是那雙曾經美麗的眼睛，像撂荒百年的土坡，全無潤澤之光。算來她恐怕還不到六十歲，這歲數在國外正是好吃好玩的好時光。

她直勾勾地看著我，說：「小愚，我們見面了。可你沒了爹，我沒了娘。」

我倆抱頭慟哭。她只坐了半個時辰，即起身告辭。

母親留飯，她謝絕了，說：「走這一趟路，只為看看小愚。」

母親執意送羅儀鳳到公共汽車站，回來後對我說：「可憐儀鳳，走路比我還要慢，說話的精神也沒有了。」

讓我不解的是，羅儀鳳本人好像未受到什麼政治迫害，怎麼變得如此孱弱、淒涼？

母親說：「康老死後，儀鳳的哥哥還是渺無音信。斷了經濟來源的她，粗茶淡飯，節儉度日。在辭退幫工的時候，家裏的男傭老郭和二陳提出，要儀鳳每人給三千元安置費，否則就鬧到居委會去。康家哪有錢？儀鳳膽小，不敢得罪工農兵和街道的人，明知是敲詐，也只得忍氣吞聲。為了湊這六千塊，她都快急瘋了，白天找人託賣家具、衣服、雜物；夜裏焦慮、失眠、哭泣。泡在這樣的苦日子裏，過著這樣的窮日子，她能不老嗎？到了冬季，儀鳳自己已燒不動鍋爐，只好燒壺開水，灌個暖水袋抱在懷裏。過著這樣的日子，她能不老嗎？再說，以往所有的生活內容及全部的社會關係都掐斷了，好比終日坐在一口枯井裏。所以，儀鳳的老，是從心老開始的。」

母親的話，像一根根鋼針刺痛著我的心。而此刻的羅儀鳳可能坐在電車裏，躲避著別人的注視

把臉朝著車外，死寂般的眼睛望著變換的街景，想著渺茫的未來……

整個晚上，我都在竭力思索，力圖給我的羅姨尋出一條新的生路。結果，什麼也沒有想出。舊夢已逝，新夢不來。其實，在我們的這個環境裏，她是做不出新夢的。她的處生之道，為這個社會所不容。而紅色政權所倡導的整齊劃一的生活、觀念及思維方式，又把她的心靈最後一條縫兒，封沒塞絕。這樣的特定人物及其生存情境，不禁使我聯想中國歷史上的遺民。難怪研究明清之際士大夫問題的學者說，中國歷史上「遺民多有祈死，待死，以生為死者」。【註釋七】而父親說，康氏母女是中國最後的貴族，看來也是不錯的。

我不知羅儀鳳什麼時候去世的。只曉得在「文革」後期，因街道積極份子和男傭的檢舉，羅儀鳳曾被關押，令其交代與司徒雷登的反革命關係。因為她十六歲考入燕京大學，年紀最輕，功課最好，深得這位洋校長的賞識。羅儀鳳一再說自己是驚弓之鳥，怕的就是政治。我想，正是中國酷烈的政治折了她的壽。況且，靈魂高貴者往往脆弱。「斷送一生憔悴，只消幾個黃昏。」

一九七八年秋，我被釋放出獄。一九七九年春，正式平反，從四川調回北京工作。

一年的除夕，母親帶我去新源里聶紺弩家，給聶老做壽。中午，吃罷壽麵，母親即刻告辭。我很納悶兒：母親往常要待很久，今天為什麼例外？

離開聶家，母親便告訴我：「羅儀鳳後來居住的地方就在這附近，今天咱們一定要去看看。」

母親一路走，一路問，我倆終於來到了一棟普通居民住宅樓的底層（即新源里西十一樓四單元

四十八號樓下）。這個樓很舊，公共通道裏的光線暗淡。按動門鈴後，一個滿頭白髮的老嫗開了門。

我驚呼：「這不是林女士嗎?!」

「你是小愚吧?」

母親禮貌又謙恭，猶如當年對待康同璧一樣。

她告訴我們：「康老和羅小姐所有的東西，都在這裏保存著。」說罷，轉身打開房間裏的一扇門。

原來這是一個兩居室的單元房。裏面的這間屋子，比外屋略小一些。家具、皮箱和雜物堆滿了整個空間，一直堆到天花板。我仔細辨認這些舊物，想找到一件小東西，留做紀念。突然，我看到了那張黑褐色菲律賓木質圓形餐桌，那曾經擺著豆腐乳和烤饅頭片的餐桌，那放著一小碗燕窩等我去喝的餐桌。驀地，一陣隱痛浮上心來。

「你今後怎麼處理這些舊物?」母親問林女士。

她答：「不處理，我等著，等著康家的親屬。康家的人不來，我就這麼守著。」

和林女士分手的時候，她向我們深鞠一躬，並連連道謝。

回到家中，心情無論如何也好不起來。晚上，全家吃過年夜飯，圍著九寸黑白電視機看節目。

我的眼睛在看，心卻飛到了東四十條何家口。「瀚海漂流燕，乍歸來，依依難認，舊家庭院。」我

想起了那裏的柴扉、石板路、御賜太平花、被挖走的榆葉梅、被開水澆死的玫瑰，還有我睡的窄窄小木床……

夜裏，我和母親並排躺下。母親累了，可我毫無睡意。

我問母親：「那東四十條何家口的大宅院，是康同璧自己的房子，屬於私產。林女士應該在那裏替康老和羅姨守護遺物。」

母親說：「那宅院早讓別人佔了。」

「誰佔了？」我問。

「葉道英。」

「是葉劍英的弟弟嗎？」

「是的。」

我喊道：「他憑什麼佔康家的私房？」

「江山都是人家的，還說什麼房子。」

「混帳王八蛋！」我翻身爬起，在監獄裏學會的髒話，不知怎地竟脫口而出。

母親厲色呵斥，命令我改掉獄中惡習。我乖乖地躺下，望著漆黑的天空，最後一次見到的羅儀鳳那燈乾油盡的樣子，就在眼前搖來晃去。我心想，如果羅儀鳳像我能學會罵人，她一定會像我一樣活著。

康同璧算是有些遠見的。還在很早以前，上海永安公司老闆的女兒郭婉瑩和羅儀鳳一起用烤箱

烤麵包，康同璧就建議她二人學著用鐵絲在火上烤製，並說：「要是有一天，你們沒著烤箱了，也要會用鐵絲烤出一樣脆的土司來。這才是你們真正要學會的，而且現在就要學會。」然而有遠見的她，即使預感到未來的生活可能會從「用烤箱」退化到「用鐵絲」，也決難想像到自己和女兒的人生終點，竟是一片破敗與淒絕。

我曾打聽康氏母女骨灰的下落。得到的消息是：由康同璧兒子出資，由全國政協出面，將康同璧母女安葬在福田公墓。墓地是羅昌先生生前早已買下的。參加葬禮的，共五人：我的母親、章立凡、張滄江、林女士及上海小姐。那時康老的兒子已經坐上了輪椅，無法飄洋過海參加母親和妹妹的安葬儀式了。

碑上只刻了康同璧的名字，而無羅儀鳳。大概官方覺得她不夠立碑的資格，儘管這墓地和墓碑屬於私人購置。

見碑石又薄又小，有些不滿的張滄江說：「能否把碑做得更好一些？因為我們要把墓碑拍成照片寄給美國加州大學的羅先生（即康同璧之子）。」站在一邊的全國政協工作人員沒搭理他。

康氏母女所保留的康有為的遺墨、手稿、藏書，其中包括一套珍貴的《大藏經》，按照康同璧生前的遺囑全部無償地交給了國家。我搞不明白的是：康同璧在北平和平解放和中國婦女解放運動中，是有貢獻的，再說人家母女把上等宅院和珍貴藏書都上繳了、捐獻了，怎麼連一塊像樣的墓碑都不准立，這事兒礙著誰了？

康有為的墓在青島，「文革」中被拋骨揚場。革命群眾舉著他的顱骨和白髮，遊街示眾。據說，還是守墓人將其殘骸收攏，又埋入墓穴。與其先父先祖相比，康同璧母女會靜悄悄地長眠地下，無人打擾，也無人記憶。

在已無神聖與純粹可言的今天，受人敬重的康同璧是一種絕響；我能去敬重並感受她，是一種福祉。

二〇〇二年八─十一月於北京守愚齋

【註釋一】羅榮邦，生於一九一二年，年幼在英國倫敦、新加坡及渥太華等地讀書，畢業於燕京大學，留學美國，獲加州大學博士學位。歷任美國賓州大學、密執安大學、華盛頓大學及加州大學副教授、教授等職，著有英文本《康有為評傳》等。

【註釋二】梁啓超《飲冰室詩話》第六節載：「康南海之第二女公子同璧，研精史籍，深通英文。去年子身獨行，省觀於印度，以十九歲之妙齡弱質，凌數千里之莽濤瘴霧，亦可謂虎父無犬子也。近得其寄詩二章，自跋云：『侍大人游舍衛祗林，布金壞殿數三巡。若論女士西遊者，我是支那第一人。』然支那女士來遊者，同璧為第一人。』詩云：『舍衛山河歷劫塵，布金壞殿數三巡。若論女士西遊者，我是支那第一人。』『靈鷲高峰照暮霞，淒迷塔樹萬人家。恒河落日滔滔盡，祗樹雷音付落花。』」

【註釋三】載濤（一八八七─一九七〇）姓愛新覺羅，字野雲，滿洲正黃旗人。一八九〇年封二等鎮國將軍；同年晉為不入八分輔國公。一九〇二年襲貝勒。一九〇八年十二月加郡王銜；同月與鐵良等任總司稽察。清廷新設禁衛軍，任專司訓練禁衛軍大臣。一九〇九年六月管理軍諮處事務。一九一〇年二月赴日、美、英、法、德、意、奧、俄八國考察陸軍，五

月派任赴英國專使兼大臣。一九一一年五月任軍諮大臣；其後任蒙古鑲黃旗都統。一九一二年一月，與載洵等組織宗社黨；三月宗社黨解散。一九一七年七月張勳復辟，溥儀任爲禁衛軍司令；同月復辟失敗。一九一八年徐世昌任爲將軍。一九二七年六月任翊衛使。一九三二年，國民黨政府聘爲國難會議會員。一九四九年，歷任人大代表、政協委員。一九七〇年九月在北京逝世，終年八十三歲。

【註釋四】章乃器（一八九七─一九七七）浙江青田人，一八九七年生。一九一一年至南京當兵。一九一三年考入杭州浙江省立甲種商業學校。一九一八年畢業後任杭州浙江實業銀行練習生。後調往上海分行，一年後改任北京通州農工銀行營業主任，逾升裏理兼營業主任。一九二〇年重返上海，任浙江實業銀行營業部科員，後升營業部主任。一九二七年十一月，創辦《新評論》半月刊。一九二九年創設中國微信所，自任理事長。一九三二年晉升浙江實業銀行副經理兼經理部主任，又歷任中國興信社幹事、中國銀行公會理事、上海光華大學教授。一九三五年十二月與馬相伯等發起組織成立上海文化界救國會，並署名發表《上海文化界救國運動宣言》。一九三六年五月，加入在上海成立之全國各界救國聯合會，兼任該會《生存線》、《暴風雨》等刊物編務；十一月，在上海與沈鈞儒、鄒韜奮、李公樸、史良、王造時、沙千里等同時被捕。一九三七年抗日戰爭起，獲釋，返回上海。一九三八年二月，任安徽省府委員兼動員委員會秘書長；三月改任財政廳長；六月派爲三民主義青年團中央臨時幹事會幹事。一九三九年入川後在重慶設立上川企業公司，經營農場、酒精廠、運輸合作等業務。一九四五年八月，與黃炎培等發起組織中國民主建國會；十二月任中央常務委員會。一九四七年秋，在香港開設港九地產公司。一九四八年冬，赴北平參加中國人民政治協商會議籌備工作。一九四九年九月，任政協第一屆代表，同月當選爲全國政協常務委員兼組組長。十月任中央人民政府財政經濟委員會委員、政務院政務委員。一九五二年八月任中華工商界聯合會第一屆副主席。一九五三年十月任中華工商界聯合會糧食部部長。一九五四年任第一屆全國人大代表。一九五五年十二月任民建中央副主席。一九五七年劃爲資產階級右派份子，一九七七年五月十三日在北京病逝，終年八十歲。一九七九年右派錯案改正。著有《章乃器論文集》、《中國貨幣論》、《抗戰必勝論》、《國際金融問題》、《激流集》、《出獄前後》等。

【註釋五】儲安平《英國采風錄》第七三─七四頁。一九四九年觀察社出版。

【註釋六】趙君邁（一九〇一─一九八八）湖南衡山人。畢業於日本成城中學，後赴美國留學，先後畢業於威斯康辛大學和諾維支騎兵學校。一九二八年回國，加入中國國民黨。一九三〇年任浙江教導團團長。一九三六年任財政部稅警視察長。抗戰期間，任湖南省鹽務局局長、衡陽市市長兼警備司令。一九四二年被選爲第三屆國民參政會參政員。一九四四年任

湖南省政府委員。一九四五年任吉林長春市市長。一九四六年被中國人民解放軍俘虜。中華人民共和國成立後，任第二至六屆全國政協委員。歐美同學會副主任委員。一九八八年七月十三日在北京逝世。終年八十七歲。

【註釋七】趙園《明清之際士大夫研究》第三四五頁。一九九九年北京大學出版社出版。

斯人寂寞

——聶紺弩晚年片段

聶紺弩【註釋二】是當代作家。許多年輕人、甚至中年人不知道他是誰。我所供職的中國藝術研究院，算是高級知識份子的一個密集點。最近和同事一起吃飯，提及聶紺弩，竟十有八不知。而知者，則對他佩服得五體投地。聶紺弩在小說、詩歌、雜文、散文、古典文學研究方面的貢獻，是繼魯迅之後的第二人。特別是他的舊體詩，形類打油，旨同莊騷，讀來令人欲笑而哭，自成一格，人稱「聶體」，是「異端」詩的高峰。

聶紺弩敢想、敢怒、敢罵、敢笑、敢哭。魯迅說：「救救孩子。」聶紺弩說：「孩子救救我們。」魯迅撰有〈我們怎樣做父親〉；聶紺弩寫下〈怎樣做母親〉。看過《紅樓夢》的人大多不喜歡陰柔的寶釵、襲人；聶紺弩認為「不寫寶釵、襲人是壞人，《紅樓夢》的反封建的意義就更深。」人家學習馬列，圖的是政治進步；聶紺弩看《資本論》第一卷，讀到少年女工自覺是女性後，常到河邊偷看男工游泳的段落，能聯繫「王安石詩，《聊齋志異》的『續女』，魯迅的文章，融會貫通，有所徹悟。」【註釋三】舉一反三，探究《聊齋》的思想性。蹲過大牢的人，都恨監獄；聶紺弩常常懷念監獄，說「監獄是學習聖地，監獄裏醫療衛生方便」，還在號子裏回憶讀過的舊小說，偶有所見，記在筆記簿上，居然寫了一、二十冊。聶紺弩受胡風事件牽連數十年，數十年間不斷地懷念

胡風，不停地寫詩贈故人：「無端狂笑無端哭，三十萬言三十年（胡風因三十萬言書獲罪，受三十年牢獄流徙之災）。所有胡風份子無不憎嫌以出賣胡風爲晉身之階的人；聶紺弩爲其開脫，說「媚骨生成豈我儕，與時無忤有何哉？錯從耶弟方猶大，何不絥廷咒惡來？」——聶紺弩種種特立獨行的做派和一貫到底的反叛精神，使得自己的大半輩子在批判、撤職、監督、察看、戴帽、勞改、關押、冤屈、喪親、疾病中度過。人生成敗若以幸福快樂爲標準去衡量，他是徹底的敗者。

父親不認識聶紺弩，他是母親的朋友，而且是後期的朋友。這個後期的具體劃分是在一九七〇年前後。我因現行反革命罪判處有期徒刑二十年，服刑在四川；聶紺弩因現行反革命罪判處無期徒刑，關押於山西。**母親與周穎**［註釋三］原本相識，同爲反革命罪犯家屬而驟然接近起來。相似的境遇，相近的心情，使母親和周穎成了親密的朋友。她們有兩個固定話題。一是交換聶紺弩和我在獄中的情況，特別是在收到我二人信件的時候，要共同探究，力圖解讀出字裏行間的全部內容。二是不斷地打聽消息，分析形勢，尋找各種關係，商議能夠營救我們出獄的良策。比如，搜集到中央近期要召開某個全國性會議的消息，二人立即分頭行動，各自寫出遞交首長的「求情信」。然後，母親去叩擊農工中央主席季方家的大門，懇請他會見四川省省長，爲我「高抬貴手」。周穎則直奔民革中央副主席朱學范家中，煩勞他找到山西省負責人，能否爲聶紺弩「法外施恩」。其結果，往往是石沉大海，杳無音信。

周穎的精神狀態不如母親，情緒波動，極易受到外界的影響。母親是很理解人的，心懷悲憫的

她對周穎肺肝直陳：「老矗歲數比小愚大多了，身體也不好。所以，我要先救老矗。」

感動萬分的周穎老淚縱橫，涕泣不止。

母親一諾千金，有言即有行。她四處奔走，尋找機會和辦法。一九七一年的秋季，農工黨老成員、因一九五七年劃爲右派而身處困境的朱靜芳，從淮安鄉下來到北京謀生。她下了火車，便直奔我家，希望獲得母親的幫助。住房緊窄的母親二話不說，讓朱靜芳與自己食住在一起，有如家人。

母親工資一百五四，她幾乎每月都要拿出二、三十元，偷偷塞進朱靜芳的口袋，直至右派問題得到圓滿解決。朱靜芳解放前就攻讀法學，劃右前是山西省法院的一名陪審員，感覺敏銳的母親覺得搭救矗紺弩的機會到了。這大概是在一九七一年。

母親把朱靜芳介紹給周穎。周穎看著南京來客落泊寒酸的樣子，心想：連自己都要投靠別人，這樣的人能管用嗎？故態度很有些冷淡。但面對母親的熱忱，也礙於情面，她還是把矗紺弩的「犯罪」情況和關押情況告訴給朱靜芳。朱靜芳當然察覺到周穎的冷淡，但看在母親的情份上，也看在矗紺弩的名份上，她表示願意幫這個忙。會面的當日，周穎便向朱靜芳提出去山西櫻山縣看守所看望矗紺弩的要求。

母親說：「還是讓老朱先探探路吧！她的盤纏由我承擔。」

巧了，朱靜芳從前在法院工作的一個同事的丈夫，正擔任看守所所長。她表示願意前往，並說自己必須假稱是矗紺弩的親戚才行。

三人的茶喝了一杯又一杯。茶越喝越淡，心越靠越攏。

當聶紺弩在看守所所長辦公室，看到一個叫朱靜芳的女人口口聲聲稱自己為「表姐夫」的時候，驚異得直眨巴眼睛。而朱靜芳見他的身體和氣色都還算不錯的時候，一顆懸著的心也就放了下來。所長告訴朱靜芳：由於覺得聶紺弩人好，又很有學問，索性沒有叫他幹什麼勞動。朱靜芳帶來由母親和周穎買的罐頭、茶葉、香煙、白糖、點心。所長叫一個姓李的年輕人【註釋四】將它們拿回監舍。

在所長辦公室，朱靜芳和「犯人」的會見持續了三天。在這個看守所歷史上，是個絕對的例外。聶紺弩是有問必答，只是在問到「犯罪案情」的時候，才變得支支吾吾，說自己也搞不明白，為什麼還沒有判刑就被押送到了稷山。而暗地裏，瞅著這個操著蘇北口音、高大結實的女人直納悶兒：這個「朱大姐」到底是誰？從哪兒鑽出來的？他把自己的親戚和周穎的親戚在腦子裏翻了個遍，也沒能考證出來。

見到了人，人又還健康——母親覺得朱靜芳是首戰告捷，便毫不客氣地對周穎說：「你該請客啦！為老朱接風。」

「請客，請客！」周穎一個勁兒地點頭。

飯是在坐落於交道口大街的康樂飯館吃的，周穎作東，全家出席。席間，氣氛熱烈。母親不停地給朱靜芳夾菜、遞湯。朱靜芳直到今天都記得有道非常好吃的菜，菜名兒叫黃魚羹。

聶紺弩在稷山看守所的四年時光，寂寞中也有快慰，冷冽中亦有溫暖。同號同鋪的小李，不但照顧他的生活，還一起讀馬列，小李每有所悟，聶紺弩會驚喜異常。聶紺弩搞不懂馬克思論述的

「級差地租形式」，小李便給老人補習數學知識。潛心於理論不光為打發時間，更重要的是聶紺弩想以此驗證自己的人生觀。另一個同號的囚犯，是一個叫包于軌【註釋五】的人。他與聶紺弩是共用一副手銬押赴稷山的，故聶紺弩有「相依相靠相狼狽」的詩句相戲、相贈。這個清華國學研究院畢業的包先生，博學多識，通文史，精詩詞，尤擅對聯，曾在王府井畫店舉辦個人書法展覽。聶紺弩對他的學問佩服的不得了，稱他是活字典。「鬼話三千天下笑，人生七十號間逢。」監獄不得高聲喧嘩，聶紺弩又有些「耳背」，所以兩人經常交頭接耳，「鬼話」連篇，用同心之言彼此撫慰受傷的筋骨、受辱的心。後來包于軌病死看守所，草葬於獄內空地。這令聶紺弩哀痛不已。

一九七四年年底，聶紺弩被判處無期徒刑，這大大出乎了他的意料。他情緒激動又萬念皆灰，十多天的眼睛都是紅紅的，「是淚是花還是血？頻揩老眼不分明。」悲憤難忍的聶紺弩向周穎報告了這個最壞的消息，覺得自己只欠一死，別無他途。

周穎跌跌撞撞來到我家、對母親和朱靜芳說：「事情不好了，老聶判處了無期徒刑，他不服，上訴被駁回，維持原判。」她拿出聶紺弩的信，信中寫道：「我是永遠回不了北京城。」

母親黯然無語，而周穎早變成了木石，呆坐在沙發。

冷靜的朱靜芳問：「周大姐，你可知老聶現關押何處？」

「臨汾。」

朱靜芳想了想，說：「那就在省第三監獄了。」遂安慰周穎，道：「不要急，有辦法，省三監

我有認識的人。」周穎聽到這句話，情緒稍許安定。

她走後，朱靜芳告訴母親：「我如今是個農民，靠種莊稼吃飯。所以，現在必須趕回南京鄉下插秧，等秧子插完，就趕來北京，專跑老聶的事。」

母親馬上給朱靜芳買了南下的火車票，並反覆叮囑：「老朱，你要快去快回呀，咱們救人要緊。」

朱靜芳前腳剛走，周穎後腳病倒在床。學醫出身的母親二話不說，把周穎接到家中，一住數月，親自護理侍候。返回北京且落腳我家的朱靜芳看著母親跑前跑後、燉湯拿藥的情景，慨然說：「這才叫患難與共、肝膽相照呀。」

經過反覆思考，朱靜芳認為：放出聶紺弩只有一條路，即保外就醫，而獲得保外就醫則必先獲得減刑，改判為「有期」，才有可能。

「老聶怎樣才能減刑呢？」周穎的反問，卻令她一時無法回答。

母親建議朱靜芳還是先與她所認識的監獄管理人員聯繫，再商討減刑之策。誰料想事情又那麼湊巧，朱靜芳與山西省第三監獄的獄政科長老彭（元芳）相識，且私交甚好，而老彭的愛人姓楊，是這所監獄的監獄長。

朱靜芳隨即給老彭寫了封信。信中說，自己有個姓聶的表姐夫在省三監服刑。

母親把信看了一遍，問：「你為什麼不寫明自己的親戚是聶紺弩呢？」

「不能寫明，這樣的事只能面談。」

老彭沒有回信，這令母親和周穎有些失望。朱靜芳卻說：「周大姐，我們可以去臨汾了。她是不會覆信的。」

母親爲朱靜芳買了去太原的車票（周穎的車票是自己買的），又給了她幾十元錢，做逗留臨汾和返程的花銷。

一九七五年盛夏，周、朱二人坐了火車坐汽車，近午時分到了監獄。老彭在自己的辦公室裏，熱情地接待昔日老友，請朱靜芳坐沙發，把周穎理所當然地視爲罪犯家屬，端個矮腳小板凳叫她靠牆角待著，還叫了一個管理人員陪同。見此情狀，朱靜芳覺得無法進行實質性談話。當晚，朱靜芳決定讓周穎住縣招待所，自己則搬到老彭的家裏。晚飯後，朱靜芳向老彭詳細介紹了聶紺弩的身份、資歷、爲人、成就等情況，還拿出了一本隨身攜帶的聶紺弩作品，請她翻閱。爲摸清案情，朱靜芳提出想看看聶紺弩的檔案，老彭同意了。可翻開卷宗，內裏只有一張判決書。內容簡單得像簡歷，案情概括得像口號，且通篇措辭嚴厲。指認他犯有現行反革命罪，惡毒攻擊社會主義，惡毒攻擊文化大革命，惡毒攻擊無產階級司令部。判決書上的最後一句是：由於認罪好，特寬大處理，判處無期徒刑。

第二天接見「犯人」，老彭的態度明顯改變，接見地點沒有安排在固定的「犯人接見室」，接見時間也沒有遵守「只許半小時」的規定。

穿著囚衣、戴著囚帽的聶紺弩，從關押區緩慢走來。他很快認出了朱靜芳，眼睛裏流露出笑意，說：「朱大姐，你長胖了。」

這本是句淡話，不知怎地令朱靜芳心酸無比，淚珠在眼眶裏直打轉，趕忙掉過頭，淚水便沿著面頰滾滾而落。她請老彭離開辦公室，自己也站到院子裏，好讓周穎單獨和聶紺弩會面。

會面結束了，朱靜芳迫不及待問周穎：「你問清楚了沒有，老聶到底犯了些什麼？」

周穎答：「他告訴我主要犯罪事實是辱罵了江青和林禿子。」

「辱罵的具體內容呢？」

「說他講『江青和林禿子有曖昧關係』，但老聶始終沒有承認；人家追問這話是誰說的，他東扯一個西拉一個，都沒能落實，所以公檢法認定還是他自己講的。」

「還有呢？」朱靜芳問。

「還有，就是他想吃五香牛肉。」

監獄哪兒有什麼五香牛肉？好心的老彭特地跑到附近部隊駐地借了五斤肉回來，給北京來客和聶紺弩包了頓餃子，算是改善生活。

患難夫妻的會面長達四、五天之久，在此期間朱靜芳加緊做老彭的工作，最後，索性攤牌：

「無論如何，你們也要把人給我放出來。」

老彭沒有正面回答，只是說：「老聶的身體不好，害過一場大病。我們把他弄到太原的醫院，治了幾個月才救活的。按這裏的做法，判了無期的犯人是要押送到北大荒的，我們覺得他身體太差，就沒有叫他去。在這裏，也是做些輕微的勞動。」

「什麼叫輕微勞動？」朱靜芳問。

「比如監獄的廚房洗洗菜。」

朱靜芳說：「你一定要想辦法。先要保證他的健康，再做到保釋就醫。」又說：「老聶是個作家，給他一些書看，精神上也好有個寄託。」

分手的時候，心裏拿定主意的老彭把客人一直送到監獄大門，對朱靜芳說：「你放心吧，我保證把老聶健康地送還給你們。」

回到北京的朱靜芳連續給老彭寫了幾封信，均無回音。但她得知：聶紺弩的生活條件有了改善——從大牢搬到小屋；屋裏放了書桌，書桌上擺了紙筆；北京寄去的或託人帶去的罐頭、臘肉、香腸、鹹鴨蛋等食品一律由老彭轉交。老彭和一個姓張的勞改幹部命令在廚房幹活的犯人，每天給他或蒸一碟臘肉，或切一盤香腸，或開一個罐頭，或送一個鹹鴨蛋。聶紺弩從心眼裏感激朱靜芳，裏感謝老彭、老楊和老張，說他們如此地敢於擔責冒險，眞的夠朋友。

說：自己去了監獄，自己的生活完全變了，如此特殊的待遇是監獄裏從未有過的。而朱靜芳打心眼

過了幾個月，情緒又開始消沉的周穎對朱靜芳說：「我想離開北京，在老聶的監獄附近找個房子住下來，就在旁邊陪他到老。」

朱靜芳說：「你要這樣也可以。不過，我和李大姐還是要盡量想辦法，把老聶搞出來。」

話雖如此，卻無良策。儘管勞動改造表現好的犯人可以減刑，可聶紺弩早已不參加勞動了，減刑又從何談起？老彭他們也是乾著急。

一九七五年冬季，毛澤東決定對在押的原國民黨縣團級以上黨政軍特人員一律寬大釋放，並適當安排工作。願意去臺灣的，可提供方便。這個「決定」在全國範圍迅速傳達，果斷落實。這個文件我是在四川監獄聽到的，與我同牢而居的國民黨舊軍政人員先是不敢相信，後是徹底不眠。那些夠不上縣團級的老反革命第一次恨自己罪惡小、軍階低。

「決定」到了山西政法部門。根據檔案，上邊通知山西省第三監獄在押的原國民黨縣團級以上黨政軍特人員共有八名。經核對，監獄領導發現只有七名，其中一人已病亡。老彭他們覺得讓聶紺弩出獄的機會到了。因為只要能頂上這個空額，便可蒙混過去。但完全蒙混也不行，於是，他們開始翻查聶紺弩的檔案，看看是否能夠在他的政歷上找到一絲與國民黨的聯繫。這時，得知「決定」的朱靜芳火速投書，信中也提出了相同的主意。畢竟她是經過母親介紹認識周穎夫婦，所以並不十分清楚聶紺弩的全部歷史。還是監獄領導在提取的聶紺弩檔案裏，發現他有「於一九二四年入黃埔軍校第二期學習」的經歷。有了黃埔軍校的履歷，就足夠了。老彭立即告訴朱靜芳：事情辦好了。

聶紺弩以老共產黨的身份進的監獄，以老國民黨的名義出的牢門；以現行反革命的犯罪抓進去，以歷史反革命案情放出來。

一九七六年秋，母親徵得周穎的同意，拜託電影家戴浩【註釋六】去山西接獲釋的聶紺弩返京。戴浩也是右派，每月領取生活費三十元。他從母親那裏接過買車票的錢，又向母親借閱一套明（代）版線裝書，說是「以破長途之寂」。生性慷爽的母親不忍拂其意，猶豫片刻，還是將書拿出。結果，人接回來了，書卻丟了。許多年以後，母親對我提起那套明版書還心痛不已，帶著埋怨說：

「我也不明白為什麼戴浩非要那套書？要知道，那是你老爸爸的遺物。」

聶紺弩回到北京，卻報不上北京戶口。仍是朱靜芳拋頭露面，找到與派出所、公安局關係極好的一個老太太（即文懷沙之母），請她出面為聶紺弩報上了北京市居民戶口。

千里萬里亦中華。

勸君更進一杯茶，

化楊枝水灑枯花。

刀筆縱橫光閃閃，

兩度河汾走飛車。

急人之急女朱家，

聶紺弩對朱靜芳心懷感激，寫了這樣一首六句詩送給她。聶紺弩獲釋經過，朱靜芳對外人談及很少。後來，周穎便對別人講：「我們老聶能夠出來，是由於某首長出面。」話傳到朱靜芳耳朵裏，惹出一肚子火。氣憤的她當著聶紺弩的面，質問周穎。又說：「你這是忘恩負義，過河拆橋。」

「我講不過你。」理屈的周穎說罷，便去衛生間。

趁著這空檔兒，坐在一邊旁聽的聶紺弩樂滋滋地對朱靜芳說：「她怕你。」

過後，朱靜芳心裏很難過。她對我說：「小愚，我想辦法救老聶，一方面是由於你的母親待我

太好，一方面是因爲老聶實在是太冤。」

我說：「朱阿姨，沒有你的幫助，聶伯伯也能出來。不過，他要在監獄裏等到胡耀邦上台平反全國的冤假錯案，時間至少要推遲三至四年。等一年，就意味著再坐三百六十五天的牢。對個老弱病殘來說，在一千多天的日子裏，什麼情況都可能發生。」

朱靜芳不住地點頭，感歎道：「別看周穎一頭白髮，還不如小愚懂事。」

關於聶紺弩的「犯罪」，不禁讓我聯想起戴浩對我講的一段話。我出獄不久，戴浩來我家閒聊，母親留飯。飯後，我送戴浩去建國門外大街的一路汽車站。正值殘夏，陽光耀眼，熱氣灼人，幾隻蜻蜓在空中盤旋。我倆揀著有樹蔭的地方走。走著，走著，他停下腳步，突然地說：「現在背著李大姐、周大姐、朱大姐以及陳大姐（即陳鳳兮），我向你提個問題：把你關進大牢，冤不冤？」

「當然，冤呀！」

「我也認爲冤。章詒和不就是章伯鈞的女兒嗎？小愚不就是有感於江青從政，在日記裏寫下『一人得道，雞犬升天』這麼一句話嘛。」

我點點頭。

接著，他又問：「你說把聶紺弩關進大牢冤不冤？」

「當然，也冤呀！」

「錯了，與你相比，老聶可不冤哪。」

看著我瞠目結舌的樣子，他笑了，拍著我的肩膀，說：「用不著吃驚，戴叔叔解釋幾句，你就

明白了。用今天的法律去判斷，老聶是冤枉。可拿當時的政策去衡量，聶紺弩可是眞的有罪。」

「爲什麼？」

「因爲他眞是像判決書寫的那樣，惡毒攻擊了無產階級司令部。我現在可以告訴你，老聶罵林彪用的是最粗鄙的語言，粗鄙到我無法對你重複他的話。」

「眞的？」

「眞的。在接他回京的路上，老聶把自己的『犯罪情節』全都告訴給了我。我曾經告訴給你的話，一點不假。聶紺弩爲什麼如此肆無忌憚地辱罵「副統帥」呢？我覺得除了性格因素、本性使然，資歷也是個不容忽視的原因。不錯，聶紺弩是名作家，但他又是個老革命，且「老」到與林彪同讀黃埔（聶爲二期、林爲四期），同爲湖北老鄉。有著這樣的一個背景，即使對方變成了革命權威、政治領袖、毛澤東接班人，他也決然不會去仰視、去擁戴的。在聶紺弩的眼裏，林彪就像面對面辦公的同事、隔壁而居的街坊那樣普通和熟悉。因此，是可以隨時隨地的批評乃至詬病其缺陷的，這缺陷包括他的野心、虛榮、伎倆和作風。

母親，她叮囑我今後不要再對別人講了。」

在以後的接觸中，我發現性情狷介的聶紺弩對自己所反感的事物，用語常常是很刻毒的。戴浩

周穎來我家，一坐便是一天。母親定是留飯的，擅長烹飪的姐夫洗手下廚，燒出的菜雖非美饌，卻頗適口。周姨每次吃了，都說：「好，眞是太好了，我還要帶些走呢。」

聶紺弩釋放回京以後，她帶菜的習慣仍保持著，且加大了力度——帶走的菜餚都改用我家大號鋁飯盒，且塞得滿滿的。周穎一邊把菜裝飯盒，一邊解釋說：「我們老聶就愛吃小柴（指我的姐夫）做的菜！」

每聽此言，母親臉上泛起微笑，姐夫則一副得意神情。菜帶得再多，全家也心甘情願。後來，有一次母親要去王府井八面槽有名的全素齋買些素什錦回來，竟發現家裏所有的飯盒都沒了。問姐夫，回答說：「章家的飯盒都在聶家碗櫃裏放著呢！」

母親去看聶紺弩，常讓我的姐夫陪同。姐夫自會帶上許多新鮮魚肉及蔬菜，親自做給「聶伯伯」品嚐。看著滿桌子的可口菜餚，聶紺弩特別高興。他說：「我顛簸了一輩子，吃到的快樂遠沒有吞下的苦水多。但今天我是快樂的，大家是快樂的。」

一天下午，母親正在清理父親生前收藏的清代茶壺。一九六六年八月紅衛兵抄家時只認得瓷器，不知道這些用泥巴做的茶壺也是古董、「四舊」、好玩意兒，且價格不菲。所以經過無數的洗劫之後，家裏還剩得幾把宜興老壺。母親剛把茶壺擦洗乾淨，擺在地上晾乾，周穎、朱靜芳二人就進了門。

周穎見每把茶壺都那麼漂亮，便說：「李大姐，這些壺具真好看，送給我一把啦！」

見母親沒有吭聲，即又說：「我們老聶總愛靠在床上，用杯子喝茶很不方便……」

一聽是拿回去給聶紺弩使用，母親就讓周穎任意挑一把。自然朱靜芳也挑了一把。

事後，母親提起這兩把茶壺又很有些心疼，並念叨：「也不知老聶用上茶壺沒有？」

出獄後的聶紺弩很想為母親做些事。一次，他知道母親在大街上摔傷了胳膊，就毛遂自薦，說要領著母親去找個醫生。

母親問：「你帶我找中醫，還是西醫？」

「中醫。」

「此人有名嗎？」

「此人大大地有名。」

「他是誰？」

「蕭軍。」

母親嗔怪道：「老聶，你別是在跟我開玩笑吧。蕭軍是個作家，你帶我找他做什麼？」

聶紺弩笑了，笑裏透著得意。說：「李大姐，你說得不錯。但你不知道，他還是個正骨中醫。」

受聶紺弩熱情誠摯的感動，母親同意了。他們一起到了坐落在什剎海附近的蕭軍的住所。

「這是李大姐。李健生，章伯鈞夫人。」

紅光滿面的蕭軍聽了聶紺弩的介紹，緊握母親的手，說：「認識你，真是太好了。今天我一定要好好款待你們。」

聶紺弩說：「我們不是來做客的，是來看病的。」

結果，既做了客，也看了病。母親的胳膊讓健碩無比的蕭軍「三下五除二」地給擺弄好了；他們也成了朋友，既做了客，也看了病。母親的胳膊讓健碩無比的蕭軍「三下五除二」地給擺弄好了；他們也成了朋友，同聶紺弩一道，又去烤肉季飯莊吃飯，又在湖邊合影。

一九七七年十一月，北京市政協重新開張，恢復活動，召開了五屆一次會議。從前一直是北京市政協委員的母親卻未接到「當選委員，參加會議」的通知，而其他老委員都先後收到了。她不明白到底是什麼原因獨獨沒有自己的份兒。她來到聶家，對聶紺弩夫婦說，自己很想不通，也很不服氣。

聶紺弩對周穎說：「你去買些酒菜來，中午我請李大姐在家裏吃飯。」

周穎不善家務，也沒有雇用固定的保母。所以一般情況下，母親是不在他家吃飯的。但今天例外，母親同意了。

飯桌上，聶紺弩持箸進菜，殷勤相勸，又向母親舉杯，而且一定要「乾」了。過後，對母親說：「李大姐，我送你一首詩吧！怎麼樣？」

　　么女歸才美，

　　閑官罷更清。　【註釋七】

　　中年多隱痛，

　　垂老淡虛名。

　　無預北京市，

甯非李健生。

酒杯當響碰，

天馬要空行。

聽著聽著，母親的臉紅了。

「李大姐，你看我說得對嗎？」聶紺弩問。

「對得很。『無預北京市，甯非李健生。』這兩句多好。」母親笑了。

「你說好，那就好。」

三日後，聶紺弩將詩寫於信內，寄來。在以後的日子裏，母親偶遇不快，便常吟這道〈李大姐乾杯〉。

一九七八年秋，我被釋放出獄，回到北京，卻尚未平反。

一天上午，母親對我說：「我要帶你去認識一下聶紺弩。」我倆是搭乘公共汽車去的。頭天，我們已經準備好了熟食和水果。

母親路上叮囑我，千萬不要談論有關子女的事。這時我才知道聶紺弩和周穎有個獨女，叫海燕，在歌劇院供職。女婿姓方，人稱小方。令老人萬萬沒有想到的是，就在他出獄前的一個月海燕自殺了，死因不明。小方被批鬥，其所在單位領導和群眾一致認為他對妻子的死負有不可推卸之

責。沒幾天，小方也自殺了。周穎對聶紺弩瞞著這宗命案，謊稱海燕出差在外。聶紺弩思念女心切，很快病倒在床。過了半年多的時間，經母親和其他幾個老大姐商量，覺得總瞞下去不是個辦法，再說聶紺弩也不是個承受不了打擊的人，於是決定由陳鳳兮找個單獨的機會告訴他。終於找到了一個機會──

陳鳳兮靜靜地講，聶紺弩默默地聽，講者與聽者的眼睛裏都閃動著淚花。當晚，聶紺弩徹底無眠。第二天早晨，周穎進丈夫的臥室，「只見紺弩面朝牆壁睡著，半邊枕上猶有濕痕。桌上的煙盒空了，地上有一堆煙頭。筆筒壓著一張薛濤紙，紙上是一首七律詩。」【註釋八】但在聶紺弩的心裏，仍藏著一個死亡之謎，即女兒為什麼要自殺？

周穎把家從地安門附近的東不壓橋胡同三十四號的平房，搬到了左家莊地區的新源里單元樓。回到北京的聶紺弩按被釋放的國民黨軍警特人員待遇，每月從街道領取十八元生活費。他不能安於這樣的身份，也不能安於這樣的生活，便給擔任全國政協主席的鄧小平寫信，說明自己莫名其妙被抓和莫名其妙被放的情況。鄧小平將信批轉給時任全國政協秘書長的齊燕銘，齊燕銘向鄧小平彙報了聶紺弩「軍警特」待遇的近況。鄧小平聽後，兩眼一瞪，說：「他是什麼軍警特！」

齊燕銘立即派人，給聶紺弩送去二百元營養費；跟著，齊燕銘責成有關方面，將「文革」中紅衛兵抄走的現金──約有七、八千元，如數退還。無論行走，還是坐立，身體都有些前傾，背微駝。從我看到的第一眼開始，便覺得聶紺弩是一幅線條洗練、輪廓分明的肖像版畫。令人難忘的是他在文人派頭裏所顯示出

的鄙夷一切的精神氣質。即使有客人對面而坐，聶紺弩也常沉默不語，似乎總帶有幾分痛苦。其
實，聶紺弩並不憂鬱，只要一笑，瞇縫著兩眼，讓人覺得慈祥可親，是個仁厚的長者。當他正眼看
你的時候，那目光竟是那樣地坦白，彷彿可以一直穿透你的胸膛直達心底。

我向他淺淺地鞠了個躬，母親介紹說：「這就是小愚了，剛放出來。」

聶紺弩問：「你是在四川的監獄吧？」

「是的。」

周穎說：「小愚關押的時間比你長一些。」

「你在那裏做什麼？」聶紺弩又問。

「我種了五年茶，織了五年布。聶伯伯，你呢？」

「我沒有怎麼勞動。」

我還告訴他，在三年困難時期，我和母親在莫斯科餐廳吃西餐的時候，就會見到過他。聶紺弩
說：「想不起來，忘記了。」

我說：「那時餐廳的服務員都神氣得很，催她們上菜，帶搭不理的，還從眼角看人。你生氣
了，對我和母親說：『什麼叫養尊處優？還用查字典嗎？她們的臉就是注解。凡掌管食品的人，都
是養尊處優。』」

聶紺弩大笑。

我又說：「在咱們四個人等著上菜的時候，母親問你的工作情況。你說：『眼下的工作單位好

極了。』母親問：『好在哪兒？』你的回答是：『我都和孤家寡人（指溥儀）在一起了，你說這個單位（指全國政協文史資料委員會）還不好？』」

聶紺弩又是大笑，並誇我的記性好。

我說：「我腦子裏淨記這樣一些沒用的東西，不像你滿腹經綸，記的都是學問。」

聶紺弩聽了，向我瞪著眼說：「我有什麼學問？不信，可以翻看我塡的任何一張履歷表，文化程度──高小。」

囚服去身，陽光重沐。聶紺弩的情緒該振作，心情應舒暢。可我感覺他的心情並不怎麼好，脾氣也不夠好。母親的解釋是：有本事的人，都有脾氣；有本事的又有冤枉，脾氣就更大了。周穎是不參加我們談話的。不一會兒，她拎著個黑塑膠提包走過來，對母親說：「李大姐，你們聊吧，我到外面去辦點事兒，老聶今天特別高興。」

周穎剛出門，聶紺弩的臉色驀地陰沉起來，說：「小愚出來了，很好。可我想回去。」

「聶伯伯！」我簡直不敢相信自己的耳朵。

他對母親說：「李大姐，還是監獄好。」

母親說：「老聶，有些事情要看得開，想得通，我們才能活下去。」

「我想不通，海燕到底爲什麼死？說他們（指海燕夫婦）夫妻關係不好，小方有外遇？可死前兩口子還發生了性關係。按說我坐了大牢，母女（指海燕和周穎）應該是相依爲命的。可我後來讀到海燕早就寫好了的遺囑，才知道事情很複雜。女兒在遺囑裏說：『我政治上受騙了，生活上也受

騙了。』又說『我的兩個小孩千萬不要讓母親帶。』為什麼女兒不信任母親？所謂『生活上也受騙了』，是指誰？是小方一個人騙了她，還是連同周穎兩個人都騙了她？海燕是怎麼知道自己受騙的？她看到了或者發現了什麼？這些到底都是怎麼回事？李大姐，我總該弄清楚吧？」

母親是看過遺囑的。這一連串的發問，卻令她無法應對。只能安慰他，說：「老聶，事情已然過去，你要超脫出來。周穎一人在外，實在也是萬分困苦。我希望你和她徹底安頓下來，以前的，都不去想啦！還有許多事在等著你去做呢。」

聶紺弩搖頭，說：「事情我要做，問題也要想。再說，海燕的死是有果無因，怎麼能說『事情已然過去』？」

母親再無話可說。

海燕的死因及遺囑，是聶紺弩腦子裏的謎團，也是心中的死結。

我是第一次登門拜望，聶紺弩說什麼也要留我們母女吃午飯。我第一個把飯吃完，按照規矩，將一雙竹筷平架在空碗的正當中，欠身說：「聶伯伯，謝謝。你們慢用。」

低頭吃飯的聶紺弩抬頭望望我，笑了。微笑中帶著挖苦的神態，說：「不要謝我。」遂指著周穎說：「謝她。我現在是靠老婆養活的。」

「你不會永遠拿十八塊。」母親說。

飯畢，即告辭。母女同行一路。許久，母親長歎一口氣，說：「老聶，可憐。」

一九七八年年底，我的丈夫（唐良友）從成都來到北京。母親說：「你們夫妻好不容易團圓了，帶些糖果，算是喜糖，一起去看看聶紺弩吧。」說著，把寫著東直門外左家莊新源里西九樓三單元三十三號地址的便條，遞給了唐良友。

我問：「萬一聶伯伯不在家，要不要事先打個電話？」

「周穎可能不在，紺弩是一定在家的。」

臨走時，母親對唐良友說：「記住，不要在他家吃飯。」

給我開門的，是聶紺弩。進屋後未見周穎，便問：「聶伯伯，周阿姨呢？」

「出去了。」看來，母親的話是對的。

聶紺弩坐在了床沿，指著床旁邊的一張舊籐椅叫我坐下。然後，他上下打量著唐良友，直聲

問：「他是誰？」

「我的愛人，唐良友，你叫他小唐好了。」

「你的愛人？」聶紺弩毫不掩飾自己的懷疑與驚異。

我點點頭。

「真的？」他輕輕搖著頭，問唐良友：「你是做什麼的？」

「在川劇團搞器樂。」

「什麼樂器？」

「從嗩吶到提琴。」

他笑了，笑得很冷，又很怪。我不知道丈夫是個什麼感受，但我從這樣的笑容裏，讀出了幾層涵義：一、矗紺弩不僅覺得唐良友過於年輕，更覺得他過於漂亮。二、對這種年紀、相貌以及職業，有些鄙薄；加之，他痛恨的小方（女婿）也是幹這行的。三、這種鄙薄也推及到我，即鄙薄我對男人的選擇標準，或許還有對男女性關係的聯想，等等。我很想對他解釋一下，講講自己所經歷的如電視連續劇一般曲折的婚姻故事。但我忍了，忍受了他的笑，也接受了笑中的鄙薄。我清楚自己面對的不是一個小市民。

很快，我們進入了談話的正題。正題就是對監獄的認識與感受，這是我和矗紺弩唯一的共同點，恐怕也是唯一的話題。

「小愚，你對坐牢都有些什麼體會？」矗紺弩首先發問。

「我初到監獄，有三個『想不到』。」

「哪三個？」

「一想不到監獄犯人如此之多；二想不到犯人刑期如此之長。」

「那三呢？」

「三想不到監獄狀況如此之差。」

聽了這三個「想不到」，矗紺弩似乎覺得我多少是個可以聊上幾句的人，而非只會選擇漂亮男人做丈夫。他伸手去拿擱在寫字枱上的香煙，唐良友忙從自己的口袋裏掏出打火機，打燃。他點上煙，舒服地把上身斜靠在床頭，兩條腿挪到床沿邊，平擱著。

見他有了興致，我的心緒平穩了許多，說話的聲音也放大了：「聶伯伯，後來我發現所謂的三

個『想不到』，不過是表面現象罷了。」

「你還有更深的認識嗎？說來我聽聽。」眼神裏，流露出關切和暖意。

我說：「有兩點來自對人的認識。首先，人是不能改造的。罪犯充其量只能做到遏制自己，即

遏制犯罪本質。換句話說，人不是不想做壞事，而是不敢做壞事。另外，從前我以爲壞人就是壞

人，蹲上兩年（大牢）便明白一個人壞了，可以再壞，再壞以後，還可以更壞。壞是無底的。」

「舉個例子，說說看。」

「比如，一些年輕女犯是盜竊，即慣偷。勞改隊的勞動強度大，肚子總填不飽。除了在農田裏

偷些可食之物以外，她們便想方設法找男人『野合』。搞一次，得一個窩頭，一個窩頭也就值五分

錢。她們本來壞在偷盜上，現在又多了個賣淫的毛病。犯人誰不想出獄？我們的勞改條例又鼓勵密

告。對他人有重大檢舉，自己可獲減刑。於是，告密成風。再沾上這一條，人就更壞了。」

聶紺弩笑問：「你告過密嗎？」

「我告過，而且後果嚴重。」

「什麼後果？」

「把人給斃了。」

他問得突然，我答得直接，我倆不由自主地被對方的態度所感染。聶紺弩忽然發現沒有給客人

倒水沏茶，便起身趿拉著鞋，取茶杯、提暖瓶，找茶葉，並抱歉地說：「對不起，我現在才給你們

用不怎麼開的水泡上兩杯綠茶後，他又靠在床背，恢復了原來的姿勢。這時的他，像個等著聽故事的孩子。從這一刻開始，我感覺雙方才是對等的。

我說：「聶伯伯，我家庭環境好，受教育好，是個思想犯，但進了大牢後，我學會了罵人，學會了打架，學會了偷東西。我不過是個政治犯，更準確地說是個思想犯，但進了大牢後，我學會了罵人，學會了打架，學會了偷東西。因為不這樣，就活不下去。打架罵人，是犯人之間流通的公共語言。我能像原始人那樣用拳頭撕扯扭打；像老潑婦那樣當眾罵街。偷，專偷吃的，是因為餓。餓是什麼？是一種關乎生命的本質性痛苦。說句不好聽的，除了廁所裏撈出來的，不吃，我什麼都吃。你的歲數大，又不勞動，肯定對這種痛苦體會不深，而且，可能還把食物和朱阿姨帶給你的食品，分給幫助照料你的年輕犯人吃，對嗎？」

聶紺弩點頭，道：「是這樣的。」繼而，他把話題拉了回來：「你跟我說說那件後果嚴重的事情。」

我開始了講述：「最初的幾年，我是在苗溪茶場。三十多個新、老反革命女犯擠在二十多平方米的監舍。睡在我斜對面的一個濃眉大眼的中年婦女，叫張家鳳。她生性活潑，多才多藝，有一條好嗓兒，會唱許多中外歌曲。高興起來的話，還要講幾句英語。我覺得她是眾多女囚中最可愛的，但是組長警告我說：『張家鳳是個抗拒改造的反改造份子，你不要接近她。』很快，我便發現她的精神不夠正常，自說自唱，神神叨叨的。越是春茶採摘的季節，她越是發作。別人一天採二十多斤，她的茶簍卻是空的。消極怠工，就是抗拒改造，晚上要挨批鬥，犯人鬥犯人。多數犯人為了表

現自己靠攏政府，接受改造，批鬥時就掐她的胳膊，扯她的頭髮，搧她耳光，我嚇得躲在旮旯，但張家鳳卻習以為常，甚至面帶微笑。組長又告訴我：『她的態度如此囂張，是仗著自己軍人出身、軍大畢業。打過幾次殺威棒，好些了。她犯罪的起因是被一個首長搞了以後，甩了，從此對共產黨懷恨在心。』

「這樣經歷的女同志，在建國初期是不罕見的。即使有些年輕女同志被組織安排給了某首長做老婆，多數也不幸福。」聶紺弩插了一句。

「大概是第二年採摘春茶的時候，張家鳳的舊病復發了，而且很嚴重。她咒罵的不光是那個曾經玩弄自己的部隊首長，也不單是把她送進監獄的軍事法庭。她咒罵的是毛澤東。很多犯人都聽見了，大家爭先恐後地去揭發。事情彙報上去，管教幹事發話下來，說：『章詒和的文化程度高，叫她不要採茶了，拿著紙和筆，跟在張家鳳的後面。聽到一句反動話，就寫下一句。再佈置另外幾個犯人靠近張家鳳勞動，一邊採茶，一邊用心記下她說的，晚上讓她們找人寫成揭發材料，做旁證。』當時正是下午四點鐘的樣子，從清晨四點開始爬上茶山，人已幹了一圈兒（即十二小時）。

我累得要死，腰痛得要命，好像就要斷了。一聽到這個任務，忙甩下茶簍，心裏別提多高興啦。只覺得自己可以從筋疲力竭中逃出來，而不去想我記錄下的材料是幹嘛用的。我跟了她兩個下午，她在咒罵的時候，仍稱毛澤東為毛主席。她真的瘋了——這一點，別人不懂，我應該懂。大約過了半年，在『十一』國慶日之前，張家鳳被押走了。九月十三日，勞改茶場召開寬嚴大會。寬大處理的樣板是我們的那個組長，減刑半年；從嚴懲治的便是張家鳳了，因惡毒攻擊偉大領袖而判處死

刑。宣判後的二十分鐘，遠處傳來了兩聲槍響，數千人的會場如一潭死水。子彈射穿她的同時，彷彿也擊中了我。張家鳳死了，我覺得是我用筆和紙害死的。」我說不下去了。

聶紺弩起身把茶杯端給我，說：「喝口水，喝口水。」

「聶伯伯，你知道嗎？從抓我的那一刻起，我一直認為自己無罪。但從槍斃張家鳳的那一天開始，我便覺得自己真的有罪了。」

「罪不在你，錯不在你。」聶紺弩的目光沉鬱，彷彿人類的善良、憂患及苦難都隨著目光，流溢而出。他吸煙的時候，嘴唇原是緊閉的。這時卻張開了，一股青煙冒出，隨即散開，在空中形成淡薄的霧氣。他仰著頭，看著這飄動的青煙漸漸散去，語調平緩地說：「密告，自古有之，也算個職業了，是由國家機器派生出來的。國家越是專制，密告的數量就越多，質量也越高。人們通常只是去譴責猶大，而放過了殘暴的總督。其實，不管猶大是否告密，總督遲早也會對耶穌下手。」

「聶伯伯，我在獄中待了十年，體會到對一個囚犯來說，貪生可能是最強烈的感情。而獄政管理的許多做法，正是利用了這種感情。」

我們還談起各自的「犯罪」情況，一對案情，兩人都笑了。原來在我倆的判決書上都有「惡毒攻擊無產階級司令部、惡毒攻擊社會主義制度、惡毒攻擊文化大革命」這樣的罪狀。

我說：「我們的毛病都是太愛說話。」

我的這句話，聶紺弩有些不受聽。氣呼呼地說：「禍從口出——這條古訓，中國的老百姓誰敢不牢記在心？他老人家不開口則罷，一開口，必是雷霆萬鈞，人頭落地。我們這個國家什麼工作都

可以癱瘓，惟獨專政機器照樣運轉。而且，人被戴了帽子，被關押，被勞改，被槍斃，可革命照舊進行，好像什麼事情都沒有發生。這就是我們這個國家最可怕的地方，也算是社會特色和特徵吧。」聶紺弩停頓片刻，突然提高了聲音，說：「但是，無論我們怎麼坐牢，今天的結果比老人家強。」

「你認為，他老人家的結果是什麼？」

聶紺弩伸出四個手指，說：「四句——身敗名裂，家破人亡，眾叛親離，等到一切真相被揭開，他還要遺臭萬年。」

「聶伯伯，『文革』中我的父親也說過類似的話。他認為——毛澤東幾十年的執政錯誤，給中國的每個家庭都製造了災難和痛苦，別看現在是『紅海洋』，將來會是個悲劇的收場。」

「你的父親是先知先覺，你的母親是大慈大悲。你雖受了父母的連累，但你該為他們自豪。」

我說：「我在牢裏，支撐我的就是死去的父親和活著的母親。即使我死了，我的靈魂也會回到他們的身邊。」

「好。」說罷，他把目光投向了窗外。

我怕他聯想起海燕，扯開話題，問起他獄中生活。他告訴我，自己有書看，還能寫東西，處境比我好。

「聶伯伯，你看些什麼書？」

「主要是看《資本論》，一遍一遍地看，一直看到被放出來。說來你也許不信，我一共讀了十七

遍。讀 The Capital，有魚躍於淵之樂。」

我大為吃驚：「天哪！你該不是把《資本論》當成了《聖經》吧？」

「算你說對了。」他有些興奮，好像很欣賞我的這個比喻：「我就是把它當做《聖經》，其實，《資本論》也像《聖經》。」

「為什麼？」

「因為它是從哲學的觀點出發的；又因為它寫出了真理；還因為它的文筆。『在科學的入口處，正像在地獄的入口處一樣，必須提出這樣的要求——這裏必須絕一切猶豫；這裏任何怯弱都無濟於事。』小愚，你說這段話像不像《聖經》？你說馬克思的文筆好不好？《資本論》當然是論述經濟問題與規律的，但它把權力、選舉等政治因素概括進來，又涉及思想、輿論、信仰、情感等精神事物。分開來讀，每個部份都說得很明晰；合起來看，整部書又非常完整。這個特點不也很像《聖經》嗎？中國人當共產黨，有幾個人讀了《資本論》？包括知識份子在內的共產黨員，為什麼要參加革命？原因分析起來，不外乎兩個。懷著這樣的動機，哪裏需要《資本論》？從前的我，也是不看這種書的人，也是不看這種書的。」聶紺弩又讚歎道：「《資本論》可是好文章呀！在山西寫下的讀書筆記，有幾大本。可惜，讓他們（指監獄管理人員）都拿了去。」

「聶伯伯，你讀《資本論》十七遍之後，有什麼感想？」

「最大感想就是懷疑理想。共產黨建黨至今，不知道給我們樹立了多少理想。理想有高，有

低。高到共產主義，低到公共食堂。無論高或低，幾乎都很少實現。即使實現了，也很快失敗。包括現在我們這個不高不低的理想——社會主義，也不成功。為什麼總是實現不了？我們都是在路線、方針、政策和方法上找原因。其實最根本的原因，就是理想錯了。我們中國共產黨和毛澤東說的共產主義和德國大鬍子講的共產主義完全不同。而且，事實證明——基於反抗壓迫的革命，並不一定通向自由和幸福。」

我說：「父親講，讀馬（克思）恩（格斯）要看德文版的，蘇聯的俄譯本不行，中共的譯本就更不準確了。六○、六一年的時候，毛澤東提出馬克思主義學說的核心是階級和階級鬥爭，父親聽了怒不可遏，說：『把馬克思主義說成是階級和階級鬥爭學說，叫混蛋邏輯。』話的尖銳以及聲音之大，把我和媽媽都嚇呆了。他很反感共產黨把馬克思主義說成是放之四海而皆準的真理。父親認為，想用一種理論囊括所有的事物是根本不可能的，也是沒有用的。他還說，馬克思和恩格斯的本質是書生、學者。馬克思主義是學術性質的，中國文人說法叫書生之見。只是後來的列寧、史達林和再後來的毛澤東，把它完全政治化，而且當做了工具使用。誰讀了德文本的馬恩全集，誰就能把這些荒謬矯正過來。」

「你父親說的是內行話。」

就這樣東扯西拉，不覺已近中午。唐良友看了看錶，我忽然想起母親臨行前的叮囑，便對晶紺弩說：「我和小唐告辭了。」

他從床上起來，握著我的手說：「問候你母親，下次和她一道來。」

出了聶家，發現唐良友一聲不吭，臉上烏雲密佈。我恍然大悟：剛才兩個小時的談話，聶紺弩居然沒有和他說上一句話，哪怕是扯上一句閒話。

半年後在成都，五月的一天，唐良友突發急性胰腺炎，大叫一聲斷了氣，死在我的懷裏。死的那一刻，從眼角流出一顆碩大晶瑩的眼淚，滴落到我的手臂。在他的追悼儀式和我的平反大會舉行後，我從四川返回了北京。

回京的第二天，周穎清早就來看我。踏進門，就哭著對我說：「小愚，你的命咋這樣苦？」我似乎已經麻木，怔怔地望著她，出神。

周穎又道：「聶伯伯要我對你說：『小唐前後只和你生活了幾個月，卻於牢門之外守候十載。他是個好男人，是你的好丈夫。』」

綠水千里，青山萬里。聶紺弩的稱讚，不知黃泉路上的匆匆行者可否聽到？——我覺得生活也是一部法律，甚至是酷法。普通人除了服從以外，又能怎麼樣？

一九七九年的年初，中共中央決定給百分之九十的右派改正。在正式發文以前，社會上就傳言「五七年的反右要一風吹」。又風聞「要給右派補發工資」。

一日上午，我和母親正在看報，忽聽履聲橐橐地響了一陣，來者是戴浩。

他興沖沖說：「李大姐，你知道嗎？共產黨要解決右派問題了，章伯伯該是頭名。」

母親一擺手，說：「都是社會上吹出來的風，中央統戰部可沒透一點消息。」

我插了話：「戴叔，你別忘了，發落右派的各種原則和招式，可都是鄧大人一手制定和操辦的。」

接著，戴浩給我們母女講了一些關於中共中央組織部長胡耀邦狠抓落實政策的事情，我卻堅持認爲他對現實的判斷過於樂觀。而母親並不關心自己的右派問題，只是想著父親冤屈。

過了些日子，戴浩又跑來，滿頭大汗、氣喘吁吁地說：「電梯壞了，我是爬樓梯上來的。李大姐，小愚，我給你們看一樣東西。」說著，從上衣口袋裏掏出幾張紙。紙又薄又縐，用原珠筆複寫的。原來這是一份中央關於右派份子改正的工作。

「老戴，你從哪裏搞來的？」母親問。

「李大姐，文件的來路就別管了，總之很可靠。從文件精神來看，右派眞的要一風吹了。」

母親說：「這還僅僅是文件，不知落實起來會是個什麼樣子？」

戴浩把複寫的文件小心翼翼地重新裝入口袋，對母親說：「我要去告訴老聶。」

「你在這兒吃了午飯，再去不遲。」

「不，我馬上就去。」

母親說：「那我們就等你來吃晚飯。」他答應了。

幾小時後，戴浩回到我家，那最初的興奮之色，一掃而空。

母親問：「你怎麼啦？」

戴浩一頭倒在沙發上，苦笑道：「我去報喜，反倒挨罵。」

「是老聶罵你了吧？」母親給他遞上茶與煙。

濃茶下肚，嘴吐出一個個煙圈兒，戴浩恢復了精神。他告訴我們：「周穎先看的文件，一邊讀，一邊說：『有了這個文件，事情就好辦了，咱們的問題都能解決。』周穎要老聶也看看，老聶不看。他還帶著冷笑譏刺我和周穎：『見到幾張紙，就欣喜若狂；等平反的時候，你們該要感激涕零了吧！』李大姐，你瞧他的話，有多刻毒。」

母親認為，聶紺弩的話不是針對戴浩的。我想，聶紺弩的滿不在乎，是另一種淒然。

這一年的十月，在北京舉行中國文學藝術工作者第四次全國代表大會。代表名額十分緊張。幾乎所有的作家藝術家，都要求參加。老的，要借此恢復名譽，新的，要正式登台亮相。總之，能成為一名代表簡直就是粉碎「四人幫」後，重新進入文壇藝苑的身份確認及社會認可。許多人為此四處奔走，八方聯絡，各顯神通。那時負責大會組織工作的林默涵家裏的電話，鈴聲不斷。

對此，聶紺弩表現得十分冷淡。周穎對母親說：「老聶說了，這種會參不參加兩可。倒是別人比他自己還要關心這件事。」文代會開幕前夕，母親接到周穎電話，說：「我們老聶正式接到開會的通知了。」

不久，又來電話。母親把話筒遞給我，說：「周穎找你，說有點事要辦。」

我能辦什麼事？那邊周穎傳來的聲音：「小愚呀，再過幾天就開文代會了，我家現在來的客人就不少了。你的聶伯伯也要去參加。我把從前的衣服翻出來，看了看，襯衫褲子他都能穿。只有那

件華達呢風衣，大概時間擱久了，被蟲子咬了幾個洞。你不是在監獄裏學過織補的呢子大衣多好呀。所以，我想現在就把風衣送過來，你用一、兩天的時間給織補好，再燙平整，好嗎？算你替我給聶伯伯做件事。」

我說：「周姨，非要我織補當然也可以。但我總覺得，這次聶伯伯參加文代會，你該給他買件新的才對。」

「那好吧，我去買新的。」電話被掛斷，從語調上看，周穎顯然不滿意我的態度。

可母親稱讚我：「拒絕得好。就是不開會，她也該給老聶買件新大衣。」母親為周穎的摳門，還真的生了點兒氣。

文代會結束以後，周穎來我家聊天。她說：「聶伯伯要我謝謝小愚。」

「謝什麼？我又沒能給他織補大衣。」

周穎轉臉兒對母親說：「老聶誇小愚知道疼人，還說比我強呢。」我被這樣的一句簡單誇獎，竟樂得閤不上嘴。

母親問：「老聶認為文代會開得怎麼樣？」

「咳，他壓根兒就沒去會場，所有的工夫都拿來會友、聊天。來的人有認識的，有不認識的，反正都是別人來看他。他自己不出門，一個都不去拜訪。這次大會最出鋒頭的是蕭軍，人也活躍，會上發言說自己是『出土文物』。有人勸老聶講幾句。他不幹，私底下說：『別看都是文人，可文壇自來就是一個小朝廷，不歇風雨。』又說，

『如果這個文代會能計算出自建國以來，我們的領袖爲歌頌領袖，我們的黨爲歌頌黨，花了多少錢？再計算一下從批判《武訓傳》以來，中國知識份子因爲思想言論丟了多少條命？該是很有意思的一件事。』

人在黑暗中才能看清現實，聶紺弩看清了現實。看看那張滄桑的臉，便知道他是把一切都看清了，也記下了。我能想像出聶紺弩說這話的神情——笑瞇瞇的，帶著一點調侃。這譏諷的神情和輕描淡寫式的語氣，使我透過文學帷幕感受到他對現實的基本態度——一個服從社會背後掩蓋著的不服從。正是這樣一個「不服從」的靈魂，讓聶紺弩在一個要求「向前看」的場合發出「向後看」的呼籲，在和諧的樂章裏彈奏出非和諧音符來。

一九八〇年，聶紺弩病了，病得不輕，住進了醫院。母親約了朱靜芳、陳鳳兮一起去探視。周穎告訴母親：老聶住在郵電醫院。

母親去了，還買了許多補品。聶紺弩見到這幾個大姐，非常高興。趁著周穎到外面買晚報的工夫，他用一種自嘲的口吻對母親說：「李大姐，你知道嘛，我住這個醫院是沾了老婆的光。我現在不僅是沾了老婆的光，而且還沾了朱學範的光呢。」

母親知道周穎和朱學範在總工會、郵電部、民革中央是幾十年的同事、朋友和上下級關係。故勸慰道：「老聶，你說這話，我可要批評你兩句了。人家周大姐通過朱學範，讓你住上最好的病房，給你找到最好的大夫，又怎麼不對啦！」陳鳳兮和朱靜芳也附和著母親的觀點。

聶紺弩沉默了。

八十年代以後，國家的形勢越來越好，讓「一部份人先富起來」，既是官方提出的口號，也是每個人渴望的目標。「十億人民九億商，還有一億等開張。」個個都想做陶朱公，富甲天下。鄧麗君、喇叭褲、即溶咖啡、萬元戶等新事物，如洪水突發，滾滾而至。在意識形態領域，人們覺得比從前寬鬆了許多，性描寫，意識流，朦朧詩，像時裝展覽一樣，不斷地花樣翻新。母親也很少去新源里，她對我說：

「老聶安心寫作，和周穎一起過上好日子，我們也就不必去打擾了。」

但從朋友那裏一次次傳來的消息，似乎並非是「過上好日子」。他們說，老聶的脾氣越來越怪，常對周穎發火。又說，老聶的心情不好，一天說不了幾句話，整天價躺在床上。再又說，老聶氣色也壞，不愛吃東西，光抽煙。別人送的高級食品和高級器皿，都胡亂堆在地上或旮旯。患難時期都熬過來了，究竟是什麼原因。

第二天，朱靜芳和陳大姐分兒去了。當日下午，朱靜芳就來到我家，向母親「彙報」說：「去得很巧，周穎不在家。我和陳大姐對老聶說：『李大姐聽說你心情和身體不夠好，特地要我們來看看你。』老聶見到我倆很高興，還責怪說，『我回來了，你們卻都不來了？』」

母親說：「老朱，造成他心情鬱悶的原因是什麼，你們問了嗎？」

「問了。」

「他說了嗎？」

「說了。」吐了這兩個字，爽快的朱靜芳竟停頓下來。

「怎麼啦？老朱。」母親很奇怪。

朱靜芳神色淒迷，語氣低沉地說：「轟紺弩對我和陳大姐講：『你知道我現在頭上的帽子，有幾頂？』『幾頂？』老聶拍著腦袋說：『有三頂。』我倆奇怪：『怎麼會是三頂？』『當然是三頂啦！』我扳著指頭給他算——右派帽子一頂，反革命份子的帽子一頂。還有一頂呢？我問老聶。

『這最後一頂，還用我說穿？』老聶講到這裏，臉色鐵青。」

母親驚駭不已，他向朱靜芳伸出張開的手掌，彷彿要阻止這個消息的到來。

朱靜芳壓低了嗓門，繼續說：「老聶又講：『她要是美人，閉月羞花，也行。英雄愛美人嘛！可她什麼都不是，是又老又醜。年輕的時候，就有過這種事。一次她徹夜不歸，我知道人在哪裏。早晨六點，我去了那位詩人的家。推開門一看，兩人睡在了一頭。我沒叫醒他們，輕輕地把門帶上，走了，讓他倆睡吧。那時是因為年輕，可現在是因為什麼？是因為我坐了大牢，判了無期？老朱，你這個當法官的，能解釋給我聽嗎？』老聶越講越激憤，他又對我們說：『現在她和我只剩下一種關係了。』我和陳大姐聽不大懂，便問：『這剩下的關係是指什麼？』老聶瞪大眼睛，說：『金錢關係呀！還能是別的？我再告訴你們——我死以前，會把自己所有的稿費、存款都交了黨費。一分不留。』」

母親臉色慘戚，激動得在房間裏走來走去。待情緒平靜後，母親對朱靜芳說：「解放前他們的

婚姻就出現過裂痕，紺弩想離婚。周穎把事情告訴到鄧穎超那裏，紺弩受了周恩來的批評。這件事後來一直影響著周公對紺弩的看法。沒想到哇！他們夫妻頭髮白了，卻又起波瀾。

最後，朱靜芳告訴母親：「老聶反覆念叨的一句話是——『我知道女兒為什麼自殺了，我也知道那個遺囑的涵義了。』」

在經過了人生的艱難與慘厲，在體味了反人性的誣陷和背棄之後，聶紺弩帶著內心深處的荒涼，帶著任何人都無法解救的寂寞，帶著最隱秘的生活體驗，終日寫作、抽煙、埋頭讀書、沉思。他以文學為精神方向，以寫作為生存方式繼續活下去，有如一葉孤帆遠離喧囂的港灣，駛向蒼茫大海。聶紺弩的晚年生活，簡樸，簡單，簡潔，以至簡陋。與合得來的朋友聊天、對弈、唱和，便是他的樂趣。人雖無大恙，卻精神疲瘁，所以，寫和讀大半在床頭。後來，他連提筆的精神也沒有了，便找了個人口述。還對記錄者說：「稿費歸你。」

我曾問：「聶伯伯，你現在喜愛什麼？」

「我愛金聖嘆。」

「除此以外呢？」

「除此以外，我誰都不愛。」說這話的時候，他眼神堅定，口氣決絕。

晚年的聶紺弩在談論《金瓶梅》的時候，反覆強調：從歷史上看，靈肉一致的夫婦是極為稀有的。「即使對家庭夫妻間靈肉一致的關係，有人覺醒了，卻少實現」。「家庭底事有煩憂？天壤何因少自由？不做夫妻便生死，翻教骨肉判恩仇！」這是聶紺弩為「寶玉與黛玉」題詩中的前四句。

詩是對《紅樓夢》風物情思的詠歎，但一番人生經歷後詩人內心之沉痛卻也盡蘊筆底。──我想，夫妻可能是世界上最複雜的關係了，因為愛是一種極其複雜的東西，有時愛裏面就藏著恨。我認識到這一點，方覺自己比較理解了聶紺弩後期創作背景以及他的孤憤、冷刻。

一天，我去吳祖光家閒坐，聊起了聶紺弩夫婦。

吳祖光說：「周穎和聶紺弩是模範夫妻。」

我說：「據我所知，情況好像不是這樣。」

吳祖光表情嚴肅、語氣直截地說：「詒和，他們就是模範夫妻。」

我回家翻開聶紺弩的詩集，細讀。他患難時期寫的許多贈周婆（穎）的詩，詩好，感情深。我很迷茫，心想：大概夫妻之間可以是時愛時恨、且愛且恨的。從此，我不再向任何人議論或提及聶紺弩的家庭生活。

春發，夏繁，秋肅，冬凋，人生也如四季。出獄後的聶紺弩其生命年輪和心理歷程都到了秋冬時分。但他的文學之樹卻無黃葉飄零，聲譽也超過了以往的任何一個時期。蒙冤半生而未登青雲之志，但逆境卻使聶紺弩光華四射，詩作不斷，文章不絕，他的詩集、文集陸續出版。從剛開始的油印本到後來的香港本，聶紺弩都要送給母親和我。如《南山草》、《三草》、《中國古典小說論集》等等。每本書的扉頁上寫著：「贈健生大姐，紺弩。」、「贈詒和侄女，紺弩」。每本贈書，都是託請他的好友陳鳳兮送來。

一九三一年畢業於復旦大學中文系的陳鳳兮是《北京日報》的老編輯，汕頭人，華僑出身，秀麗而優雅，曾做過何香凝的秘書。她的丈夫金滿城，法國留學生，曾與陳毅「桃園三結義」，解放後在人民文學出版社任編輯，和聶紺弩是同事加好友，一九五七年又一同劃為右派。金滿城去世後，陳鳳兮六十歲學箏，七十歲練書法，八十歲習繪畫。如此超凡脫俗、雅趣無窮的人生態度，令聶紺弩欣羨不已，故他們往來密切。聶紺弩每有新作，必請陳鳳兮過目。詩作的集結，也滲透著陳鳳兮的心血。難怪母親歎道：「看著老聶和陳大姐的往來，就像在看一首詩。」

陳鳳兮是聶紺弩的密友。她去聶家一般是在近午時分，聊上一陣，便會從草籃子裏取出自製的沙拉、紅荣湯、烤蝦或烤豬排、黃油、果醬、切片麵包、牛瓶「中國紅」……讓老朋友和自己美美地同享一頓西餐。在湯荣的香味和熱氣裏，滿面笑容的聶紺弩談興甚濃。談笑間，胃口很差的聶紺弩不知不覺地會把東西吃光。在陳鳳兮收拾好餐具、擦淨飯桌之後，聶紺弩一定和她對弈，下圍棋。時間富裕的話，走兩盤；時間不多，就下一盤。

母親和陳鳳兮交往也頻繁。於是，我從陳鳳兮那裏漸漸地知道了聶紺弩的一些早期情況。她告訴我：「紺弩雖為老共產黨員，但骨子裏是個不守本份的文人。抗戰時期在桂林，他和孟超、秦似幾個人合編《野草》月刊。紺弩寫了許多的雜文、故事新編，聲譽很好。可他好吃好喝，愛下館子，掙得少，花得多。入不敷出的時候，就挪用稿費。先用熟人的，後用生人的。結果，斷了稿源，《野草》死了。此後，紺弩又接手《力報》副刊，沒弄多久，老毛病又犯了。那時的稿費是由編輯發送的，錢過他手，就被他和幾個朋友送進飯館。四三年桂林大撤退，他和周穎退到重慶。這時儲

安平正在辦《觀察》，即邀他編『文藝版』。在工作中，紺弩是獨當一面的。可惜的是，他仍挪用別人的稿費。到了後來，有的作者找儲安平交涉，追問稿費。安平是個辦事極認真的人，被逼無奈，便在《觀察》上刊登一則啓事，說明稿費是按期發下，從不拖欠，是由各版主編負責經手。這樣一來，紺弩就無法再做下去，只好辭職。」陳鳳兮邊說，我和母親邊笑。說來也怪，聽了他的「罪行」，我打心眼兒裏不覺得聶紺弩是個挪用他人錢款的「罪犯」。

一九八二年初，《散宜生詩》由人民文學出版社出版了。聶紺弩立即託陳鳳兮送來詩集。

母親奇怪地問：「老聶怎麼送我三本？」

陳鳳兮笑笑道：「老聶把書遞給我的時候，周穎也問：『你怎麼拿三本出來？』人家老聶說了：『送李大姐一本，小愚同我是難友，要送小愚一本。我出獄這麼長的時間裏，小柴（我的姐夫）每次陪李大姐來，都要帶上一條肥魚做給我吃。我吃了他那麼多的魚，就不該送小柴小寧（我的姐姐）一本嗎？』」

我不懂爲什麼叫散宜生，問陳鳳兮。

陳鳳兮說：「我也不太懂。可老聶說了，就是要人家看不大懂。散宜生本是西周一個大臣的名字，紺弩借用它，是取『散』和『宜』兩個字，表明自己的一生的散放狀態。」

我覺得聶紺弩是個淡泊名利的人，但不屬於張伯駒那種文人墨客的散淡從容。他的精神和情感始終關注著國家、社會。就是押在大牢，也從未放棄這種關注。聶紺弩去世之前，給《人民日報》寫的一篇雜文是對「盲流」現象的議論：擔心農民進城後土地荒蕪，憂慮進城後的農民沒有房子

住。既憂患於生存，更憂患於靈魂——他的詩作所具有的真實而深刻的品質，源於此。他的憤慨及怨謗，也源於此。

《散宜生詩》很快轟動了文壇，文學界興奮，批評家頌揚。頌揚之語傳到聶紺弩耳朵裏，他笑笑罷了。

一天，某知名度頗高的作家讀了詩集後，登門拜訪。寒暄了幾句，便談起了《散宜生》，遂問：「老聶，拜讀大作，佩服之至。不過我還想問問，你是怎麼找到喬木，請他作序的？」雲時間急雨驟至，黑雲飛揚。忿極的聶紺弩倚案而立，怒氣衝口而出，厲聲切齒道：「媽的個尻，我的書本來是好好的，就叫那篇序搞壞了！」

主人盛怒，令難堪的來客黯然而退。聶紺弩愈到晚近，其剛烈之氣愈為顯揚，他對腐朽、污穢、庸俗的事物，有著超乎常人的敏感與憤怒。

說句公道話，懂詩也寫詩的胡喬木是打心眼兒裏欣賞聶紺弩的。「作者以熱血和微笑留給我們的一株奇花——它的特色也許是過去、現在、將來的史詩上獨一無二的。」我截取的〈散宜生詩·序〉裏的這段話，足以說明問題。今天主管意識形態的官員大概沒有誰能寫出這樣的詩序了。

一九八三年冬天，一個大清早兒，戴浩突然不請自來。幾句寒暄之後，母親問：「你今天大老

戴浩「改正」以後，分了房子結了婚，結束了流浪漢生活，人事關係調到了中國電影家協會。故而，他到我家的次數越來越少。母親雖然惦念，但心裏是高興的。

遠地跑來，該是有什麼事吧？」

戴浩笑笑，老臉上竟泛出羞澀，卻不開口。

「你婚也結了，和蘇曼意（即戴浩新婚妻子）過得還好吧？」

「還好，只是從前流浪慣了，現在被看管起來，還真不習慣哪！」

「那你還有什麼要緊的事情？」

「李大姐，有件事在辦理之前，我必須求得你的諒解。」戴浩說這話的時候，神情有些局促。

「什麼事？」母親不由得也跟著緊張起來。

「入黨。」

「共產黨？」

「我的李大姐，當然是入共產黨啦。如果是加入周穎的國民黨（指「民革」）或者是你的那個農工黨，我還需要求得什麼諒解呢？」

母親滿臉驚詫。

我忍不住大笑，說：「戴叔，你把頭髮向左分了二十三載（反右前戴浩頭髮是向右分縫，自劃右第二日開始，頭髮向左分）才讓人家識得忠心在。」本是一句玩笑話，不想惹得他臉紅到脖梗兒。

母親不再說什麼了，一個勁兒地轉悠，不停地遞煙送水。

我又接著說：「戴叔，你知道現在的群眾私下裏，對入黨的人說些什麼嗎？」

「說什麼?」

「某人入了黨,咱們群眾隊伍又純潔多了。」

戴浩從沙發上站起來,讓母親和我坐下後,鄭重其事地說:「不是我主動要入的,夏衍跟我談了好幾次,他有個心思——希望二流堂的人都能解決組織問題。」

「也包括吳祖光?」我問。

「也包括。」戴浩點點頭。

「不可思議——」我還想往下說,母親用眼神制止了我。

戴浩吃了不少茶點後,說:「李大姐,我吃點心,把它當做午飯了。因為這事我還要告訴老聶。」

他去了。母親揣測:聶紺弩不會說出什麼「好聽」的。

果然。聶紺弩在弄清了戴浩的來意後,激動異常,高聲說:「這個黨你想進去,我正想出來呢!當年,我要是知道共產黨是今天這個樣子,我決不會參加的,它簡直比國民黨還糟糕。五十年來,共產黨一直以改造世界為己任,其實最需要改造的恰恰就是共產黨自己。因為所有的錯事、壞事、骯髒事,都是它以革命的名義和『正確』的姿態做出來的,可憐中國的小老百姓!我不是悲觀,而是失望。時至今日,我還沒有看到共產黨內部出現能夠承擔改造自身的力量。現在提出的任務是現代化,其實,外面是現代的,裏面是封建的,專制體制沒有變化。上層是現代的,下層是古代的,老百姓還是鋤頭老牛。這些,如果不加以徹底改變,這個共產黨只能推倒重來。也許還不用

別人推倒。一黨專權、官僚體制、山頭宗派、思想箝制、享樂腐敗、急功近利、好大喜功、裙帶關係、虛報浮誇等等，這些東西加在一起，自己就倒了；鬧來鬧去，鬧到亡國為止。」

戴浩一再向他解釋，說自己心裏全明白。聶紺弩卻說：「在我們這個國度，政治即使不是唯一的存在，也是最大的現實了。浩子，你可真是個現實主義者呀。」

戴浩曾對我說：個性是老聶的文風、詩骨，也是他的力量。但是我覺得，聶紺弩的火氣不單屬於個性問題。他能恪守良知，清醒地保持著一個知識份子社會文化批判的堅韌和敏銳，使思想擺脫外力的操作，回到了自身的軌道，並開始了自由的吟唱，這正體現出聶紺弩的見解有著穿越時間和征服人心的力量。而那些眼下看來極具現實意義的人和事，將很快消失在沒有意義的背景裏。

自聶紺弩出獄後，每逢他的生日（夏曆除夕），母親和陳鳳兮、朱靜芳都要去做壽，來客帶去許多好吃的。大家高高興興，邊吃邊聊，一待就是大半日。這一天的聶紺弩也梳理得清清爽爽，穿得乾乾淨淨，臉上洋溢著淺淺的笑容。如果我的姐夫沒來的話，他就要宣佈：「今天你們吃不到好魚啦！」隨後，趕緊補充一句：「但我有好酒，請老大姐喝。」

除了這幾位老大姐，鍾敬文夫婦、陳邇冬夫婦和戴浩也是必來的。沒幾年，母親便漸漸感覺到周穎不大願意帶老大姐們去看望聶紺弩和祝壽了。

一次，南方朋友帶來上等的活螃蟹，母親連忙給周穎打電話，興奮地說：「我明天去你家，給紺弩送去最好、最肥的活螃蟹。」

那邊傳來的話是：「我們老聶不愛吃。」連句道謝的客氣話也沒有。

母親被「噎」得半晌說不出話，坐在沙發上直發愣。她當即決定第二天請陳鳳兮、朱靜芳來家聚會，一起吃螃蟹。

住在三里屯的陳鳳兮，早早地來了。兩人坐定，母親便把昨天電話遭「噎」的事告訴了她，並說：「我怎麼覺得周穎的思想意識不大健康呢？好像很不願意我們同紺弩往來。」

陳鳳兮一把抓住母親的手，說：「李大姐，一隻螃蟹讓你察覺到了周穎的變化，我可是早領教了。我去看紺弩，她臉色就不好；老聶叫我去，她氣色也不好，真是奇怪不可理喻。所以，我現在也是盡量少去。老聶找我下棋，我順便做些湯、菜帶去。看他吃得那麼香，心裏真難過。」

這一年，臨近聶紺弩生日。周穎打來電話說：「李大姐，最近我們老聶的身體不大好，生日就不過了，你們也就不必來了。」

後來，陳鳳兮約了另外幾個老大姐，準備一起去看看聶紺弩，也被周穎藉故推掉。一向溫良忍讓的母親，憤憤地說：「受苦的日子過去了，我們也沒有什麼使用價值了。周穎大概覺得我們配不上與大作家往來了。」

母親是個有決斷的人。她不再去聶家。後來，母親索性與周穎也斷了聯繫。過了一段時間，周穎突然打來電話，說：「我們老聶很想念李大姐。」

母親把電話給了我，說：「問周穎有什麼事，告訴你就行了。」

沒過多久，周穎親自登門，雙手握拳作揖狀。說：「李大姐，我是特地向你道歉來了。老聶對

我大發脾氣，質問我，那幾個大姐怎麼都不來了？是你搞的鬼，不讓她們來的吧？你不要這些朋友，我要這些朋友。你馬上給我到永安里去向李大姐道歉。說我對不住她。再拿些錢出來，請李大姐、鳳兮、老朱和小愚吃飯，算我請的。要找最好的西餐館。」

發怒的聶紺弩著實嚇壞了周穎，周便直奔我家。母親答應她，去吃西餐。一週後，我們聚會在西單民族飯店的西餐廳。周穎站在大門口，親自迎接客人。

點菜的時候，氣質高貴的陳鳳兮接過菜單，專找好的挑。她偷偷地對母親說：「菜點得再貴，錢也花不完。要花少了，周穎回去一說，肯定還要挨罵。」

席前佳餚飄香，座客笑語譁然。愉快的老大姐們個個興奮，每個人都喝了酒。那是北京的十月，樹上還沒有一片落葉，些微的黃色點綴在夏季的老綠之中，它預示著秋日的來臨。陽光和煦，涼雲掠地，這是京城一年中最好的日子。

母親的臉紅紅的，和陳鳳兮手挽手出了大堂。她倆讓周穎帶話給聶紺弩，說：「我們吃得很舒服，很滿意。」

一九八二年夏曆除夕，是聶紺弩虛歲八十，俗話說：做（壽）九不做十。我和母親由於先要到崇文門新僑飯店拿預先訂製好的大蛋糕，所以趕到聶家的時候，已有不少客人到了。母親走到聶紺弩的房間，發現有個生面孔坐在那裏。母親朝「生面孔」點個頭，便對聶紺弩說：「我和小愚祝你生日快樂。」說罷，轉身來到周穎的房間，坐下。房間的一角已經堆著許多蛋糕。

我悄聲問母親：「那個人是誰？」

母親白了我一眼，沒好氣兒的說：「舒蕪。」

舒蕪就是他！天哪，從五十年代初我的父親贍養他的親舅以來的數十載，這個名字我可是聽二老念叨了千百遍。只怪自己剛才沒瞧清楚，我真想再進去看看。

隨即聶紺弩跟了進來，對母親說：「李大姐，你先在這裡休息，我等一下就過來。」

誰知不到一刻鐘的工夫，陳邇冬夫婦、鍾敬文夫婦就挪了過來，再加上個老頑童戴浩，間小屋擠得熱氣騰騰。後來，舒蕪走了。我歡呼著跑到了聶紺弩的房間，大叫：「給聶伯伯拜壽啦！」

母親拉著周穎的手，讓她挨著聶紺弩坐好。對我說：「給老壽星拜壽，也要給老壽婆拜壽呀！」

聚會持續到下午三點來鐘，大家陸續散去。母親和我是最後離去的客人。

一九八三年夏曆除夕，是聶紺弩的八十歲生日，正日子。周穎事先說了：去年大家做過了八十壽，今年不做了。

生日的清晨，聶紺弩早飯吃罷，沒有像以往那樣朝床上一躺。他對周穎說：「你把寫字枱給我收拾出來。」又讓她找出宣紙。

「你要寫什麼？」周穎問。

「寫詩。」

「送給誰？」

「虛度八十，來日無多。我今天要給三個大姐各抄一首詩留做紀念。」

子曰學而時習之，

至今七十幾年時。

南洋群島波翻筆，

北大荒原雪壓詩。

猶是太公垂釣日，

早非亞子獻章時。

平生自省無他短，

短在庸凡老姐知。

這首詩原是題爲〈八十〉三首中的頭篇，聶紺弩將原作中的尾句「短在庸凡老始知」改爲「短在庸凡老姐知」，即爲贈詩。

手跡裝在牛皮紙大信封裡，由陳鳳兮送來的，她對母親說：「我和老朱也有同樣的一篇。」詩寫得既凝重又清淡，就像他的一生，凝重如此，清淡如此。母親看了又看，讀了又讀，對我說：「去配個鏡框來，我要掛在自己的房間。」

直到母親永遠閤上雙眼，〈八十‧贈李大姐〉仍高懸於壁。

此後的兩、三年時間裡，周穎也多次打來電話，不過均與聶紺弩無關，是請母親疏通醫院關係給她的朋友看病。母親說：「周大姐，對不住，現在的醫院我一個人都不認識了。」在此期間，周穎把家搬到了勁松一區一一一號樓。

一九八六年聶紺弩病逝，母親是從《光明日報》上得知這個消息的。她在等，等周穎寄來訃告和參加追悼會的通知。一天，我在中國藝術研究院上班。時近中午，看見了剛進門的老院長張庚先生。司機告訴我，他剛參加完追悼會，情緒不好。

我心內一驚，問：「誰的追悼會？」

答：「一個叫聶紺弩的人。」

回家後，吃罷午飯。我把這個消息告訴給母親，母親的眼圈立刻紅了。

第二天下午，沉默一日的母親像是自語、又像在對我說：「紺弩去了，我和周穎的關係到此結束。」

但母親對聶紺弩的死，仍難釋懷。他問陳鳳兮。陳鳳兮說，自己什麼也不知道。再問朱靜芳。

朱靜芳說：老聶死的時候，有如平時靠臥在床頭看書、口述。所以，遺體彎得像一張弓，怎麼也弄不平了。

斯人寂寞，悠然去矣。

後來，在陳鳳兮家裡的寫字臺上，我看到聶紺弩的家鄉京山縣編輯出版的一本《聶紺弩還活著》

的紀念集，書很厚實，約有三十多萬字。又聽說，京山縣府將一所中學命名為「紺弩中學」，將一條新修的馬路命名為「紺弩大道」。再又聽說，當地一家輕工機械公司買斷了馬路冠名權，「紺弩大道」改叫「輕機大道」了。

以後，母親聽民革的朋友說，周穎又搬家了，搬到民革中央新建的宿舍樓，四室一廳。房子好，面積大，地段也好，就在東黃城根大街民革中央辦公大樓的旁邊。

母親歎道：「紺弩沒住上這好房子。」

我說：「聶伯伯未必肯搬去住。」

母親吃驚地望著我。

近了他，準確地說，是靠近了他的靈魂。

在經歷許多死亡和背棄後，無父無母、無夫無後的我，覺得自己比聶紺弩活著的時候，更加靠近了他，準確地說，是靠近了他的靈魂。

魂兮飛揚，魄兮棲止。他的魂魄飄泊何所？不是新源里，也非八寶山，他坐臥和呼吸在屬於他自己、也屬於我們大家的文學篇章裡。聶紺弩一生積澱了二十世紀後五十年中華民族經歷的所有血淚與艱辛，但歷史畢竟提供了客觀，時間最終顯示出公正。

二〇〇三年二月初稿於美國薩克拉門托市

二〇〇四年一月修改於香港中文大學田家炳樓

【註釋一】聶紺弩（一九○三―一九八六）作家。筆名耳耶。一九○三年一月二十八日（夏曆除夕）生於湖北京山縣城。縣立高小畢業。一九二二年任國民黨討伐北洋軍閥之「東路討賊軍」前敵總指揮部秘書處文書，同年到吉隆坡任運懷義學（小學）教員。一九二三年任緬甸仰光《覺民日報》、《緬甸晨報》編輯。一九二四年考入廣州陸軍軍官學校（黃埔軍校）第二期，參加國共合作的第一次東征，任海豐農民運動講習所教官。東征勝利後，一九二七年回廣州考入蘇聯莫斯科中山大學學習，同年回國。一九二八年在南京任國民黨中央通訊社副主任。與周穎結為夫婦。一九三一年「九一八」事變後因參加反日運動，離職逃往上海。一九三二年在上海參加左翼作家聯盟。一九三三年編輯上海《中華日報》副刊《動向》，得識魯迅。一九三四年加入中國共產黨。一九三八年任新四軍文化委員會委員兼秘書、編輯軍部刊物《抗敵》的文藝部份。一九三九年任浙江省委刊物《文化戰士》主編。一九四○年任桂林《力報》副刊《新墾地》、《野草》編輯。一九四五年、一九四六年任重慶《商務日報》、《新民報》副刊編輯，西南學院教授。一九四九年後，歷任中南區文教委員會委員、香港《文匯報》總主筆、中國作家協會理事兼古典文學研究部部長、人民文學出版社副總編輯兼古典部主任、中國文字改革委員會委員。一九五五年因「胡風事件」牽連受到留黨察看和撤職處分。一九五八年被錯劃為右派，開除黨籍，送北大荒勞動。一九六○年回北京，在全國政協文史資料委員會工作。同年摘掉右派份子帽子。文化大革命中一九六七年一月二十五日以「現行反革命罪」關押，一九七四年由北京中級人民法院宣判為無期徒刑。一九七六年十月獲釋。一九七九年三月十日由北京高級人民法院撤銷原判，宣告無罪。四月七日由北京人民文學出版社改正錯劃右派，恢復級別、工資、名譽，恢復黨籍。當選為中國文聯第四屆委員，中國作家協會第一至第三屆理事、第四屆顧問。一九五、六屆全國政協委員。一九六六年三月二十六日在北京逝世。著有《紺弩小說集》、《紺弩散文》、《聶紺弩文集》、《散宜生詩》文、散文、小說、雜文和新舊體詩歌三十一種。著有《紺弩小說集》、《紺弩散文》、《聶紺弩文集》、《散宜生詩》、《中國古典文學論集》。

【註釋二】此句摘自《聊齋志異》的思想性舉隅一文。聶紺弩《蛇與塔》第一四三頁，一九八六年三聯書店出版。

【註釋三】周穎（一九○九―一九九一）直隸（今河北）南宮人。一九三三年畢業於日本早稻田大學，同年回國，參加反帝大同盟。曾創辦上海中國藝術供應社，任主任。一九三四年參加中國國民黨民主同志會（後稱三民主義同志聯合會）。後任重慶懸幼院保育主任、中國勞動協會重慶工人福利社主任、香港九龍婦女聯誼會主席。曾參與中國國民黨革命委員會的籌建工作。一九四八年到解放區，任全國婦女代表大會籌備委員會委員，同年當選為全國總工會執行委員。一九四九年出席中國人民政治協商會議第一屆全體會議。後任郵電部勞動工資處處長，全國總工會執委，候補常委，民革中央常

委、組織部副部長、中央監委會副主席。是第二、五屆全國政協委員，第六、七屆全國政協常委。

【註釋四】小李，李世強，一九四八年生，北京人。一九六八年六月前在鐵道部長辛店鐵路學校學習。一九六八年至一九七五年三月被關押，後無罪釋放。曾在北京木材廠工作，後經營三味書屋。

【註釋五】包干軒，一九○三年二月二十一日生於北京，名拾。清華大學國學研究院畢業。解放前曾在天津造幣廠任職，天津志達中學任教。在日偽安徽省府民政廳、天津省民政廳、唐山市政府秘書，鞍山鋼鐵公司副管理師。一九四九年後曾任北京市政協秘書，後調任北京市第六建築公司工作。一九五七年申請離職。曾被中央工藝美術學院聘教書法。一九七一年七月二十六日病逝於山西稷山縣看守所。

【註釋六】戴浩（一九一四—一九八六）湖北武漢人。早年入暨南大學，一九三六年參加進步電影工作，一九三九年到陝北公學學習。一九四一年在香港與友人組織「旅港劇人協會」，開展抗日宣傳。參加演出《馬門教授》、《霧重慶》、《北京人》。一九四五年受組委派去東北接收「滿映」。一九四八年受北平地下黨城工部委派在北平執行任務。一九四九年後任華北影片公司經理、中國電影器材公司副經理、中國電影發行總公司業務處處長、北京電影製片廠製片主任。一九八○年調任中國影協組織聯絡部主任、中國影協名譽理事。一九八四年加入中國共產黨。

【註釋七】「么女歸才美」：我係父母的幼女，故「么女」即指我，那時我尚關押在四川監獄。
「閑官罷更清」：一九五八年母親被免去北京市衛生局副局長、北京市紅十字會會長等職務。

【註釋八】見陳鳳兮〈淚倩封神三眼流─哭紺弩〉一文。
七律詩題為〈驚聞海燕之變後又贈〉「哭紺弩」：「願君越老越年輕，路越崎嶇越坦平。膝下全虛空母愛，心中不痛豈人情。方今世面多風雨，何止一家損罐瓶。稀古嫗翁相慰樂，非鰥未寡且偕行。」

一片青山了此身

——羅隆基素描

羅隆基（一八九八——一九六五）江西安福人，字努生。早年留學美國。一九三一年與張君勱等同組再生社，次年改組爲中國國家社會黨。曾任清華、光華、南開、西南聯大等大學教授，《新月》雜誌主編，北京《晨報》社社長，天津《益世報》主筆等職。一九四一年參加中國民主政團同盟（後改爲中國民主同盟）。一九四六年代表民盟參加政治協商會議，並任民盟中央常務委員。一九四七年民盟被迫宣佈解散，在上海被國民黨軟禁。一九四九年出席中國人民政治協商會議第一屆全體會議。建國後，曾任政務院政務委員、森林工業部部長、政協全國委員會常務委員、中國民主同盟中央副主席等職。

——摘自《簡明社會科學詞典》

關於羅隆基的這個條目，似乎缺少了一項重要的內容。那就是他在一九五八年一月二十六日，被劃爲反黨反人民反社會主義的資產階級右派份子，而這個身份遠比他的任何學位、職務、頭銜，要響亮得多，也知名得多，且保持終身，直至亡故。此外，他還是毛澤東親自圈定的章（伯鈞）羅

（隆基）同盟的二號人物。這個經御筆定下的鐵案，至今也未見發佈官方文件，予以廢除或更正。

我聽別人說，在八十年代中國民主同盟中央委員會曾發過一個文件，說明章羅聯盟的「不存在」，可惜這個文件幾乎無人知曉。

我很小的時候，父親讓我對一個西服革履、風度翩翩的中年男人叫：「羅伯伯。」這個羅伯伯，就是羅隆基。他比父親小三歲，由於愛打扮，講究衣著，所以看上去這個羅伯伯比父親要小五、六歲的樣子。似乎父親對他並無好感。他也不常來找父親，要等到民盟在我家開會的時候，才看得見他的身影。會畢，他起身就走，不像史良，還要閒聊幾句。

我對羅隆基的認識和記憶，準確地說是從他劃為右派的前後開始的。

那是在一九五七年四月下旬，中共中央發出了整風運動的指示，並邀請各民主黨派負責人參加運動，幫助整風。

五月，中央統戰部舉行座談會，羅隆基應邀參加。二十二日，他在會上發言，建議由全國人民代表大會、中國人民政治協商會議成立一個委員會，這個委員會不但要檢查過去的「三反」、「五反」、「肅反」運動中的失誤偏差，它還要公開鼓勵大家有什麼冤枉委屈都來申訴。這個委員會應由執政黨、民主黨派和無黨派民主人士組成。中央如此，地方人代會和政協也相應成立這樣的委員會，使之成為一個系統。——羅隆基的這個發言，引起一片震動。

他的意見被概括為「平反委員會」，和父親的「政治設計院」、儲安平的「黨天下」並稱為中國

右派的三大「反動」理論。

鑒於儲安平「黨天下」言論在社會上產生的強大衝擊，六月二日，時任國家森林工業部部長的羅隆基，做為世界和平理事會理事飛赴錫蘭出席會議的前一天，對辦公廳副主任趙文璧打了個招呼：「部中鳴放要注意，不要過火。共產黨政策隨時都在變。」

羅隆基說對了。當他還在科倫坡街頭的商店，興致勃勃地給乾女兒挑選絲巾和香水的時候，國內形勢果然風雲驟變，由整風轉為反右了。六月二十日，他如期回國，等候他的不是熱烈的歡迎，而是嚴酷的鬥爭。

最初，面對報紙刊載的有關他的批判文章，羅隆基是鎮靜的。二十五日下午，即回國後的第四天，他坐在家中客廳的沙發上，對一臉驚慌的趙文璧說：「你何必那樣慌嘛。」

趙文璧的確擔心，且提醒羅隆基：「你的群眾關係太壞，部內、部外都壞。」還特別點明：

「你在生活作風方面，也太不注意了。」

羅隆基立即打斷他的話頭：「你不要談我的生活作風，我的脾氣不好，這些都是小事，一百條也不要緊，現在主要是政治立場問題……所以，你要冷靜地分析問題，不要沉不住氣。」

七月一日，中共中央機關報《人民日報》發表了社論〈文匯報的資產階級方向應當批判〉。文中，在批判該報為資產階級右派充當「喉舌」的同時，指責中國民主同盟和中國農工民主黨「在百家爭鳴過程和整風過程中所起的作用特別惡劣。」是「有組織、有計畫、有綱領、有路線的，都是自外於人民，是反共反社會主義的」。而右派份子的猖狂進攻，「其源蓋出於章羅同盟（後被稱章

羅聯盟」）。

父親閱後大驚，說：「我這次講話（指五月二十一日在中共中央統戰部召開的幫助中共整風意見的座談會上的發言）是上了大當。」並從文筆、語調、氣勢上一口斷定，這篇社論必爲毛澤東所書。

他憮然良久，又道：「老毛是要借我的頭，來解國家的困難了。」

羅隆基讀罷，也沉不住氣了，最受不了的一個名詞，就是「章羅聯盟」。他兩次跑到我家，質問父親：「伯鈞，憑什麼說我倆搞聯盟？」

父親答：「我也不知道，我無法回答你。」

是的，對羅隆基來說，最最不能理解和萬萬不能接受的就是「章羅聯盟」。爲了表達憤懣之氣與決絕之心，平素不持手杖的他，在第二次來我家的時候，特意帶上一根細木手杖，進門便怒顏相對，屬言相加，所有的話都是站在客廳中央講的，整座院子都能聽見咆哮之聲。父親則沉默，他也只有沉默。因爲「章羅聯盟」之於他，也是最不能理解和萬萬不能接受的。

臨走時，髮指皆裂的羅隆基，高喊：「章伯鈞，我告訴你，從前，我沒有和你聯盟！現在，我沒有和你聯盟！今後，也永遠不會和你聯盟！」遂以手杖擊地，折成三段，拋在父親的面前，拂袖而去。

章羅是否聯盟？或是否有過聯盟？——民盟中央的人和統戰部的人，當一清二楚。因爲自打成立民盟的第一天起，他倆就是冤家對頭、對頭冤家。何以如此？物有本末，事有始終。若答此問，

則必追溯到民盟的緣起和構成，而決非個人因素所能解釋。

中國民主政團同盟，即中國民主同盟之前身，原是三黨三派，是為組成最廣泛的抗日統一戰線，在中共的積極支援下，一九四一年於重慶成立。三黨是指父親領導的第三黨（即今日之中國農工民主黨）、左舜生領導的青年黨、張君勱領導的國家社會黨；三派是指黃炎培創辦的中華職業教育社、梁漱溟建立的鄉村建設派和沈鈞儒、史良領導的救國會。這樣的一個結構組合，就注定它自成立之日即患有先天性宗派行為症。抗戰勝利後，民盟的這個疾症非但沒有消弭，反而大有發展。

當時在民盟得勢的，是沈鈞儒領導的救國會和父親領導的第三黨。因為國家社會黨和青年黨被趕走，職業教育社和鄉村建設派，原來在民盟的人就不多。一九四七年在上海，黃炎培去醫院看望患有肺病的羅隆基的時候，曾同他商議要把盟內個人份子（在重慶是以組織單位加入民盟的）團結起來，成為一個獨立的單位，同救國會、第三黨並列、且相互制衡。後黃炎培轉到民建（即中國民主建國會）當負責人，便放棄了民盟，而他的打算則由羅隆基去實踐了。當然，退出國家社會黨的羅隆基，此時也正想拉住一些人，在盟內以形成一個力量。這樣，從一九四六年的上海到一九四九年的北京，在民盟終於有了一個人稱「無形組織」的小集團，其基本成員連羅隆基在內共有十位。他們是：潘光旦【註釋六】、曾昭掄【註釋二】、范樸齋【註釋三】、張志和【註釋四】、劉王立明【註釋五】、周鯨文【註釋六】、葉篤義【註釋七】、羅德先【註釋八】、張東蓀【註釋九】。這個「無形組織」的宗旨，用羅隆基自己的話來說，它的「主要對象是章伯鈞，是不讓章伯鈞獨霸民盟的組織委員會。」而此時，代表第三黨的父親又是與救國會的史良親密合作。於是，民盟中央內部便形成了楚漢相爭的局面。一邊是

章史聯手的當權派，因統戰部的支持，他們自命為左派；一邊是羅隆基、張東蓀為首領的非當權派，英美文化的背景和自由主義者色彩，被人理所當然地視為右派。而民盟領袖沈鈞儒、張瀾，對這兩派也是各有側重。這個情況，別說是具體管理民主黨派的中央統戰部，就連毛澤東、周恩來也是心知肚明。一九四九年，召開第一屆中國人民政治協商會議。會前，周恩來拿著民盟出席會議的名單，都是先和沈鈞儒、章伯鈞商量，再與羅隆基、張東蓀討論，而決不把這水火不容的章羅兩派攪和在一起。因為周公知道：他倆碰面只有吵，什麼事情也討論不出一個結果來。

直至反右前夕，這種情況依舊。一九五六年的八月，民盟中央和民盟北京市委召集了一些在京的中委座談李維漢（時任中央統戰部部長）關於「長期共存、互相監督」的講話。會議由黃藥眠主持，一整天的會，共提出一百條意見。其中針對民盟中央領導的意見，就是宗派問題。

與會者說：「民盟中央的最大特徵，就是宗派。大家只須閉上眼睛，就能知道誰是哪一派。」

「民盟的宗派，這幾年不特未消滅，而且更發展。不過形式更隱蔽更深入更巧妙罷了，事實俱在，不承認是不行的。」

「表現在人事安排上，他們要誰，就訂出幾條原則便利於誰；不要誰，就訂出幾條原則不便利於誰。」

「他們小宗派之間的妥協，表面上像團結，實際上是分贓。」

有的人指名道姓的問：「到西藏去的中央代表團，盟裏為什麼派黃琪翔去？根據什麼原則？」

黃琪翔來自第三黨，顯然，這個質問是針對父親的。而言者為「無形組織」成員，自屬羅隆基手

下。可見，章羅關係同冰炭，在民盟可謂無人不知。瞭解以上的歷史情況，對羅隆基看到父親承認章羅聯盟的消息時所持的暴烈態度，便不足為奇了。

個性強直的他拒不承認自己是右派，拒不承認章羅聯盟，在會上不但面無懼色，還敢指天發誓：「即使把我的骨頭燒成灰，也找不到反黨陰謀。」

這麼囂張，自然要被好好地收拾了。羅隆基的主要身份是民主黨派，於是，主要由民盟中央出面，組織高密度、長時間、強火力的批判。批判會一個緊挨一個，有時是挑燈夜戰，午場接晚場。

六月三十日下午和晚上，在南河沿大街政協文化俱樂部舉行的民盟中央第二次整風座談會，名日座談，實為批判。它拉開了揭發鬥爭羅隆基專場的序幕。

七月三日晚，在文化俱樂部舉行的民盟中央第三次整風座談會，繼續揭批羅隆基。

七月五日晚七時半至十一時，在同一地點舉行的民盟中央第四次整風座談會，仍是揭批羅隆基。然而，於一週之內搞的這三個「批羅」專場、統戰部和民盟中央的左派都未收到預期的效果。

在反右批鬥會上，羅隆基的「無形組織」與右派小集體無異，成了眾矢之的。有人把北京的吳景超、費孝通，上海的彭文應、陳仁炳，四川的潘大逵，山西的王文光，湖北的馬哲民，蘇州的陸欽墀，江西的許德瑗，浙江的姜震中，雲南的李德家，湖南的杜邁之，青島的陳仰之，南京的樊光等，也都歸到「無形組織」中去。挨批挨罵的羅隆基在對自己的「罪行」死不認賬的同時，不得不向左派求饒，懇請他們能實事求是一些，不要把所有留英留美的教授、學者或與他有私人往來的高

級知識份子，都歸入「無形組織」。民盟中央的左派及其背後指揮者哪裏容得，終將他們一網打盡，個個點名批鬥。

七月二十一日至三十一日，根據統戰部的指示，民盟中央的整風機構和人事安排，做了組織上的全面調整，整風領導小組下設四個工作組。其中最爲重要的兩個組，即調查研究組組長和整風辦公室的主任均由胡愈之兼任，他的夫人沈茲九任調研組副組長。

上邊認爲對付羅隆基這樣的人，還須對外發動宣傳攻勢，對內鼓舞士氣。於是，七月三十一日下午，民盟中央邀請《人民日報》、《光明日報》等有關同志，專門研究了對民盟中央反右鬥爭的宣傳事宜。第二天（八月一日下午二時半），邀請民盟中央全體幹部參加中央統戰部機關黨委舉辦的慶祝八一建軍節三十週年紀念大會。民主黨派的反右將士從中共領導機關那裏，獲得了直接的教育、鼓勵和推動。

八月五日下午二時半，重新組合的以胡愈之爲核心的民盟左派骨幹力量，全部聚集在東總布胡同二十四號，即民盟中央主席沈鈞儒家中，召開關於商討對羅隆基揭發批判問題。這個對付羅隆基的商討會，開了整整三天，到七日下午結束。

八月九日下午三時，整風領導小組召開了碰頭會，具體研究了定於翌日舉行的批判羅隆基大會的準備工作。其中重要的內容是佈置發言。發言者的名單送統戰部批准。

八月十日上午，民盟中央整風領導小組負責宣傳的工作組，在文化俱樂部舉行新聞記者招待會，發佈了定於當日下午揭批羅隆基的消息和經過周密準備的某些內容。民盟有此副主席，如素來

講話平平的高崇民，怕不是他的對手，故主持人由其靈魂人物胡愈之，親自披掛上陣。規模也空前擴大，民盟在京中央委員、候補委員、北京市委員會委員、候補委員和各基層組織負責人，共二百餘人與會參戰。批判的火力配置相當充足：長槍，高炮，短刀，暗箭，一應俱全。民盟在赤日炎炎的天氣裏開的這個批判會，其深度、廣度、長度讓其他幾個民主黨派，難望其項背。這讓記憶力驚人的羅隆基記了一輩子，恨了一輩子。

下午二時半在南河沿大街政協文化俱樂部，批判會開始（會議稱為「民盟中央第六次擴大整風座談會」）。會上，胡愈之首先點明要羅隆基交代對共產黨的態度，具體一點說，是對接受共產黨領導的態度。羅隆基支吾了三十分鐘，只承認自己在統戰部座談會上所講的「平反委員會」是反共的，只承認他和其他右派份子存在著精神上或思想上的聯繫。其他概不交代，並說：「一定要我交代，我只有扣帽子過關了。」

在大家表示了極大憤慨之後，隨即對羅隆基的反動言行進行了有準備的揭發批判。

吳晗代表民盟左派第一個發言。他登台便罵，罵羅隆基是「撒謊大家」，罵他「從腐朽的英美資產階級那裏學會一套撒謊學和詭辯術，無恥到極點」。接著，用大量篇幅揭發羅隆基的反共老底，說他「早在二十年前就向日本帝國主義獻計，企圖聯合反共了。」

歷史學家吳晗對羅隆基個人歷史的敘述還在其次，而其中的兩條揭發材料，因頗能凸顯羅隆基的政治意向，才是最具歷史價值的內容。一是解放前夕，吳晗從上海轉到解放區，羅隆基託他帶封信給沈鈞儒，信中羅隆基要求沈老「代表民盟向中共中央提出以下幾個條件：（一）不要向蘇聯一

邊倒，實行協和外交；（二）民盟成員與中共黨員彼此不要交叉；（三）民盟要有自己的政治綱

領，據此與中共訂立協議，如中共不接受，民盟可以退出聯合政府，成為在野黨。」

話說至此，吳晗聲明：「我當即覺得信中主張十分荒謬，也就沒有將信交出，而信內所言條

件，自己到現在還清楚地記得。」後來證明，這封信是張瀾、黃炎培等幾人在羅隆基的病房裏商量

好，由他執筆的。

吳晗揭發的另一條材料，是羅隆基與周恩來的一次對話——那是在一九四九年政協召開前夕，

羅隆基到達北平，周恩來與之會面。

周公說：民主黨派代表民族資產階級和小資產階級，中共代表無產階級。

羅隆基當即表示，不同意周恩來的意見，說：「你是南開出身，毛澤東是北大出身，我是清華

出身。為什麼你們能代表無產階級，而要我代表資產階級和小資產階級呢？我們成立人民陣線，你

們代表一部份人民，我們代表另一部份人民，這樣來共同協商合作組織聯合政府。」——吳晗對此

批判道：「羅隆基的這一段話是十分露骨地表示他是不願意接受中國共產黨領導，狂妄地自封為代

表一部份人民和共產黨面對面講價錢。」

對吳晗的發言，羅隆基很不以為然，他和父親一致認為：吳晗的積極反右，意在表白自己的

左，含個人目的。即使在反右以前，十分對立的章羅在對吳晗的看法上，也十分相同。

梁思成的發言，是從羅隆基在一九二九年於《新月》雜誌發表的〈我對黨務上的〈盡情批

評〉〉、〈我們要什麼樣的政治制度〉這樣兩篇文章談起，批判他「一貫反對無產階級專政，是創造

『黨天下』謬論的鼻祖。」

梁思成的話是對的。的確，羅隆基在政治思想上，一向反對「一黨獨裁」，「黨在國上」。他認為：在這個世界上，第一個試驗「一黨獨裁」的是俄國共產黨，故在文章裏寫道：「國民黨可以抄寫共產黨的策略，把黨放在國上，別的黨又何嘗不可抄國民黨的文章，把黨放在國上。秦始皇、劉邦、曹操、司馬懿打到了天下，當然做皇帝。這就是『家天下』故事。國民黨革命成功，可以說『黨在國上』。這當然成了繼續不斷地『黨天下』。」

羅隆基既然早在二十年代，就第一個提出了「黨天下」的概念，又明確闡釋了它的政治文化內涵。那麼，梁思成所說的「儲安平不過是重複羅隆基的話」，該是恰當的了。這個與羅隆基同為清華校友的梁思成，既沒有造謠，也沒有說錯。

從一九二九年即在吳淞中國公學社會科學院與羅隆基共事、有著中共黨員身份的周新民揭發的是羅隆基堅持「中間路線」的罪行。由於周新民是法學家（生前為中國社會科學院法學所所長），所以，他的揭發是切中命脈。

他說羅隆基在建國前，曾為張瀾起草一信給沈鈞儒、朱蘊山、章伯鈞、周鯨文。信中要求民盟中央在發表文件響應中共「五一」號召的時候，要留意兩點：（一）「積極標明民盟一貫政策為『和平、民主、統一、團結』，並說明此項政策，至今未變，但和平團結之路線，必為政治協商，而民主統一之保障，必為聯合政府」。（二）「強調說明民盟為獨立而非中立之政治團體，堅守政綱政策，絕對獨立，明辨是非曲直，決非中立」。

周新民揭發的另一項內容，是關於四九年十二月—五○年一月，民盟開四中全會擴大會議時，章羅兩派為爭奪領導權而僵持一個多月的事情。這事，民盟中央的人曉得個表皮，但經他的陳述，其內質得以顯現。周新民說：「這次全會，在盟章上明訂接受中國共產黨的領導，羅隆基、張東蓀深為不滿，但是他們鑒於大勢所趨，又不敢公開反對，乃借人事安排鬧得四中全會開了一個多月，無法閉幕。羅隆基、張東蓀、潘光旦、范樸齋等四人曾請求周恩來出來幫助和指導。周總理接受他們的請求，約定沈老（鈞儒）、章伯鈞、羅隆基、張東蓀以及其他負責同志於某一日晚間，到國務院西花廳商談，沈老和其他負責同志均準時到會。等到深夜十二點鐘，羅隆基和張東蓀仍拒絕不來，四處打電話催促，羅、張始寫一信派范樸齋送來。經周總理嚴厲批評，范樸齋又倉皇奔回，報告羅、張，到了深夜一點多鐘，羅隆基、張東蓀才狼狽而來。」後由毛澤東親自出面，雙方遂達成妥協——盟章上從此明訂接受中國共產黨的領導。

對盟章總綱裏是否寫入「接受中國共產黨領導」一語，精通政治學和法學的羅隆基是看得很重、很重的。因為在他全部的法律知識和政治概念裏面，世界上沒有一個政黨的黨綱注明接受另一個政黨的領導。事後，他遺憾地說：「盟章有了這樣一條，民盟的生命就結束了。」而那時的父親，正跟中共並肩作戰，親密無間。眼前的現實，使他難以認識到「接受黨的領導」的深遠意義。

這裏，我又聯想起與此相類似的另一件事：羅隆基一直很想參加新中國修改憲法的工作，特別是想修改憲法裏的總則部份。一九五六年他曾對別人講，現在中國的這部憲法仍是一個各黨派擬定的「共同綱領」，實在不像一部法。這也是因為在他看來：當今世界上的任何一個文明國家，絕無

動用憲法去確認一個具體政治黨派之領導地位的先例和規矩。在這方面，父親的覺悟要晚些。他是從事事必須請示統戰部、交叉黨員過多、民主人士有職無權等行為與現象中，才懂得什麼叫「接受黨的領導」，並認識其理論荒謬。幸虧羅隆基死得早，沒瞧見毛澤東用黨章來固定接班人的做法。否則，他那張嘴，不知還要說出些什麼難聽的話來。

第三個發言的，是費孝通。他必須要站出來揭發批判。因為一九五六年羅隆基三次在全國政協和全國人大的發言稿裏所談知識份子問題，曾向費孝通徵求意見；費孝通所寫〈知識份子的早春天氣〉一文也深受羅隆基觀點的影響。所以，用費孝通的話來說：「在民盟批判會上的揭批，既是對自己所犯罪行的深刻檢查，也是對羅隆基陰謀的見證。」

費孝通氣憤地說羅隆基：「做的三次關於知識份子問題的發言，是公開挑撥知識份子和黨的關係，拉攏落後知識份子，宣傳抗拒思想改造的方針，煽動反黨情緒，而且發出向黨進攻的號令。」

羅隆基之所以能在那樣一個莊嚴的會場上大談特談知識份子，是因為他始終認為中共政權存在著一個如何對待知識份子的問題，尤其是如何對待高級知識份子的問題。他說：「當前知識份子『花不敢放，家不敢鳴』，是心存顧慮。顧慮有二：一為政治顧慮，一為業務顧慮。是種種顧慮使得中國高級知識份子的潛能沒有發揮，個別留學生甚至在『拉板車和擺煙攤』。其原因既來自『黨對他們的使用和待遇不當』，也由於三反、五反、肅反和思想改造運動的偏差」。在這裏，羅隆基提出了一個「黨和非黨關係問題」的概念，並認為解決中國的知識份子問題，就是解決黨和非黨的關係問題。要消除兩者間的隔膜，關鍵在於「黨員幹部怎樣來改進領導方法」。所以，在反右的前夕

（一九五七年的五月），他和葉篤義在民盟中央副主席辦公會議上，正式提出民盟中央要單獨設立一個高級知識份子問題委員會會組，專門研究有關中國知識份子問題的政策方針，向中共反映問題，不處理具體事務。

羅隆基這個美國哥倫比亞大學的政治學博士，從回國就在大學任教，在清華大學、光華大學、南開大學、西南聯大都開課。熱情高漲的他既用筆、也用嘴，一心要把自己在美國學到的西方國家關於民主憲政的一整套理論及行為模式，帶給我們這個古老的民族，帶給年輕的學子。一九四九年後，羅隆基做了官，不再當教授，但高等院校仍是其關注的重要領域。他很快發現了問題，對留美歸來、在北大任教務長的化學教授曾昭掄說：「高校學習蘇聯、進行教學改革是教條主義。政府不應該強迫教授去學俄文。對於院系調整許多大學教授都反對，只是沒有辦法才服從，他們心裏是不舒服的。」

在批判會上，曾昭掄把羅隆基的這個談話做為他反對共產黨文教政策的言論揭發出來，並聲明：「據我所知，與羅所說的相反，一九五二年以後，絕大多數的大學教授，對院系調整是真誠擁護的。政府行政部門只是鼓勵教師學俄文，並沒有強迫任何人學。」

其實，民盟的人都知道這個曾（國藩、國荃）氏後代與羅隆基私交甚厚，今天他是必須站出來，說出點東西才行。

繼曾昭掄發言的是盟員趙文璧，他頗得羅隆基的信任，被羅從上海調至北京，安插在森工部。

反右開始的時候，趙文璧對羅隆基是有幾分同情的，曾勸他主動交代的，在聽了羅隆基傷感地說到

「十年的親密朋友浦熙修當面絕交，八年秘書邵雲慈寫信檢舉，還有孫平毅秘書在民盟整風會上也聲色俱厲駁斥我」的時候，也是悲哀哽咽，不覺淚下。而此刻面對這樣一個批判會，他也不得不加入檢舉者的行列了。因為惟有實實在在的揭發檢舉，才有可能使自己逃離惡浪狂濤，不致滅頂。

趙文璧的檢舉揭發的內容分七大類，共五十二條。一類是羅隆基的近期反對言論，如他說：「胡風問題搞錯了」，得罪了三百萬知識份子，使知識份子的積極性發揮不出來。」「社會主義的最大缺點就是沒有競爭。」「黨員水平低，是造成經濟建設上的損失的主要原因」。一類是羅隆基在森工部幹的反黨行為，比如當部長上班第一天，便講：「在行政單位，是以政為首的，不是以黨為中心的，黨必須服從政。」。再一類是關於「無形組織」繼續往來的記錄，均有文字為憑。還有一類是有關羅隆基的品質問題，如說羅隆基是「無錢不想，在昆明（一九四九年前）做藥生意」，「託梅（梅貽琦）夫人由重慶帶藥」……等等。

羅隆基對趙文璧的發言，可謂印象深刻。因為在幾年後，他對父親談起反右批判會的情形，總說：「我自己說的話，常常忘了，而有人記性好，多少年的事兒，說出來的時間、地點和當事人，沒半點含糊。」這其中所指「記性好」的人，便有羅列五十二條罪狀的趙文璧。

羅隆基與民盟主席張瀾的關係一向不錯，現在一些報刊發表羅隆基的照片，大多取用一九四九年五月二人在上海的合影。他倆身著長衫，面帶微笑，悠然的神態與融洽的關係，在洋樓與松柏的映襯下，是那樣地生動。羅隆基非常珍視和喜歡這張照片，因為它記載著一九四七年冬民盟被蔣介石宣佈非法後，羅隆基同張瀾共患難的歲月滄桑。一九四八年九月，中共中央也是邀請張瀾和羅隆

基同赴解放區的。張瀾患有口吃症，所以對外工作，如接見新聞記者和外國記者，都十分倚重羅隆基。瞭解到這樣一個歷史情況，民盟整風領導小組和統戰部讓張瀾的秘書呂光光出場，則顯得很有必要。而呂光光的發言，也正是控訴羅隆基「爲了實現反共陰謀和政治野心，一貫要脅、劫持、陷害、辱罵張主席的罪行。」控訴之前，特別聲明「別以爲張主席死無對證了」，他「做爲張主席生前的秘書，有責任就告訴過我的事實，揭發出來。」

浦熙修【註釋十】是與羅隆基同居十載的女友。她是拿著〈羅隆基是隻披著羊皮的狼〉爲題目的發言稿，最後一個登台的。她的揭發，從羅隆基的家世說起。浦熙修說：「羅隆基自己講是出生在士大夫家庭，其實，這個士大夫家庭就是江西安福縣楓田鄉的一個地主家庭。早在一九二九—一九三○年的時候，他的家就被共產黨清算了。父母雙亡，主持家務的寡嫂亦被鬥。羅隆基曾說自己從小由寡嫂撫養，他不能不管，每月都要寄錢回去維持寡嫂和侄兒們的生活。而這件事就足以證明羅隆基對於共產黨的階級仇恨是刻骨銘心的。」

浦熙修以生活中的例子，證明羅隆基的這種仇恨。那是在一九四九年前，羅隆基住在上海虹橋療養院，她穿著一雙新買的紅膠鞋去探視。羅隆基忽然勃然大怒，浦熙修一時丈二和尚摸不著頭腦，不知怒從何起。批判會上，浦熙修找到了「怒從何起」的由來，她說：「原來羅隆基是怕紅色，還責問我爲什麼要買紅色膠鞋？」

浦熙修又講了個蔣介石觀劇（曹禺話劇《蛻變》）看到一個紅肚兜，即大發脾氣的故事。她把兩者並列在一起，說：「羅隆基怕紅膠鞋，蔣介石怕紅肚兜。這正說明羅隆基和蔣介石是站在同樣

的立場上，對共產黨有著深刻的階級仇恨。」

為什麼說羅隆基是隻披著羊皮的狼？浦熙修是以他虐待家庭女護士王愛蘭的例子做實證。虐待的起因是羅丟了二百元錢，懷疑是王所為，王不承認，便大發脾氣，後羅隆基又藉故說王偷看《參考資料》，私拆信件，以要扭送公安局相威脅。事後查清，偷錢者為勤務員。王愛蘭要求羅隆基寫張個人行為清白的證明信，以便另謀生路，羅卻置之不理。——王愛蘭是個勞動者，羅隆基對勞動人民像狼一樣兇狠。跟著，浦熙修又敘述了另一件事情，即一九四八年七月南京《新民報》停刊的時候，羅隆基在療養院揮汗如雨整三日，幫助報業女老闆鄧季惺向國民黨寫萬言哀訴書；一九四九年六月羅隆基剛到北京不久，又幫助鄧季惺寫向人民悔罪的檢討書，以求過關繼續辦報當老闆。

——老闆鄧季惺是個有產者，羅隆基對資產階級似羊一般溫順。

「對勞動人民像狼一樣兇狠，對資產階級似羊一般溫順。羅隆基不是一隻披著羊皮的狼，又能是什麼呢？」浦熙修大聲質問坐在台下的羅隆基。

羅隆基把頭扭到了一邊，眼睛盯著窗外。

羅隆基的傲慢點燃了浦熙修心頭不可遏制的怒火和怨恨，她繼續揭發，說：「羅隆基解放後對於美帝國主義並未死心，在家中曾說張東蓀勾結個美國的三等特務，太不爭氣。而他自己始終想和美國頭等特務搭上關係。」

聽到這樣有關和美國人往來的揭發內容，羅隆基渾身冰涼，覺得自己變成了一張紙或一片葉，被暴風雨隨意吹打。

發言至末尾，浦熙修也已完全進入了情感狀態。她說：「周恩來在人大政治報告中說：『我們希望，經過外力的推動、生活的體驗和自己的覺悟，右派份子能夠幡然醒悟，接受改造。』我不幸墮落爲右派份子羅隆基的俘虜，感謝這次聲勢浩大的反右鬥爭，清醒了我的頭腦，我願意痛改前非，照著周總理的話去做。但周總理談話中更重要的是生活的體驗和自己的覺悟。當我一步一步地重新認識了羅隆基的醜惡面目，揭露了羅隆基的罪惡行爲的時候，我的精神就覺得輕鬆而愉快些」。」

由於羅隆基曾說自己和浦熙修是「十年親密的朋友關係」，所以浦熙修在此，必須用事實對「親密朋友關係」做出一個否定。她聲淚俱下，說：「像狼一樣的羅隆基毫無人性可言，對我也並不好些。一九四九年，我從南京出獄後，想即去香港到解放區，他扔出刀子來威脅我。解放後，每當我一有進步要求的時候，他就暴跳如雷，例如我要求入共產黨，我要去《光明日報》工作，一九五〇年我想脫產學習，他都不知對我發過多少脾氣，最後使我屈服而後已。」

末了，她向羅隆基發出絕情的最後通牒：「讓這所謂的親密的朋友關係丟進茅坑去吧！我再一次警告羅隆基，你永遠不要想利用我了！……羅隆基的反黨反社會主義的陰謀是一貫的，他說，他的骨頭燒成灰，也找不到反黨反社會主義的陰謀。實際上，他的骨頭燒成灰，就是剩下來的灰末渣滓也都是反黨反社會主義的。」

父親讀罷這篇發言，對母親說：「無論是出於解脫自己，還是眞的以爲努生反動，看來，浦熙修是下決心要和老羅分手了。」

僅隔一日，八月十二日民盟中央繼續召開羅隆基的批鬥會，被稱為民盟中央第七次整風座談會。會議仍由胡愈之主持，首發陣容是抱病而來的馬敘倫。老頭可憐，只講了五分鐘。說了句「羅隆基一貫堅持『中間路線』，所以反黨反人民是深入他的骨髓和細胞的。」便被人攙扶著離開了會場。實際上，上邊也不需要馬敘倫多說，表個態就行了。

相繼發言的人有：高天、馮素陶、許廣平等人。大軸，仍由浦熙修擔綱。

八月十九日民盟中央舉行第八次整風座談會。這次批鬥羅隆基的會議，由史良主持。也許是因為民盟左派事先準備不夠充分，也許由於史羅之間曾有過的感情瓜葛，這一天，羅隆基的表現尤為惡劣，不僅對別人的揭發，概不認賬；而且「把上次說過的話，又全部賴掉」。站在台上的史良，氣得痛斥他「是一個以狡猾無賴著稱的傢伙」，拿他一點辦法也沒有。

民盟中央吸取教訓，秣馬厲兵整十日。這期間於二十八日下午三時，在沈鈞儒家中，舉行了整風領導小組會議。會上，史良報告：（一）羅隆基交代與張東蓀關係問題的這部份，因涉及張東蓀叛國案，《人民日報》未予發表。這是中共全面考慮問題，是正確的。（二）本週內決定連續兩次批判羅隆基。（三）雖然大家要揭發徹底，但一定要責令羅隆基自己老實交代。

民盟中央果然有辦法，在統戰部的大力支持下，借鑒了「肅胡（風）」運動的手段，收繳到羅隆基從一九四九年至一九五七年的大批私人信函，並製成批判的武器。

一切準備停當，於八月三十日和三十一日，連續舉行第九次擴大整風座談會，繼續批鬥羅隆基。會議是以他的交代做為開始的，他交代自己同李宗仁、同胡適、同張東蓀等人的關係問題以及

關於「無形組織」的問題。儘管他足足了講了兩個多小時，但是以胡愈之為首的民盟中央左派認為，羅隆基「仍舊是避重就輕，避近就遠」。「只承認了一些雞毛蒜皮，不肯交代重要的事實，只承認自己思想落後，特別是對於他的反共集團在一九五二年以後的陰謀矢口否認」。

為什麼統戰部和民盟左派會認為羅隆基的態度惡劣？除了批判會上的態度惡劣，他私底下的表現也惡劣。會上，羅隆基秘書邵雲慈揭發他在家裏不老實寫交代問題，居然給劉少奇委員長寫信，說：「人大江西小組和民盟中央只許交代，不容解釋。解釋則說成狡辯……就是法庭被告亦應有解釋權利。」又說：「上邊（指中共）對我們是愛之欲其生，惡之欲其死。大冤獄的事自古皆有，岳飛不是屈死的麼？」這樣的話，令領導反右的人和擁護反右的民盟左派無比憤怒。

有著中共黨員身份的李文宜和薩空了，亮出羅隆基寫給趙文璧、潘大逵、范樸齋等人的「密信」，邊宣讀、邊分析、邊批判，有力地證明羅隆基反共集團所進行的陰謀活動。可以說，每一封信都是射向羅隆基心窩的利箭。

繼而，浦熙修、趙文璧、葉篤義、曾昭掄在一條又一條的補充揭發中反戈一擊，爭取立功贖罪。全國政協國際問題副組長吳茂蓀、全國政協副秘書長徐伯昕、黃炎培之子黃大能、張瀾之子張喬薔，還從各自的角度相繼揭發羅隆基的反共言行。其中，態度激烈、措辭也激烈的發言，當數千家駒了。他罵羅隆基是「千年狐狸精」，要求其「老老實實徹底脫褲子」，交代問題。

與民盟批鬥會相穿插的，還有全國人大組織的、全國政協組織的、森工部組織的、新聞界組織的、外交界組織的批判會。羅隆基在哪裏兼職，哪裏就有批鬥。兼職越多，批鬥也越多。於是，羅

隆基活像一個趕場的名角，趕了一場又一場，回到家中，已是疲憊不堪。每次批鬥會上的發言經過整理歸納，形成新華社通稿，第二天載於《人民日報》、《光明日報》等各大中央報刊。民盟更是及時地把這些材料歸納整理，列印出來，並裝訂成冊，發送到每個中央委員手裏。

人緣這東西，在中國厲害無比。羅隆基的批鬥會之所以開得最多、最長，態度惡劣、拒不認罪是一大原因，而脾氣壞、人緣差，則是讓他吃大虧的另一個原因。羅隆基雄才大略，卻又炫才揚己。憂國憂民，但也患得患失。他思維敏捷，縱橫捭闔，可性格外露，喜怒於形。他雄心勃勃有之，野心勃勃亦有之。他慷慨激昂，長文善辯；也度量狹窄，錙銖必較。有大手筆，也耍小聰明。他是坦蕩蕩的君子，也是常戚戚之小人。中國官場的秘訣是少說少錯，多說多錯，不說不錯。羅隆基終身從政，卻口無遮攔。研究「五七」反右運動史的人，都在尋找毛澤東於十五天的時間長度裏，決定由整風轉爲反右的具體原因及文化心理因素。據說，其中一個重要因素，就是羅隆基講的那句「現在是無產階級的小知識份子領導資產階級大知識份子」的話，傳到了他的耳朵裏，傷了臉面，刺痛了心。當然了，老人家勢必要記恨的。因爲羅隆基這句政治話語，表達的卻是一種最深刻的文化歧視。

父親對羅隆基的性格是有認識的。他常說：「努生的脾氣在歐美無所謂，在中國就要得罪人。」

有一次，還舉了個得罪鄧初民的例子。

我問：「是不是羅伯伯做了對不起鄧初民的事？」

父親答：「不，他沒有做虧心事，只是因為一句話。」

那是在一九五六年，為了商量《文匯報》復刊的事，羅隆基在家裏請了陳叔通、鄭振鐸、葉聖陶、章乃器、徐鑄成等人，做個復刊籌劃。鄧初民、陳劭先也趕來，這兩個人一到，羅隆基的心裏就不大高興。可做爲主人，又是在自己家裏，敷衍敷衍也就算了。羅隆基偏不，把臉一拉，說：「現在有兩個教條主義者在座，我不好談話。」話一出口，把個鄧初民氣得要死。

父親說：「努生這樣做，自以爲佔強，其實吃虧的多是自己。我主張中庸，民盟中央開工作會議，我請地方同志吃便飯，在飯桌上我半開玩笑地講：『把父母、兄弟、夫妻、同事、朋友之間相處的社會關係搞好了，就是最好的馬列主義。』這話讓人家批判我是搞兩面派，政客作風。在中國的社會條件下，我認爲必須這樣處世。努生的性格有可愛之處，有度量的領袖還可以容納他，但與中國的政治制度是不相容的。包括他的生活作風在內，恐怕只有在一個民主社會裏，才有他的活動天地。」

果然，在眾多的批鬥會上，羅隆基愛發脾氣、喜好女人和斤斤計較的性格缺陷，成爲一個政治攻擊點，一個搞臭他的道德缺口。民盟領導反右運動的人，當然也鼓勵大家從這個地方入手。他們找來一些人專門揭發這方面的事；搜集整理羅隆基反動罪行材料，也不忘將這方面的事納入其內。

在羅隆基家當護士的王愛蘭是被請到民盟中央批判會的人，她的發言集中於生活瑣事，很有吸引力。她說：「我在他家三年零六個月，朝夕挨罵，每天在飲食上總是要找我的岔子，要是楊薇（北京人民藝術劇院女演員）來吃飯，我就更倒楣，責怪我把菜弄少了，而浦熙修來時又說我菜弄

多了。只要楊薇一來，任何人都不見，浦熙修幾次打電話要來，因為楊薇在，他總說有人在開會，或者說要出去開會，其實他和楊不知道在搞什麼。」

羅隆基愛擺弄一個小巧的收音機，一天，大概是他的情緒不錯，邊擺弄邊對王愛蘭說：「這個收音機是進口的，你知道是誰送的嗎？」王自然想知道。羅隆基告訴她：「是周佛海的小老婆送的。」王愛蘭記住了這個「周佛海的小老婆」，揭發出來，使得會議主席胡愈之令其交代和周沸海小老婆的關係。

這個護士還揭發了羅隆基賣藥的事實，說：「他曾叫我清點鏈黴素還剩多少，並說：『這些藥都是朋友送我的，留著不要用，要藥就到北京醫院去拿。』五三年秋，他問我：『藥過期了沒有？』我檢查一下說：『快過期了。』他說：『給我賣掉。』我問：『拿到哪裏去賣？』他很不耐煩地說：『拿到王府井藥房去賣，還不知道嗎？』我費了很多力，才賣掉四十瓶。這些鏈黴素是美國特務司徒雷登送給他的。最可恨的是毛主席送給他的中藥，他也叫我去賣，結果沒有賣掉，從這裏可以看出羅隆基是如此唯利是圖。」

王愛蘭的發言時間不短，但她仍說：「今天因為時間限制，我不能把每天的苦情傾訴出來，總之，一年三百六十五天，一天一小罵，三天一大罵，從來沒有見過他一次好臉，但是他對楊薇卻是低聲和氣，滿臉笑容，他對張東蓀也格外親密。」

羅隆基的警衛員張登智，是被民盟中央整風領導小組請來的第二個做重點發言的人。一上台，他即表現出極大的義憤，說：「羅隆基罵我們的人民警察是『警官』，叫派出所是『拘留所』。他去

縫衣服，又辱罵裁縫偷了他的布。他對燒暖氣的工人百般為難，他規定暖氣只燒到七十五度。高了也不行，低了也不行。有時燒得高一些，他就罵道：『你們要熱死我嗎？快給我拿扇子來！』有時燒低了一些，他又罵道：『我是病人，你們要凍死我嗎？』羅隆基還常罵警衛：『我要打電話問羅瑞卿，是叫你們來保衛我的，還是監視我的？』」

中國人民保衛世界和平委員會的工作人員，揭發羅隆基在國外斤斤計較生活享受的事情。說他每到一個地方，總同別人比住的房間，比汽車，甚至連抽中華牌香煙也要比，看誰抽了筒子煙，誰抽紙包的。一九五五年到赫爾辛基開和平大會。代表團第一天的深夜抵達莫斯科，大家都很疲勞，而住在六層的羅隆基忽然打電話給住在一層的工作人員，問：「你們怎麼分配我的房間裏的浴池沒有水？」等翻譯找到旅館的服務員一同爬到六樓，他又說：「不用修了，我今天不洗澡，辦貨。」這些工作人員還說，他每次出國對開會沒有興趣，最感興趣的是看美國電影和雜誌，遛大街。他借公家許多外匯買衣料、藥品和香煙。不僅自己買，還給浦熙修和乾女兒買。

體育運動委員會辦公廳的人揭發羅隆基每逢體育館有精彩的球賽，總來要票，一不如意，就大發脾氣。他曾直接打電話質問：「為什麼黨員部長可以坐主席臺，而我這個四級部長卻不能？主席台的請柬都發到哪裏去了？」

全國政協的工作人員說羅隆基一九五六年十一月入川視察，大擺老爺架子，堅持單獨坐一輛小轎車，不與他人共乘……

羅隆基這個人的個性表現，就像一齣戲。好不好、精彩不精彩，全都演在你面前。他曾說：

「小事一百條也不要緊。」像他這樣的政治家，沒有想到世界上另有一種政治鬥爭。古人講：「以一毫挫於人，若撻之於市朝。」千萬別低估這些小事、瑣事，它們或被放大、或被歪曲、或被捏造，若捆綁在一起，便有了很強的殺傷力，不僅讓愛面子的羅隆基丟盡了面子，而且還給他製造出一副形同惡棍的嘴臉。當一個人被推至險境，這種無可逃遁的告密、叛賣，也最為驚心動魄。

七鬥八鬥，從盛夏鬥到寒冬，特別是十二月二十一日、二十二日、二十三日連續三天在豐盛胡同中直俱樂部進行的批鬥，使心力交瘁、氣血兩空的羅隆基在十二月二十六日這一天，終於低下了高昂的頭：從發誓「把自己的骨頭燒成灰也找不到反社會主義」，轉化為承認自己「企圖把民主同盟造成一個大黨，同共產黨分庭抗禮，這絕對不僅是思想認識上的錯誤，而是章羅聯盟有綱領、有組織、有計畫、有步驟的陰謀活動。」──這個檢查由於符合毛澤東定下的結論，而獲得毛澤東的認可。統戰部、民盟中央整風領導小組以及胡愈之本人，都大鬆一口氣。因為經統戰部核准的「民盟中央十月至十二月三個月反右派鬥爭計畫要點」裏，必須按時全部「拿下」中央一級的右派。羅隆基是最後一個被「拿下」的。而這一刻，距離規定的期限僅有四日。在拿下他的當晚，工作步驟已經落後於其他黨派的民盟中央整風領導小組，立即遵照統戰部要求，著手討論右派份子的處理問題。

美國一位專門研究中國政治的學者認為，毛澤東於一九四九年後在知識份子群體中搞的一系列政治思想運動，無一不是在反反覆覆、鋪天蓋地、無休無止的檢查、反省、交代、檢舉、揭發、批

判、鬥爭中，控制環境，控制被批判者人身。利用人們的內疚和自慚，產生恐怖心理。而孤立的處境、緊張的情緒，加上持久的社會壓力和反覆的思想灌輸，在摧毀一個人的內在個性的時候，被批判者只有屈服於權威，至少是暫時接受「新」的思想和觀念，此外別無出路。西方學者的分析很精關，但父親和羅隆基的認罪服輸，又略有不同。

父親認罪在先，而且很快，對此，章乃器曾嘲笑他「沒有骨氣」。而父親是這樣對家人解釋的：「你不認錯，難道讓中共認錯？老毛什麼時候承認自己錯了？再說，我不低頭，繼續頂下去，這個運動怎麼收場？那些受我牽連的民盟、農工（指農工民主黨）的成員，又該怎麼弄？我僅僅是受批判，事情到了底下，很可能就是殺頭。我不曉得自己現在是政治家，還是別人說的政客，但我知道既然搞了政治，就要有接受失敗的能力，盡量做好可能挽回的事情。」

羅隆基投降在後，且遲疑再三。七月上旬，他從統戰部談話回家，對秘書說：「李維漢對我還是很客氣，當年對張東蓀可不是這樣。」那時的羅隆基，對自己的結局還沒有做充分的估計。同月，在人大會議期間，羅隆基雖感到前途不妙，但仍在家對秘書說：「人大頂多撤銷我的部長職務，不會取消我的代表資格。」幾天後，在會議閉幕前夕，他決定寫一份「初步交代」，忽然聽到父親和章乃器要在大會上做檢討的消息，他急了，催秘書盡量快抄自己的交代草稿，並說：「我不去交代，要吃虧。」在對他的批鬥達到圍剿程度的時候，羅隆基不僅感到了「被逼」的可怕和心碎氣絕的哀痛，而且開始把交代論罪與事情的後果，直接聯繫起來考慮了。於是，他一再對秘書講：「這事將來怎麼收場呢？總不會送我們去勞改吧！」所以，他是在不斷的打探摸底、權衡利害中步

步退守，心力耗盡後慢慢倒下的﹔是一種非常現實的原因，使他認了輸，投了降。我今天能描述出羅隆基節節敗退的過程，當然也得益於羅隆基的性格：身邊的秘書分明是個告密者，他還一直視為貼心人。

一九五八年一月下旬，父母雙雙接到民盟中央的通知，要他們去參加二十六日下午二時半在北京南河沿政協文化俱樂部舉行的中國民主同盟中央常務委員會第十七次（擴大）會議。父親請了假，讓母親去，說：「有一雙耳朵聽，就夠了。」

會議開到六點多，肚子空空而並不感到餓、滿身涼氣卻不覺得冷的母親走在歸途，已是華燈初上。門鈴聲一響，久等在家的父親立刻從沙發上站起來，並叫我：「小愚，快去接你們的媽媽。」

母親懂得父親欲知詳情的急切，洗了把臉，接過熱茶，便細述會議的情況。她說：「老羅（隆基）去了，還看見潘光旦、曾昭掄、錢端升、郭翹然、馬哲民、費孝通、黃藥眠、吳景超、浦熙修、黃琪翔、錢偉長、劉王立明、陶大鏞。廣東的丘哲、上海的沈志遠、四川的潘大逵、陝西的韓兆鶚沒有來。會場的空氣非常緊張。別說左派不理右派，就是右派之間，也互不理睬了。」

其實，心情緊張的不止是被宣佈處理的右派，還有坐在主席台上的史良。她非常擔心羅隆基不服處理，所以在頭天（二十五日）晚上舉行的整風領導小組擴大會議上，反覆強調並一再叮囑：「在座的同志要做好思想準備，若右派份子對自己的處理表示接受，確已低頭就很好，萬一他們鑽空子，態度表現不好，我們就及時展開批評。」

會上，胡愈之先做人員出席情況說明，由沈老（鈞儒）宣佈開會，過了不久，便由史良接替他當主持。高崇民代表中央整風領導小組做「中國民主同盟反右派鬥爭的基本情況報告」。楊明軒做「關於處理本盟中央一級右派份子的工作經過說明」。然後，由李文宜代表民盟中央整風領導小組提出「各民主黨派中央關於處理黨派內部右派份子的若干原則規定」和「中國民主同盟中央常務委員會關於處理本盟中央委員和候補中央委員中右派份子的決定」（草案）。這些規定和決定在史良主持下，舉手通過。

當「不劃不戴」、「劃而不戴」、「又劃又戴」（「劃」指劃為資產階級右派份子；「戴」指戴上資產階級右派份子的帽子）等一大串名詞兒從母親嘴裏「蹦」出來，我備感新奇。它們活像食譜菜單上的「乾炸帶魚」、「五香帶魚」、「紅燒帶魚」等名目，那麼地豐富、別致，且又能在同一品類中體現諸多差別。父親和羅隆基同屬「又劃又戴」類，受降職、降級、降薪處理。

母親說：「民盟的中央委員和候補中央委員有五十九人劃了右派，全都戴上了帽子。他們佔中委和候補中委的三分之一。聽到這個數字，我非常難過。可民盟中央的人，從大會主席到普通幹部，居然都很振奮。會議的最後一項內容是討論和發言。發言的人裏有左派，如徐壽軒，陳望道、楚圖南、劉清揚、鄧初民，也有右派，如浦熙修、費孝通、葉篤義。左派表示衷心擁護黨和民盟中央整風領導小組的決定，慶祝民盟取得反右鬥爭的偉大勝利。右派表示衷心感謝黨和民盟中央整風領導小組的決定，及時教育和挽救了自己。右派當中，最獲寬大的是浦熙修。她自己激動地說——是黨和民盟組織使她從右派泥坑裏爬出來，看見了敞開的社會主義大門。在講這話的時候，我瞥了

老羅一眼，只見他的臉氣得鐵青。」

全家在沉寂中，用罷晚飯。母親讓我早早睡下，她和父親臥室的燈一直亮著⋯⋯

「君子惡居下流，天下之惡皆歸焉。」從此，天下所有的壞名聲，都歸集到章羅的身上。他們，開始了右派帽子下的另類人生。

一九五八年春季，民主黨派結束了運動，恢復了正常秩序。在我的印象裏，反右以後的民主黨派工作，似乎只剩了兩項事情，即政治學習和學習政治。父親接到了民盟中央數次參加政治學習的會議通知之後，覺得總是請假，也不大好。一天，他去了，去得有些早，便選了一個旯旯的座位坐下，靜候開會。沒多大的工夫，吳晗、鄧初民等人相繼到會。他們一眼就看見父親，卻跟沒瞧見一樣，選的座位都離父親很遠。羅隆基來得最晚，他走進會議室，發現基本滿座。雖有零星空缺，但左派們的臉色，個個難看。顯然，誰都不想與他為鄰，倒是父親旁邊有空位子。

他猶豫片刻，才走過去。對父親低聲道：「今天，我暫時和你聯盟吧。」這話，讓父親記起了那根摔成三節的枴杖和永不聯盟的誓言。

他倆並排而坐，互不交談，只是在聽別人大講思想認識，大談心得體會。結束時，胡愈之在做內容歸納的同時，仍不忘批判章羅聯盟。宣佈解散了，羅隆基站在民盟中央朱紅大門的一側，看著父親坐著老「別克」車開走，自己慢慢拐出了胡同。

翌日上午，父親接了一個電話，笑著對母親說：「健生，你猜是誰打來的電話？」

母親答：「不知道，現在還有誰給我們家打電話。」

父親說：「是努生。他也不問候一句，便說：『伯鈞，看來先低頭認罪的人，還是得了些好處呀！』」

母親不解其意。

父親道：「他這話是有感於昨日散會時，我坐車、他走路的情景。」

我問：「爸爸，你和羅伯伯不都是降職降薪嗎？為什麼你能坐車，他卻要走路呢？」

母親告訴我，雖然兩個人都是降職降薪的處理，但二人被降的幅度、尺寸不同。父親是從行政三級降到七級，後來徐冰（即邢西萍，時任中央統戰部副部長）還把五十元的保母費，加了進去。羅隆基是從四級降至九級。人降到九級，專車便沒有了。

父親又補充道：「這也難怪努生把座車的事看得那麼重，因為在缺車少油的中國，坐小汽車是個權力和地位的標誌。把我的車從蘇聯老大哥的新車『吉姆』，變為美國的舊貨『別克』，也是在於要體現一個『降』字。」

由此，父親和羅隆基開始了電話聯絡。最初的情況，往往是在雙方收到了民盟中央或全國政協的會議通知的時候，彼此問問去不去赴會。

數月後，大概是一九五八年九月間，羅隆基打來電話，說：「伯鈞，我想到你家坐坐，歡不歡迎呀？再問問李大姐，她接不接待呀？」父母自然歡迎，因為他們正過著寂寞清冷的日子。

秋日載陽，整座四合院染上一層金黃，院子裏的核桃樹、柿樹、石榴樹、枸杞樹的纍纍果實，

嵌綴在綠蔭之中。這些花果樹木是父親在一九五○年從北京飯店搬到這座大四合院，親手栽植的。

光陰七載，匆忙之間沒有誰留意它們的生長。待到如今，看到的已是臨近墜落的成熟。放下電話的父親，徘徊於秋陽綠蔭之間。母親在耳房準備茶食，儘管客人只有一個。我按捺不住興奮，畢竟好久好久沒有看見羅隆基了。他還像從前那樣西服筆挺、風度翩翩嗎？

「唉，『冠蓋滿京華，斯人獨憔悴』哪！」羅隆基的身影和這兩句詩，一起飛臨而至。

父親含笑與他握手，道：「我們都是下喬木而入幽谷哇。」

人方坐定，母親即把擦手的小毛巾、大中華香煙和一杯清茶，擺到了跟前。茶香瀰漫，客心安然。羅隆基環顧客廳，長出一口氣，說：「到了你們這裏，覺得是在家。自己的家，倒像個客棧了。」

父親很高興，知道我躲在客廳的玻璃隔扇後面，故高聲說：「小愚，出來看看羅伯伯吧。」

羅隆基從沙發上站起來，拉著我的手說：「二年時間，我們的小愚，長成大姑娘了。好好看看你的羅伯伯，變老變醜沒有？」

他一點沒有變，風度依舊，性格依舊，話未說上三句，便對父親說：「今天來你家，我是向政協要的車。」

父親聽懂了，吩咐洪秘書到傳達室，叫政協的司機把車開回去，對羅隆基說：「等你走的時候，用我的車。」他聽了，很滿意。

他們的第一話題，是反右。對此，羅隆基感慨萬端，說：「伯鈞呀，這個反右，毛澤東搞的是

誘之言，陷之罪哇。而我們是轉瞬之間，百暖百寒，一身嘗盡矣。自己是想做官的，但做官做到飽受屈辱，人格喪盡，是誰也沒有料到的。對三五反，我就有些看法。被認爲有問題的人，都鬥得很苦，像潘光旦、劉王立明。一個老百姓不管有無問題，怎麼可以這樣對待？何況是潘光旦這樣的學者教授。在民主黨派裏，三五反民建（即中國民主建國會）受到很大影響。肅反時的搞法，我更是不同意的。被冤枉的人不少，又無法申訴。這麼，我才提出建議成立一個平反委員會，它必須自成系統，而且一定要和共產黨的領導機構分開來。我的這個提議，目的無非是爲受委屈的人解決問題。後來毛公又搞胡風，我當時就跟范樸齋、張松濤講，共產黨這次肯定也是錯了。我的主要講話，大部屬於人大、政協、統戰座談會上的發言，按說是應該受法律保護的。結果，都成了共產黨劃我做右派的罪狀。」

在定性材料【見附件二】裏，羅隆基最覺得冤枉的是指認他「解放以來在民盟內部結成包括有張東蓀、周鯨文在內的秘密集團，進行反共反人民的陰謀活動，有組織有計畫地策劃部署、奪取據點、擴充實力、打擊排斥共產黨員和左派。經過揭露以後，仍然採取隱蔽方式，繼續活動。」父親一向認爲羅隆基在民盟中央愛拉小圈子，背後愛搞小動作，但說這是「進行陰謀活動的秘密集團」，實在是莫須有的罪名。

羅隆基把嘴角一撇，極不服氣地說：「我愛搞小集團，他毛澤東就不搞小集團啦？說我搞陰謀活動，他毛澤東就不搞陰謀活動？伯鈞，鳴放就是陰謀哇！」

聽了羅隆基定性材料的內容，父親才明白爲何統戰部、民盟中央要對其進行長達半年的批鬥，

還要查繳他的私人信函。父親說：「當初在報上看到你的檢查又長又雜，拉扯上許多人。我是不滿的，還對健生說——努生把所謂的罪責包到自己的身上了算了，現在少牽扯一個人，今後就少一家人受罪。現在經你解釋，我才算明白。中共既認為你有集團性的陰謀，那就勢必要你交代出一個陰謀的集團來。」

父親的理解與同情，讓羅隆基十分感動。他搖頭歎息：「我們簡直是做了一場惡夢，惡夢一場呀。」

父親補充道：「惡夢裏的魔鬼，就是那個高喊『長期共存』口號的人。農工的人揭發，說我攻擊他『一半是天使，一半是魔鬼』，現在看來，這魔鬼的部份越來越大了。」

羅隆基還和父親談及張東蓀。他說：「都說我和張東蓀是一個小集團的人，可是，他的叛國案子出來，連我都嚇了一跳。四九年的他，還在遊說傳作義放下武器，讓共產黨兵不血刃佔領紫禁城。到了五○年底，他就樂意讓美國人收拾毛澤東？這從邏輯上就講不通嘛！他和我都不希望中共外交倒向蘇聯、去做史達林的附庸。但我決不相信張東蓀為了這樣一個政治見解，就甘願充當什麼特務或間諜，儘管他和美國領事有些往來。我和他在一起經常議論國事，比如第三次世界大戰，抗美援朝。看法有時一致，有時也不一致。難道這就是集團性質的秘密活動？什麼叫共和國的公民？他毛公知道不知道？」

父親聽到這裏，笑了。

對張東蓀的叛國，父親認為：「這個事情一定非常複雜。我看民盟中央沒有一個人知道真

「不知道真相，可一直受他的牽連。」羅隆基始終為此而叫屈。

接著，父親告訴他，自己的劃成右派的依據共五條。第一條，是主張輪流執政。而這麼至關重要的話，並非自己所講，乃出自程潛之口。第五條是反對文字改革，純學術問題，也充做反黨言論。罪狀由共產黨定下，概不與本人核實。

你一言，我一語。羅隆基越說越勁了……「對共產黨，有此道理是講不通的。憲法制定的時候，我早說它不大像法，仍舊是屬於『共同綱領』性質。《人民日報》發表的有關中華人民共和國國家政體的社論，根本是錯的。民盟在給我劃右定性的材料裏，特別寫明一條──『羅隆基反對國家的重大政策問題先在共產黨內討論然後提出商議的做法。』我是一直反對中共這種做法的。反對的原因也很明確，因為這種做法屬於黨治，不合國體呀！現在怎麼樣？事實說明問題。我們還沒有犯法，就由毛主席宣佈『有罪』。國家主席或執政黨領袖的講話，即可成為判罪的標準？一點法律上的正當手續也沒有，何況它本來就是一部沒有訴訟的法。國家憲法的要義，就是政府守法。老實講，毛澤東的搞法就是違憲。──伯鈞哪，可以說我們是為真理而淪為賤民。」

羅隆基的九載清華校園生活以及留學生涯，使他對西方近代意義上的民主政治，有著跟他同代知識份子很不一樣的認識。這些個人的親身經歷與所信奉的思想牢牢地黏合在一起，便能產生出一股持久的力量。我想，已是右派的羅隆基之所以在政治思想上保持著自信，很大程度上來源於此。

國家尚無法，中國人的基本權利問題沒有解決──這是羅隆基在中華人民共和國成立後，堅持的一

個基本觀點。經歷反右運動，他是愈發地堅持了。

用車把羅隆基送走後，父親對我說：「老羅的話雖不錯，但他太天真了。」

我問：「羅伯伯天真在什麼地方？」

父親講道：「他的天真表現在和共產黨打了半輩子交道，還沒有認識共產黨。比如，努生常講的那個立法問題。不是國家不立法，憲法也有了。實際上是共產黨管理國家的辦法，不需要法。『如今還是半部《論語》治天下。』這話，我在鳴放時講過，被人揭發，傷害了老毛和中共領導人。但是，既然大家都搞政治，那就要正視現實。現實是什麼？現實是我們今天的制度，有一半是封建社會專制主義那一套；另一半是向蘇聯學習，搬來老大哥的秘密警察那一套。秦始皇加克格勃，我們國家的政治是用這麼一部機器操作的。老羅所說的法，即使有了，如制度不改變，中共也只會擺在那裏，做做樣子。」

關於反右後的民盟，是父親和羅隆基談論的另一個話題。

父親說：「民革因是些降將，本就抬不起頭。三五反收拾了民建。比較敢講話的，只剩下民盟和農工，而反右的打擊重點，就是民盟和農工。老毛這次的最大收穫是，通過反右完全控制了民主黨派，也完全控制了中國知識份子。而中國的民主力量和中國知識份子的獨立自主精神，本來就脆弱。今後，民主黨派只能點點頭稱是地過日子了。」

羅隆基則預言：「在民盟那些積極批鬥、惡語中傷我們的人，將被統戰部提拔重用，並坐上我

們騰出的位子。」

父親很同意這個看法。他倆一致判定胡愈之要當上副主席，鄧初民、吳晗、楊明軒三人，也都極有可能坐上副主席的椅子。而像千家駒等人，大概會從中央委員晉升爲常務委員。而殺回馬槍的史良，也一定會保住自己的位子。

一九五八年十一月十二日─十二月四日，民盟召開了第三次全國代表大會。改選是一項最重要的內容。一切正如他倆的測算：史良、高崇民、馬敍倫保留了原有職位，胡愈之、鄧初民、吳晗、楊明軒，全都如他倆以償地當上了副主席。大概怕人家說打手都上了台，故又增加了陳望道及楚圖南。這樣，民盟中央副主席從原來的五人增加至九人。千家駒、沈茲九等人，進入了常委的行列。

會議通過了「中國民主同盟關於社會主義改造規劃」和「開展社會主義自我改造競賽的倡議書」。從此，對知識份子的政治思想改造，成爲民盟的光榮使命與現實任務。而這恰恰是羅隆基最反感的，儘管在民盟中央舉行的一次批判會上，他表示：「我要改造自己。我願意改造自己。我堅決相信我一定能夠改造自己。」其實，他的內心，從不相信「改造」二字，至少他認爲自己是不能改造的，也是不能被改造的。

「共產黨制定的改造知識份子政策，不僅說明這個政黨是把知識份子排除在人民之外的，而且還是一種思想控制的好辦法。」羅隆基的這句話，才表達了他的眞實看法。

關於思想改造，記得他還曾半開玩笑地對我做過一番解釋：「小愚，你知道嗎？思想改造這個詞，在西方叫洗腦。就是把原來裝在你腦子裏的東西掏出來，灌入官方認可的思想意識。你爸爸或

許還能洗一洗，因爲他在德國學的哲學裏就有馬克思主義，現在再裝此中國造的馬克思主義，毫不困難。所以，民盟開會，談論形勢、座談社論、聯繫思想的時候，你爸爸就用上了那一套，總有話講。唉，唯有你羅伯伯可憐哪！二十幾歲，在美國讀政治學博士學位。後來，在英國又投到拉斯基門下。那時用功、記性又好，資產階級政治思想的一整套，在腦子裏裝得特別牢，要不然怎麼還是費邊社的呢？可現在想掏出拉斯基，裝進馬克思，就不行了。我一發言，自己覺得是在講馬列，人家聽來，仍舊說我是冒牌貨。」

我告訴羅隆基：「我們中學生也在寫個人思想改造計畫，積極要求進步的同學還按期給團組織寫思想彙報呢。我也按要求給班主任寫了一份，說『共產主義好，可誰也沒見過，自己不大相信這種虛幻之物。』沒想到這份思想彙報被油印出來，發給每個同學，做爲批判材料。」

他聽了頗爲詫異，跑回客廳，對著父親驚呼：「你這個當父親的知道嗎？小愚也和我倆一樣，寫彙報，受批判。思想改造怎麼從中學生就開始了？」

關於民盟的話題，父親和羅隆基除議論人事，更多地集中在對民盟政治宗旨的認識上。只要涉及這個主題，父親和羅隆基的心情都很沉重。

羅隆基說：「伯鈞，從現在的政治現實來看，我在三九年草擬的『期成憲草』並未過時呀！當初國民黨政府借助戰爭需要，無限制地膨脹權力，現在的共產黨不也如此嗎？在『修憲草案』裏我提議設立一個監督政府、防止濫用權力的機構，這個提議現在不也適用嗎？比之從前恐怕是更加地必要了。」

「是的。」父親附和著。

羅隆基繼續說：「四一年成立民盟，不論你搞的第三黨，還是張君勱和我代表的國社黨，都是以建立一個十足道地的民主國家為奮鬥目標。民主政團同盟的綱領有十條。除了強調抗日主張，它的核心政略概括起來有兩項。一個是要求政治民主化，另一個是主張軍隊國家化。而政治民主化的內容，就是結束黨治。伯鈞，不知道你還記得不？我們在這方面寫得很具體呀！比如嚴行避免任何黨派利用政權在機關、學校推行黨務；政府一切機關嚴行避免一黨壟斷及利用政權吸收黨員；不得以國家收入或地方收入支付黨費，包括政黨活動之所需經費等等。」

父親說：「這些條款都是針對國民黨的，所以老蔣看罷，對張表方（即張瀾）大發脾氣。其實在發表以前，黃炎培怕對國民黨刺激太大，就明確要求刪去反對國庫負擔黨費等條款。」

羅隆基接過話頭，說：「那時的共產黨是支持我們的。他們也接受『政治民主化』、『軍隊國家化』的原則，而且特別指出要先實行政治民主化。現在看來，執政的中共也步國民黨之後塵，上得台來，就把自己的政黨自命為『國家』。」

扯到這些話題，父親回顧了第三黨的歷史，並說：「當初搞第三黨，就是既不贊同國民黨，也不欣賞共產黨。鄧演達是這個觀點，我也是這個觀點。四五年民盟召開臨時全國代表大會通過的四十九條政綱，在國家制度的模式上我們就是明確要『依靠英美蘇的經驗，樹立適合中國國情的民主制度』。其中還特別強調必須把英美的議會制度、政黨制度與蘇聯的經濟民主結合起來。」

羅隆基感歎道：「可惜呀，我們美好的設想和進步的主張都成為泡影和夢幻。」

「努生，你想過民主黨派的政治主張成為泡影與夢幻的原因了嗎？」父親問。

「你認為的原因是什麼？」

「主要原因有兩個。一我們都把共產黨、毛澤東想得太好了，二由於我們都做了官了。兩者相結合，使得我們這些人既是被動地、也是主動地放棄了從前的主張。」

羅隆基眨巴眨巴眼睛，想了一陣，說：「伯鈞，你講對了，我們是這樣的。其實，肅反、三五反的搞法，我們是有思考的。張東蓀的案子出來，我們也有警覺。」

父親毫不客氣地打斷了他的話：「面對武力起家的共產黨，書生的思考和民主黨派警覺頂個屁用！」

父親的激憤，令議論戛然而止。

「伯鈞，我又來『聯盟』了。」這是他一腳踏進我家二門時，常掛在嘴邊的話。話傳進我的耳朵，便情不自禁地要跟父母朝著客廳走。

父親和羅隆基聊天是休閒，也是一種繼續思考，對我來說，聽他們聊天不僅跟讀書聽課有著同等價值，而且是享受，彷彿有一種智慧的光束在眼前閃過。父親有時訓我：「小孩子不要聽大人講話！」於是，我就藏在玻璃隔扇的後面偷聽。

一次，被羅隆基發現了，他格外高興。說：「小愚，到客廳來哇，羅伯伯給你講一個家鄉的故事——有個女婿在新婚大喜後，陪著媳婦回娘家。丈母娘給他吃點心，一個碗裏打了四個糖雞蛋。

小舅子見了很想吃，母親告訴兒子，新姑爺不會都吃掉，剩下的歸你。這個小舅子就躲在堂屋門簾後面偷看、等著。姑爺吃了一個，又吃了一個，再吃一個的時候，他就著急了，但心想，還剩有一個呢。可他看見姐夫的那雙筷子去夾第四個糖蛋了，便放聲大哭，走了出來，說：『媽，你騙我，四個蛋他都吃了。』小愚，你就坐在這裏，羅伯伯一個糖蛋也不吃。」

搞政治的，不談政治，恐怕就像不讓人呼吸一樣地感到憋悶。這兩個因言論而獲罪的人，還是惡習不改。見面聊的，不外乎國內要聞，國際形勢。他倆的議論有時一致，比如，都認為中國抗戰的勝利起關鍵作用的人物有兩個，蔣介石和羅斯福。他們有時看法各異。比如：羅隆基認為第三次世界大戰很有可能打起來；父親始終認為打不起來，所謂第三次世界大戰是拿來嚇唬人的。羅隆基認為美蘇對立、兩大陣營的冷戰是世界最棘手的問題；父親卻說地球上最複雜的地區是中東，中東問題最難辦……可惜，他們吉光片羽式的對話，不是我聽不大懂，就是聽後忘記了。

議論中，羅隆基愛聯繫自己。剛果的盧蒙巴被暗殺，一時間鬧得沸沸揚揚。父親和他對這個件議論了好一陣。我做完功課，母親讓我端一盤烤麵包到客廳去。羅隆基見到我，便說：「小愚，我和你父親正在談論盧蒙巴呢。我很遺憾活到今天，如果三三年被老蔣派的特務一槍打死。你的羅伯伯就是英雄，和今日的盧蒙巴一樣。」父親坐在一側，只是笑。

一說到英美以及歐洲國家的政事，如蒙哥馬利訪華、載高樂當選總統等，羅隆基尤其興奮。記得甘迺迪競選獲勝的消息傳來，他驕傲地對我說：「小愚，你知道嗎？甘迺迪和我是同學。」他見我驚訝的表情，慨然道：「別看我現在是這麼一副倒楣樣子，遙想當年，你羅伯伯在清華

讀書就很出些鋒頭。五四運動時，我是清華學生的領袖人物，有『九載清華，三趕校長』【註釋十二】

的故事。從英美留學歸來，也神氣得很哪！《晨報》社長兼《益世報》主筆，還在南開任教，兩輛

小汽車穿梭於京津二城。蔣介石請我當部長，我在盧山給他講過課。在國內我的朋友現在都成了右

派，可我的同學和學生在國外都很了不起。費正清就是其中的一個。」

羅隆基走後，我問父親：「羅伯伯當年真的神氣嗎？」

父親點頭稱是。

「那你們為什麼合不來呢？」我又問。

大概是看我對大人之間的事興趣甚濃，父親有一次在飯桌上，細說起來：「我和努生的矛盾，

基本上沒有因為個人私事，大多出於見地不同和民盟的具體事務。加上他爭強好勝，度量狹小，講

話有時又尖酸刻薄。所以，民盟的人都知道，我倆一見面就吵。但是長期以來，我容忍了他，原因

有這麼幾個。一是覺得中共比較信任我，有了這個前提，我應該團結他。二是老羅和他周圍的一些

人，如曾昭掄、潘光旦，你說他們是英美派也好，講他們搞小集團也罷，但有一條無法否認的事

實，即他們是中國為數不多的高級知識份子。努生對你說『我的同學和學生都很了不起』，並不是

吹牛皮，中國搞建設，民盟的發展，都離不開這批人。我通過努生能聯絡他們。三是平心而言，中

共對老羅的使用，多少有些屈才。他博學強記，精通國際政治和西方法律，又有雄辯之風。胡適就

非常佩服努生的政治本領，連沈衡老（沈鈞儒）都說過，誰要查詢法律程式問題，不用翻書，去問

努生即獲答案。像這樣一個人，偏叫他去管木頭。如果說，外交部部長是周恩來，老毛讓羅隆基去

當個次長，又有何不可？再說，蘇聯老大哥就那麼好？英美就那麼壞？我看未必。只要我們與英美不處在戰爭狀態，叫努力這樣的人去拉拉關係，做做工作，對國家總有利吧！盧布是錢，美元也是錢。——有了這麼三條原因，我和老羅儘管磨擦不斷，但還能共處。特別是任命他為森工部長後，我覺得中共對他的看法有所改善，我對他的態度也就主動緩和了……」

聽了父親這番話，我對羅隆基的好感有增無減。

民盟發起人之一、哲學家、政論家張君勱曾說：「學政治（學），要在英國。學哲學，要在德國。」羅隆基和父親剛好就是這樣的知識組合。為什麼有這樣知識的人，咱偉大領袖偏偏不喜歡呢？

幾年前，看到一個上海作家寫的文章。那裏面說反右運動中，最讓羅隆基傷心的人有三個。他說錯了，最讓羅隆基傷心的人，只有一個。那就是浦熙修。父親和他談論反右的話題，如若涉及到人，羅隆基便要一而再、再而三地提到浦熙修，表情傷感，語氣也傷感：「你們可知道，浦熙修為了自己生，不惜要我死呀！把床第之語，也當做政治言論，拿到大會上去揭發——『高饒事件是共產黨內部的宗派主義。』『什麼場合都喊共產黨萬歲，毛主席萬歲，聽多了，便覺肉麻。』『匈牙利事件發生後，蘇聯出兵是明顯的干涉別國之內政，社會主義陣營寧可失掉匈牙利，也比蘇聯出兵好。』『文藝為什麼只有工農兵方向？』等等。她在新聞界的批鬥會上揭發我的事情，可以講，是條條致命呀！難怪孔老夫子要說『唯女子與小人為難養也』。」

父親勸羅隆基對浦熙修的翻臉，也要看開些，勸解道：「努生，首先是你連累了她，再加上來自外部的許多壓力，她才迫不得已同你翻臉。我想，她的心裏並不好過。」

「你說連累，那麼你不是也連累了健生。外部的壓力對李大姐小嗎？她怎麼不同你翻臉呢？浦熙修出賣我，只不過保住了一個全國政協委員的身份，還是劃了右。何苦呢！」羅隆基有點激動，鏡片後面的一雙眼睛，瞪得很大。

母親則告訴他：「運動到了緊張階段，上邊也派人找我談話，說應該為自己今後的前途著想了。要『遠看劉清揚【註釋十二】，近學浦熙修』。趕快和章伯鈞劃清界線，揭發他的問題。我說我對封建思想嚴重，『嫁雞隨雞，嫁狗隨狗』，心甘情願和伯鈞一起當右派。」

提起「十年親密的朋友」，羅隆基悻悻然，又悵悵然。

父親怕他因情而傷身，便講了句哲言：「最親密的結合，本是對立物的結果。」好讓他想通看透。

母親為了幫他解開心中的疙瘩，便說：「老羅，浦熙修固然負你，可你不是也曾負人嗎？這樣去想，心裏頭或許會平衡一些，好過一些。」

羅隆基仰靠沙發，眼望天花板。思索片刻，道：「說起負心，我亦有之。一次，我與史（良）大姐約會。到了很晚的時候，才想起來那天是劉王立明的生日。我趕快跑去打電話，她不接，便立刻跑到她家。進了客廳，就見立明坐在地上，手裏拿著把剪刀，在剪一塊衣料。我走近細看，才發現她在流眼淚，而那塊衣料是我去年送她的生日禮物。我去扶她，拉她，請求她從地板上起來。她

不肯，一句話不說，也不看我，只是剪，剪，剪。我沒有辦法了，也坐在地板上，陪她，看著她慢慢地把衣料全都剪成一絡一絡的細條。」

話說到此，羅隆基不禁歎息道：「李大姐，這就是我的負心之舉，而它怎麼能與浦熙修的揭發相比呢！」

隨著他的敘述，在我腦海裏呈現的是美國默片裏情人吵架鬥氣兒的一個動人場景。我長大後，也和男人鬧過彆扭，自己想學學這種「此時無聲勝有聲」的做派。可涵養功夫不行，浪漫情調不夠，是學不來的。

當然，羅隆基和他唯一的妻子王右家也有打架的時候，父親說：「努生的臉上要貼著白色膠布或塗著一塊紅藥水，那準是頭天晚上，小兩口動了手。」

我問：「誰打誰呀？」

「你猜是誰打誰呀？」父親故意考我。

「肯定是王右家動手唄。」

「你這個鬼丫頭！」聽父親這麼說，我肯定猜對了。

分手後的王右家，嫁了個富商。為此，遺憾又感歎的羅隆基會對父親說：「真是可惜呀，嫁做商人婦。」

我知道，無論是父親還是羅隆基，打骨子裏是看不起商人的。羅隆基每次登門做客，母親都特別厚待他，給他拿最好的煙，沏最好的

茶。他有時自備進口的雪茄，抽起來，滿室盈香。一次，他來家閒談。接過母親遞來的清茶，暖潤之氣隨著沸水中蕩漾的葉片，飄散而出。羅隆基雙手握杯，道：「李大姐，你有沒有妹妹呀？如果有的話，就介紹給我吧！」

母親眞有妹妹，是個堂妹。我和姐姐管她叫大阿姨。她女師大畢業，後嫁給了北京大學一個哲學教授。不知是誰不能生育，二人始終沒有孩子。在陪都重慶，大阿姨領養了一個極漂亮的男孩。然而，這個孩子最終也沒能維繫住婚姻。抗戰勝利了，他們也分手了。大阿姨從此過著獨居生活，終身從事幼教事業，她領導的中央財政部幼稚園，屢受表彰。一九五八年，看著母親劃爲右派，她非常痛苦。一個寒夜，她把所有熟睡的孩子仔仔細細看了一遍後服毒自盡。她的死，平靜淒美。人躺在床，寫字枱上放著一支高腳玻璃酒杯，內盛喝剩的萊蘇兒水，一個咬了幾口的鴨梨，幾張舊照。照片全是她和哲學教授及漂亮男孩的合影。

「老羅，本該我去死，是她替了我！是她替了我。」母親講到這裏，已是淚水潸潸。

話頭是羅隆基提起的，聽到的竟是這樣的一個故事。眼眶濕潤的他，不知該如何安慰母親才好。

父親愛看戲，尤喜地方戲。我從事戲劇研究，最初的興趣是他培養的。一九五七年以後，父親失去了在懷仁堂看戲的資格。全國政協有時也搞些晚會，父親去了幾次，便不大去了。他說：「裏面都是熟人，何苦去討白眼。」於是，決定自己買票，上戲院看戲。

父親出入有汽車，跟隨有警衛，加之衣著舉止及做派，總還有點「首長」的架式，進了劇場，

就挺招眼。不認識的觀眾，以爲是首長，要看看；知道右派面目的觀眾，就更要看看。尤其是幕間休息，不少觀眾站在他的面前，指指點點，眼睛直勾勾地瞧著。每逢這個時候，父親很覺尷尬。即或如此，我陪著他，還是看了不少戲，如福建莆仙戲《團圓之後》、黃梅戲《天仙配》等。

父親問羅隆基：「怎麼很少見你看戲呀？」

他對我們說：「成右派以後，我進過劇場。先頭還沒有注意，然後就感覺情況不妙。發現我在看戲，可別人都在看我呀。前排的觀眾扭過頭瞅，後面傳來問話——哪個是羅隆基？我索性起立，轉身面向大家，揮手喝道：『你們看吧，看吧！我就是羅隆基！』這一下，倒很有效，劇場頓時安靜，人家不再看我，大家都去看戲。」

他的話，引得一家人大笑不止。

我想：這樣的舉動，父親是不會做的。它屬於羅隆基。

一次，我去聽張權獨唱音樂會。在音樂廳裏，我看見了坐在後面的羅隆基。人很精神，穿著筆挺的米色西服，手持粉色的唐菖蒲。在旁邊的是趙君邁，一副中式打扮，像個跟班。張權每唱一首歌，羅隆基都鼓掌。字幕打出「休息半小時」，他立即起身，雙手捧花，走向太平門，這一路非常惹眼，他卻毫不在意。當我再看見羅隆基返回座位的時候，他手上的那束花沒有了。

幾日後，羅隆基對我提及那場音樂會，說：「我去，是爲了張權，不是爲了音樂。她與我是朋友，同是留美的，又都是右派。她的丈夫還把一條性命，丟在了東北。舞台上，觀眾只是覺得她光彩依舊，無人念及她的人生坎坷。我到後台去送花，用英語說：『祝賀你能在北京開音樂會。今晚

的你，非常美麗。』她連說 thank you。可是當我問生活可好的時候，她的眼圈立刻紅了。人呀，像這樣的舉動，父親也做不來。它屬於羅隆基。

沒有經歷生的一番苦，便不能瞭解心的創痛。」

顯然，那束粉色唐菖蒲，他是用心準備了的——為了往昔的友誼，為了共同的際遇。我想，像這樣的舉動，父親也做不來。它屬於羅隆基。

一九五九年的夏季，毛澤東在盧山搞起了反右傾運動，在黨內挖出了個彭（德懷）黃（克誠）張（聞天）周（小舟）反黨集團。消息傳出，父親和羅隆基很感突然。因為降職以後，耳目閉塞，他們和老百姓一樣，只能得到官方准予知道的消息。

父親以一種自語的口氣道：「彭德懷怎麼會和張聞天搞到一起？」

聽到這個消息，就跑到家來聊天的羅隆基說：「這有什麼奇怪？章羅能聯盟，他們也就可以成為集團。這肯定又是毛澤東下的結論。」

「右派、右傾，老毛如果總是這樣定罪的話，國家的政治生活，今後要不得了。特別是中共內部的鬥爭，非常殘酷。發表的公報和事實的真相，往往相距甚遠。」父親很有些憂慮。

自己災禍纏身，何必替他人擔憂——羅隆基多少懷著這種情緒，說：「天有不測風雲，人有旦夕禍福。彭德懷和我是連襟，但素無往來。我在他眼裏，始終是個異己。五七年我成了右派，有人問彭德懷的感想和看法。伯鈞，你猜他說什麼？」

「他說什麼？」

「他居然說，應該，應該。」

父親解釋道：「人家是共產黨，當然要這樣講啦。」

羅隆基不以爲然，說：「像他這樣的共產黨幹部，階級陣線劃得分明，不會理解和同情民主黨派。這次輪到他們自己的頭上，或許能有一些『法』的覺悟，不會老指責我們這些知識份子在崇尚西方政治民主了。」

這不久，不知從哪兒吹來一股風，說中共中央準備給一批右派摘帽子。這下子，羅隆基和父親往來特勤：打電話，碰頭，同去參加一個會⋯⋯內容是打探消息，核心是看看自己能否摘帽。

我隨父親到政協禮堂看文藝演出，在禮堂前面的大廳裏，碰見了林漢達。眉清目秀的林先生特意走過來，對父親說：「章先生，恭喜，恭喜。你的問題要解決了。」

父親追問：「什麼問題要解決了？」

林漢達沒有作答，用右手做了一個摘帽子的動作。

父親看懂了。

第二天，父親和羅隆基通電話，請他過來一趟。

見面後，父親即向他敘述了林漢達的話。

羅隆基一聽，就像觸了電，激動、亢奮。遂道：「伯鈞，多年的媳婦快熬成婆了。」

父親說：「這消息要是出自民盟的人，我不大信。是個外人、又很老實的林漢達講，情況就不同了。他又肯直接告訴我，說明消息的來源比較可靠。」

羅隆基點點頭，表示對父親分析的贊同，認為毛澤東一定發佈了給右派摘帽的指示。於是，兩個沉浮宦海、年過花甲的男人，像小孩猜謎一樣，猜猜明天誰能摘帽子。真是衰耄之氣頓消，少壯之心復起。父親提到章乃器、龍雲、黃琪翔，羅隆基說到潘光旦、曾昭掄、費孝通，他們還說到上海的王造時、沈志遠，報界的儲安平、徐鑄成……。事情涉及到自己。二人的看法便有了差異。

羅隆基對前途估計樂觀，覺得過去有功，自己有才，今後有用。他的結論是：「要給右派摘帽子的話，當然首先要給章羅摘帽，不然的話，地球上怎麼知道中共在給右派摘帽子呢？」

父親也在暗自企盼，但經驗給予他一種並不樂觀的感覺。他說：「摘帽子不是沒有可能，可我倆的希望不大。因為老毛恐怕要用來留作標本。」

此刻，不管誰能摘帽，僅摘帽二字，就足以讓他們心旌搖盪。

風吹一陣，似又恢復了平靜。國慶十週年前夕，毛澤東建議特赦一批改惡從善的戰爭罪犯、反革命罪犯和普通刑事罪犯。其中有溥儀、杜聿明、王耀武、宋希濂、沈醉等人，共三十三名，特赦戰犯釋放了，皇帝大赦了，後又聽說這一批人進了全國政協。一個週末的晚上，馮亦代來家做客。飯後閒聊時，他順口說道：「前幾天，我在政協小吃部，真的看到了溥儀。旁邊坐的一個小孩，連東西也顧不上吃了，跟大人鬧著要看皇上。」

這一下，大大刺痛了父親和羅隆基。兩人憤憤不平，你一言我一語，越說越氣。他們一致認為毛澤東的政策出於實用、功利之目的和某種炫耀心理及政治成就感。如以罪論，即使右派是罪犯，

他們也比任何一名戰犯乾淨。因為在知識份子的手上，沒有血痕。其實，無論是父親還是羅隆基，心裏是清楚的：毛澤東成功以後，防範的就是智者，尤其是那些善用懷疑眼光審視現實的人。

統戰部畢竟高明，沒有找他倆談話，但深知章羅此時正處於心理嚴重失衡的狀態。於是，組織他們南下參觀。父親參觀的路線是江浙；羅隆基走的是湘贛。父親和母親到了火車站，發現與之同行的有邵力子夫婦、陳半丁等人。這一路，天氣甚好，他們與邵老談詩，與半老論畫。與羅隆基相伴的人是康同璧（康有為之女）母女。

父親悄聲對羅隆基說：「看來，此行的主角是你我。」

羅隆基點點頭。

父母參觀的城市有南京、上海、杭州、紹興。但不久即發現，這些歷史上最富庶的地方，物資供應竟極其匱乏。去紹興坐的是船，船行水上，又有清風明月，邵力子酒興大發，一個勁兒地說，想喝「加飯」。上了酒，卻無菜。見此情狀，不管是左派、右派、還是陪同的統戰部幹部，誰也不吭聲了。

母親琢磨出何以無菜的原因，偷偷對父親說：「我們的一日三餐在計畫之內，是上邊指示，地方事先籌辦好的。邵老飲酒是個意外，意外就露了餡。我分析得對嗎？」

父親黯然不語，因為他看到了紅旗下掩蓋的貧困。

回到北京，父親和羅隆基寫了書面的思想彙報，感謝中共所提供的學習、改造機會。材料送上，如石投大海。統戰部既不說好，也不說歹。

羅隆基原先還在期待著什麼，後來便也明白了。不禁慨然道：「伯鈞，你說對了。不過是安撫我們罷了。」

我第一次去羅隆基的家，是他打電話向父親借閱每日三本的《參考資料》。自當上右派，統戰部取消了他看《參考》的資格，這可能與他降級過低有關。所以，隔一段時間，他就要向父親借些來看。

我說：「爸爸，讓我騎車送去吧！我還沒去過羅伯伯的家呢。」

父親同意了，又板起面孔，故意裝得很嚴肅的樣子，說：「你去要當心！他對女孩子是有魔力的！」說罷，倆人相視而笑。

這是在一九五九年八月的一個下午。羅隆基住在東黃城根附近的酒盈府胡同十二號，這也是一座四合院，不過比我家那所宅子的格局要小得多。羅隆基先把我帶到書房。地板、坐椅、茶几、寫字枱、書架，沒有一絲灰塵，乾淨得嚇人。每種報紙、期刊，在書架上均有固定位置。在書架每層隔板的外沿，他都貼著用毛筆寫的標籤：《人民日報》、《光明日報》、《人民畫報》、《爭鳴》等。寫字枱上放著一部極厚的洋裝書，書是打開的。羅隆基告訴我，這是一部外交史。

我說：「這麼厚，要多久才看得完。」

「小愚，這你就不知道了，羅伯伯看英文比讀中文還要快呢。」他給我泡了一杯茶，指著杯中泛起的新綠，說：「這種龍井是上品。小愚，我是把你當貴客呀。」

我摘掉草帽，滿頭是汗。羅隆基連忙跑了出去，擰了個濕毛巾來，說：「這是一條新毛巾。」

接過毛巾，有香氣撲鼻。

他打開電扇，電扇是放在地板上的。見我不時用手指按住飄起的裙邊，又走過去，蹲下，調整螺絲，將扇頭壓低。

發現我喝不進燙茶，羅隆基再次起身出去，隔一會兒，端來一杯放了冰塊的涼開水：「小愚，你現在覺得怎麼樣？還熱不熱？渴不渴？電扇的風大不大？」

十七歲的我，生平第一次受到一個男性如此體貼入微而又禮貌周到的接待。突然，我的臉紅了。

「羅伯伯，這倒水，沏茶，收拾房間，每天都是你做的？」

「親愛的小愚，我和你爸爸都是右派，又是聯盟。但實際上我哪裏比得了他。你家還有司機、警衛、勤雜、秘書、保母。我呢，落得個孤家寡人，從早到晚，形影相弔哇。」

我環顧四周，只有電扇發出的聲響。他這個家，安靜得有些過份。

羅隆基知道我是學文的，他的話題就從文學開始。問我：「現在文科教材裏面，有沒有現代文學史？」又問：「在現代文學史裏面，有沒有新月派？」再問：「新月派裏面，有沒有羅隆基？」

我一時不知該如何回答。因為我學戲劇文學，不開現代文學史課，而在我自己所讀的現代文學史裏，新月派宗旨已不是從「那纖弱的一彎分明暗示著，懷抱著未來的圓滿」，給「社會思想增加一些體魄，為時代生命添厚的一些光輝」的文學流派。官方認定的文學史上，說新月派在政治上是

既反對國民黨、又與共產黨作對的第三種力量的代表，並因為受到魯迅的批判而處於受審的歷史地位。

羅隆基見我回答不出提問，便給我上起課來：「小愚，羅伯伯要告訴你，新月派的人都是很有才華的，像徐志摩、梁實秋、胡適、沈從文、梁遇春。我們不是一個固定的團體，不過是常有幾人，聚餐而已。在一起的時候，講究有個好環境⋯吃飯的時候，愛挑個好廚子。我們的文風各有不同，你羅伯伯專寫政論，對時政盡情批評，幾十篇寫下來，被人叫做新月政論三劍客，另二人一個是胡適，一個叫梁實秋，都去了臺灣。可惜現在新月派被否定，羅伯伯被打倒，你讀不到我的文章了〔見附件二〕。比如我寫的『非黨員不能做官，為作官盡可入黨』一句，恐怕就已不只是國民黨政權底下的事實了吧。」

羅隆基常跟我提到昔日好友聞一多，他告訴我：一多和他同是清華辛酉級同學，鬧學潮的時候，同受「開除學籍」的處分；一起飄洋過海到美國留學；一道在芝加哥成立倡導國家主義的大江會；回國之後二人又與徐志摩、胡適等人創辦《新月》雜誌社。當然我還知道，是他介紹聞一多、李公樸參加民盟。一九四六年七月，聞一多、李公樸被害，十月四日上海各界舉行公祭大會，參加者有五千餘人，其中包括在滬國民黨要員，各黨派領袖和社會賢達。主祭沈鈞儒，司儀洪深。羅隆基坐在主席台上，已在落淚。

國民黨中央執行委員、上海市議會議長潘公展講話態度很不好，引起群眾激憤。這時羅隆基登上了講台，丟掉準備好的稿子，慷慨激昂演講。兩眼紅腫，聲音悽愴。他說：「民主是由坐牢、流

血犧牲而得來的，這也就是民主的代價！」「剛才潘公展先生說，我們究竟要英美的抑或蘇聯的民主？……我是研究政治的，這個我可以代表我的同志答覆：他們要的是老百姓都能活命、能自力、能過人的生活。老百姓不能活、沒有自由的國家是不民主的。」羅隆基最後說：「殺死一個人並不就是殺死他所追求的信仰，因此，可以殺死他們兩位，而不能殺死民主。」會場霎時風起雲湧，達到了高潮──羅隆基走下講台，鄧穎超跑過去激動地緊握他的手。一再感謝，致意。

我所知道的聞一多生前事蹟，基本上是羅隆基一點告訴我的。羅隆基又說：「當年在清華讀書，聞一多善詩，我長文。一多曾一度專注學術，對我介入政治也有微詞。但一多被殺害，成了烈士；你羅伯伯活著，成了右派。現在我揣想──假如你父親和我從外國歸來都不搞政治的話，我倆會成為很好的教授，我還可能成為一個不亞於一多的文學家。」

我至今都相信他說的話。遺憾的是，羅隆基不是聞一多，也不可能是聞一多。這是因為儘管聞一多與羅隆基同屬中國的自由民主派。但一九四九年前的毛澤東，為奪取江山的需要，是把他們當做社會的中間派來爭取的；而一九四九年後穩坐江山的毛澤東，則把民主派等同於右派，視為打擊對象了。所以，四十年代的聞一多，成為中國民主派的英雄。而五十年代的羅隆基做為中國自由知識份子的代表，只有去充當挨打的反面角色了。

他請我去客廳看看。如果說，我家的客廳是古色古香的話，那麼羅宅的客廳則有些洋里洋氣了。茶几中央是一束黃色唐菖蒲，插在一個纏枝蓮花紋的青花賞瓶裏，瓶高頸細，花繁色雅。僅這樣一束花，就使屋子裏充溢著柔潤清麗之氣。

我問：「羅伯伯，這花從哪裏來的。」

「我買的，每星期在東安市場買一次。你喜歡這種顏色嗎？」

「喜歡。」

「你下個禮拜來，我就換個別的顏色給你看。我喜歡鮮亮的顏色，要不然，你羅伯伯就更老了。」

我的父親從不買切花，他喜盆栽和露養。

羅隆基的客廳，沒有多少古董。只在一個菲律賓木的玻璃大櫥裏，擺放著青花瓷的各式器皿。

他對我說：「瓷器裏，我只好青花，也只買青花。我不管官窰還是民窰，只要我喜歡，就可以了。」

羅隆基推開櫥門，取出一只青花大碗，指著碗壁繪製的松下高士、鋤地得金等四組人物構圖，說：「這是康熙官窰的東西。」

他舉著碗，讓我靠近細觀：果然那上邊的人物形象生動，山川草木層次清晰，圖案繁密。他還拿出青花瓷盤、青花玉壺春瓶和一個造型別致的青花小罐，讓我把玩。別看羅隆基以「喜歡就行」為收藏標準，其實，他有鑑賞力。

令我吃驚的是：客廳四壁，懸掛的全是仕女圖，有張大千的，徐燕蓀的，葉淺予的，傅抱石的，梁黃冑的，張光宇的。父親酷愛書畫，在各種畫作裏，他極少買仕女圖。即使買了，也不掛。

記得有一次琉璃廠送來一幅張大千的水墨仕女圖，由於畫的是女人的一個背影，十分清淡，且寫意

味道甚濃。父親買了，也只在客廳掛了三日，便叫洪秘書捲了起來。那時，我正愛看大美人，心裏自不高興，但父親解釋說：「正屋掛女人像，不雅。」

我把父親的這個觀點告訴了羅隆基，他把眼珠子一瞪，嘴角一咧，說：「小愚，誰像你爸爸那麼有福份，五七年後，我是人去樓空呀！我買仕女圖，叫做畫餅充飢，我的章小姐，你懂嗎？」

他特別聲明今天之所以掛這麼多幅畫，完全是為了我。

最後，他帶我參觀了他的臥室。迎面是一張大大的雙人床，床上疊放著一方毛巾被。被單、枕頭、窗簾，均為白色，質地或棉或紗。床頭櫃上是枱燈、座鐘和一隻小鈴。這間屋子，讓我似乎能感受到主人內心生活的落寞。

「羅伯伯，你的床頭為什麼要有小鈴？」

「我有心臟病，有時在夜間發作。一旦有病情，我就按鈴，外面的人就可以知道了。」

我們又回到客廳小坐。羅隆基趕忙從書房，把我的綠茶和冰水端到了客廳，讓我慢慢喝，並遺憾地解釋：「我因為有糖尿病，家裏不備糖果，也很少買水果。小愚，你莫嫌羅伯伯小氣呀。」

父親說他愛向女性獻殷勤，看來是一點也沒有冤枉他。但是。他的殷勤獻得來如此自然自如又自在，我覺得這簡直就屬於是一種天性了。

我說：「羅伯伯，爸爸誇你精通國際政治和西方法律，是這樣嗎？」

他笑了，神情得意地說：「你爸爸說對了。但有一點需要補充。那就是我也懂中國的法律。比如中國歷史上比較清明、經濟發展迅速的所謂『盛世』、『治世』和『中興之世』，都和統治者整

飭法制、振肅朝綱的政治活動相關。你一定看過通史啦，那上面講到的漢代文景之治、唐代的貞觀之治，包括明代的仁宣之治，都是這樣的。」

回到家中，我的話匣子就打開了，說到最後，我告訴父親：「爸爸，讓我高興的是，羅伯伯沒有把我當小孩子。」

父親故意瞪眼，喝道：「這恰恰是最危險的。」

我大樂，父親也樂。

在慶祝反右傾勝利的同時，所有中國人的肚子開始品嚐飢餓。三年困難時期來了，「老贏轉於溝壑，壯者散而之四方者無數」。當代社會用蕭條恐怖的景象，來顯示「民以食為天」的古訓。章羅的聚會，原本出於精神的目的，現在也被物質的欲求所充實。形式上，也相應地從清談變為聚餐。聚餐的建議是羅隆基提議的，無固定日期，實行ＡＡ制。基本成員有羅隆基、陳銘德、鄧季惺、趙君邁、康同璧母女、父親、母親和我。偶爾有黃紹竑、周舫文。聚餐之前，相互用電話聯繫，訂下人數與時間。至於地點，就看每次是由誰做主持了。如是陳銘德、鄧季惺夫婦，自然是在四川飯館。去「新僑」、「聽鸝館」等供應首長的內部餐廳，則由父親出面。

為此，羅隆基半開玩笑的對我說：「小愚，你羅伯伯後悔啦！我要像你爸爸一樣，趕快認罪該有多好，能保留部長級待遇。當時不知利和弊，現在看出得與失。你爸爸是肉蛋幹部（指每月配給一定數量的肉類和蛋類），我是糖豆幹部（指每月配給一定數量的白糖和黃豆）。連『新僑』的西餐

都吃不成啦。」

那年頭，除居民定量供應的糧油、副食、肉類、芝麻醬、肥皂之外，其餘的東西都以高價出售。故有「高級點心高級糖，高級手紙上茅房」的民諺流行。下一次館子，花銷不菲。我們的聚餐常常是半月一次。八人一桌，約費八、九十元。我家三人。母親每次需帶四、五十元。

經過一段時間，母親有些不安了。對父親說：「我們這些右派，常常這樣吃飯，會不會讓人家有看法？懷疑我們又搞什麼活動了？」

「怕什麼，吃飯總不犯法吧？」

經父親這麼一說。母親心裏不嘀咕了。電話一約，這七、八個人準時到齊。

事情居然有那麼湊巧。一次，約定在專門供應首長的新僑飯店六層的西餐廳吃飯。進門，見已有一桌人圍坐在那裏。再走近些，發現這些人的面孔並不陌生。原來是史良、胡愈之、楚圖南、周新民、高天、吳晗……俗話說：「不是冤家不聚頭」，民盟的左右兩派在這裡碰面了。別說是父親和羅隆基，就是我，也感到十分地不自在。奇怪的是，左派先生似乎更覺得不自在。剛才還在邊說邊吃，現在都啞巴了，吃悶頭兒飯。

我們選了一個和他們距離最遠的餐桌。父親挑的座位是背向他們，羅隆基偏選個位置正對著胡愈之。

父親說：「努生。我們兩個是民盟的，你看要不要過去打個招呼？」

「伯鈞，你不要動，為什麼非要我們過去？他們就不能過來？」說罷，羅隆基把身子板兒挺得

直直的，好讓瘦小的胡愈之能一眼瞧見自己。

年過八旬的康同璧，全然不解這種緊張局勢，操起一口廣東官話，大講其父南海先生在倫敦地下餐廳吃龍蝦，因付不起錢而受窘被困的故事。大家特別認真地聽，個個都想盡量在這樣的認真中，忘掉「那一桌」的存在。

那一桌很快吃完了。周新民走過來和我們一一握手，左派撤離。

「老羅，下次民盟開會又有新材料了。」父親雖是笑著說的，但不無擔心。

「你不是說過，吃飯不犯法嗎？」羅隆基扶了扶鏡架，氣呼呼的，臉也是紅的。

康同璧的女兒羅儀鳳小姐伏在我耳邊，說：「小愚，你看他這時像不像一隻好鬥的公雞？」羅隆基和羅儀鳳二人並排而行，不是快步於前，便是緩行於後。他們用英語交談，羅隆基說話的語氣柔順和婉，羅儀鳳那雙深陷的眼睛，亮得發光。

聚餐多了，我就發現每次飯罷，羅隆基和羅儀鳳二人並排而行，不是快步於前，便是緩行於後。他們用英語交談，羅隆基說話的語氣柔順和婉，羅儀鳳那雙深陷的眼睛，亮得發光。

我問父親：「他倆怎麼了？幹嘛老單獨在一起？」

「努生在獻殷勤，儀鳳大概在戀愛。傻丫頭，已經長這麼大了，還不懂人的感情。」父親雖責怪我，卻有一種興味在裏頭。

一日，羅隆基打來電話，對父親只說了句：「伯鈞，不要出去，我要馬上過來。」電話弄得父母很緊張，不知出了什麼事情。父親立即讓司機開車去洒茲府接他。這次談話，不像是在談論時政，羅隆基的聲音很小，我怎麼聽也聽不到。事後，我問母親，母親告訴我：「昨天，是你羅伯伯的生日。上午接到羅儀鳳的電話，說有禮物送上。下午，從一輛汽

車裏端出四大盆花和一個蛋糕。老羅把蛋糕盒子揭開，呆住了⋯上面的奶油圖案是一支丘比特箭連著兩顆心，心是紅色的，另附一封英文信。羅隆基收下禮物，怎麼也不敢給羅儀鳳回話。這，不，向你爸爸討計策來了。」

我問：「爸爸說些什麼？」

「你爸爸怪老羅不該大獻殷勤搖動了女子的春心。人家出身名門，又至今未婚，她能袒露心曲，已是極果敢、極嚴肅的舉動。如果講般配的話，羅儀鳳實在是配得過的。只看老羅有無誠意了。」

「那羅伯伯又怎麼講呢？」

「老羅說，羅儀鳳是很好的女子，但他們只能是互稱兄妹，而不可結為夫妻。」

「為什麼？羅伯伯不是自比盧梭，風流一輩子，到頭來卻無女子相守嗎？」

「你爸爸一眼看透，說：『你是嫌人家老了，也不夠漂亮吧？』努生支吾半天，說不出一條理由。」

我把自己所認識的羅隆基的女友，在腦子裏過了一遍，的確，她們個個漂亮。這還不包括羅隆基的妻子王右家。而王右家被公認是灑脫任性、美豔如花的一個女人。

後來，葉篤義來家小坐。父親和他談及此事，說：「這事如成，努生會幸福的。羅儀鳳的修養且不說，單是那烹調，就讓老羅享用不盡。她既能做一手地道的粵式點心，又能擺出一桌精美的西式大菜。」

葉篤義卻說：「老羅是無福消受。我和羅儀鳳在燕京（大學）是同學，她的人品和成績，都非常優秀。誰都知道老羅英語好，卻還趕不上她。」

父母一直很想從中撮合，可他們二人的關係再沒有向婚姻之途發展，但仍是往來密切。父親慨然道：「在男人當中，恐怕只有努生才有這種吸引女人的魅力。」

在與羅儀鳳的關係陷入低谷的時候，羅隆基還真的鬧了一場戀愛。在一個舞會上，他結識了一個風韻多姿的中年婦女。很快，他倆成了舞伴和牌友。到了週末，便同行同止。每次約會，一般是羅隆基給她寫張便條，託專人送去。彬彬有禮，措辭謙恭。處得久了，人也熟了，羅隆基寫條子，態度就親暱隨便起來，他倆的約會也不止是跳舞、打牌。一次，那位中年婦女在接讀條子的時候，被自己的兄長察覺，一把抓了過來。兄長是位非常著名的科學家，中國科學院副院長。當其發現條子的落款竟是羅隆基三個字，頓時勃然大怒，喝令妹妹不得與大右派往來。她嚇壞了，流著眼淚懇請羅隆基忘掉自己。

這對羅隆基來說，已不是什麼約會、跳舞或寫條子的問題，這是侮辱、羞辱和恥辱。換了別的右派或許罷手，而他不能。

羅隆基特地從政協叫了車，找到了科學家，鄭重相告：「今日以前，我與令妹不過是朋友；此刻，我與她在戀愛；將來，我與她是夫妻。——我是右派，我也是公民。無人可以剝奪我的權利。」言罷，不等科學家開口，即轉身離去。

科學家也不甘示弱，卻想不出良策對應。他找到了周恩來，請總理出面「擺平」。羅隆基何以

能平。

消息傳出，反應不一。父親說：「一個血性男子，當如是。」

民盟中央的人說：「哼！自己是大右派還不老實，風流成性。」

羅儀鳳聽說後，從下午便守著我，傷心落淚至黃昏。

也就在三年困難時期的那段時間，上邊對民主黨派搞起「神仙會（即座談會）」，事先聲明三條原則：不打棍子，不抓辮子，不扣帽子。父親和羅隆基只覺得好笑，現在哪裏還有神仙！大家都是孫子。大概爲了製造出一種和顏悅色、和風細雨的氣氛，全國政協常常舉辦小型演出晚會和舞會。

父親是不跳舞的，羅隆基的舞跳得極好，輕快，帥氣。不像毛澤東跳舞，只會勇往直前。政協舉辦的小型演出，則以曲藝爲主。曲藝節目中必有侯寶林的相聲，中共官員與民主人士共享，左派與右派同樂。父親如去，一定帶上我。

一次，在相聲之前是馬增惠演唱的單弦傳統段子《鞭打蘆花》。當唱到閔子騫雙膝跪下，懇請父親切莫逐出繼母的時候，我發現坐在一側的羅隆基，神情淒然。

曲終人散，羅隆基扶著我的肩膀，步出大廳。他對我說：「小愚哪，你懂得什麼叫『母在一子寒，母去三子單』嗎？」

我說：「是閔子騫要繼母留下的理由。他寧肯一個人受飢寒，也不願兩個弟弟像自己一樣失去生母。」

激動的羅隆基摸摸我的腦袋，說：「太對了，太好了。」

這個節目一定勾起他童年的辛酸與孤戚。我打小兒就認識的這個羅伯伯，原來肚子裏很早就有了苦水。

一九六二年九月，中共舉行八屆十中全會。毛澤東做了關於階級、形勢、矛盾和黨內團結問題的講話，要求對階級鬥爭要年年講、月月講、天天講。並說，中國人當中有百分之一、二、三的人是不想走社會主義道路的。父親把《人民日報》的社論〈千萬不要忘記階級鬥爭〉一文，讀了又讀，皺著眉頭對母親和我說：「形勢不大妙，老毛不知又要搞什麼名堂了。」

一日，統戰部叫父親去一趟。父親進了小會議室，羅隆基已坐在那裏。不一會兒，彭真板著臉來了，對章羅既不握手，也不問候。父親心想：一九五六年他們曾一道出國訪問蘇聯和東歐，彼此有說有笑。今日見面，如臨敵匪。中共讓一個主管政法的人出面談話，肯定有了什麼嚴重情況。

彭真的第一句話就是：「你們兩個雖犯了嚴重政治錯誤，但黨中央、毛主席對你們是寬宏大量、仁至義盡的。」

父親和羅隆基。互看了一眼，覺得有些摸不著頭腦。

彭真繼而說：「你們認為社會主義不好，共產黨待你們不好的話，可申請出國。除了台灣，你們去哪個國家都行。如果沒有錢，我們願意送你們出國。在國外想住多久，就住多久。住不下去了或又想回來看看，我們中國共產黨仍然歡迎。必要的話，還可以派人去接你們回來。現在，就看你們的態度了。」

父親回答：「我雖留學德國，三次暫居香港，到過十幾個國家，但請轉告毛主席，章伯鈞生爲中國人，死爲中國鬼。」

羅隆基說：「有機會我是想出去。不過，現在不想走，我還要看看。」

彭眞起身，談話結束。

好幾天，父親的心情都很壞，一直在推想彭眞談話的起因。他對母親和我說：「不知誰出了問題，把亂子的責任朝我們兩人的頭上推。與中共打了幾十年的交道，我們的愛國立場，他們是清楚的。現在，居然由政法書記出面，提出送我們出國。很顯然，是對我們最基本的家國觀念和愛國立場也產生了懷疑，一定認爲我們在背後搞了什麼舉動。」

父親也不滿羅隆基那天的表態：「最糟糕的，是努生的表態。什麼叫『有機會想出去』？人家不正是懷疑我們伺機而動嗎？所有的聰明他都擺在臉上，其實，他處理一些問題，是傻氣十足。可你要當面說他傻，他還要跟你吵。」

停頓片刻，父親像是自言自語：「這幾天，他沒有打電話來，恐怕躺在床上，也慢慢察覺到氣味不對了。」

過了段時間，馮亦代來我家過週末，吃罷晚飯，閒聊起來。他告訴父親：「傳言劉王立明的一個兒子，最近在邊境被捕。審訊時他交代說，有四個人要潛逃國外，他是先行探路的。但這四人究竟是誰，還不清楚。」〔註釋十三〕

馮亦代講這則消息，不過是當做社會傳聞、茶餘酒後的談資，說說而已。不想，父親聽後大

驚，驟然悟出彭眞講話的背景。馮亦代走後，父親對母親說：「劉王立明是努生的相好，再加上我和你，不剛好四人。如果中共是這樣來推斷的話，那一定懷疑我們有出國的企圖，難怪彭眞要找我倆談話了。」

事情沒有了下文，算是不了了之。但父親和羅隆基的內心，都更加明白：中共對他倆的印象是越來越壞了。這從民盟中央的每次學習會，胡愈之必罵章羅的行爲中獲得印證。兩人的情緒很消沉。

不過，他們也有喜悅歡欣之時，儘管它短得只有幾分鐘，卻刻骨銘心。

「伯鈞，今晚我到你家，有個消息告訴你。」羅隆基在電話裏的口氣輕揚，連站在一邊的我，都聽見了。

晚飯後不久，羅隆基來了——這是一個初春，父親還穿著藍色薄絲棉襖，而他已換上了淺駝色西裝。精心梳理的頭髮，整齊地披向腦後。

神情含蓄的羅隆基，讓父親猜猜他帶來一條什麼樣的消息。

父親說：「統戰部對我們有什麼新的處理？」

他搖搖頭，說：「比這個重要。」

他又搖頭，說：「比這個重要。」

「是不是周恩來找你談話？要你做些事。」

父親不猜了，帶著一種譏諷口氣，說：「當今的民主黨派，再沒有比中共的召見更重要的事

了。」

羅隆基說：「伯鈞，我倆上了大英百科全書啦！」

父親霍地從沙發上站起來，走來踱去，情緒很不平靜。他叫我回到自己的房間去，早點睡覺。

當晚，他倆談得很久。

第二天，父親精神很好，走到我的書房，先和我掰腕子玩。然後，對我說：「我想，有些事情現在可以跟你講一講了。」

我說：「這和羅伯伯昨天帶來的消息有關嗎？」

「是的。」父親讓我把他的小茶壺拿來，他似乎要認真地和我談談了。

他說：「前兩年，爸爸還期待著摘帽子，現在戴不戴、摘不摘均無所謂。只是連累了你們。小愚，我向你鄭重宣佈——反右時的爸爸並沒有錯。兩院制一定會在中國實現。」說到這裏，父親的聲音很高，拳頭攥得緊緊的。

父親看到我吃驚的表情，便盡量控制自己的激動，語調也放平緩，繼續說道：「這話現在聽起來很反動，你不必害怕，女兒，將來你就會曉得它是正確的。五七年五月在統戰部的座談會上，我提出國家體制改革，關鍵是從中央到地方的分權問題。因為從集權到分權，是社會發展的進步，任何國家都如此。努生欣賞西方的三權分立是分權，我說的兩院制實際也是分權。不管兩分，三分，四分，怎麼分都可以。總之，集權在當今世界是行不通的。今後國家的大政方針，還是黨內一決定，全民都擁護。我敢斷言，老毛繪製的共產主義美好理想永遠是藍圖，是幻想。昨天努生講，最

新的大英百科全書已經上了中國一九五七年反右運動的條目。他們的基本解釋為：章伯鈞、羅隆基是在社會主義國家制度下，要求實行民主政治。──這樣一個簡單的條目內容，讓爸爸激動徹夜，覺得自己一輩子從事愛國民主運動，能獲得這樣一個歸納，也很滿足了。爸爸能被歷史記上一筆，還要感謝老毛。要不是他搞反右，把我倆當做一、二號右派份子，我們始終不過是個內閣部長或黨派負責人罷了。」

我始終且永遠為這個身份而自豪。

幾十年的光陰似雲煙一般飄散而去。果然，父親和羅隆基以未獲改正的右派身份，被歷史銘記。

一九六三年秋，我畢業了。由於家庭出身不好，政治表現不佳，被分配到西南邊陲。

羅隆基說：「小愚。你走時，羅伯伯給你餞行。」

父親聽罷，翹起大拇指稱讚道：「你能讓他請客，很不簡單。共產黨說我兩個是政治上、思想上、組織上的聯盟。可是，他從來沒有請我吃過飯。」

九月下旬，羅隆基興沖沖打來電話，說餞行的事已經辦妥，在和平賓館預訂了西餐。那時的金魚胡同，多為庭院式的四合院，精緻又氣派，而和平賓館是那裏唯一的洋樓，西餐做得不錯。

初秋的夜空，疏闊清朗。七時整，父母帶著我準時進了餐廳，身著灰色西服的羅隆基，已在那裏等候。他起身拉著我的手，一定讓我坐在他的旁邊。桌上的刀、叉、杯、盤在燈光下，熠熠發光。

寒暄幾句之後，羅隆基說：「這裏的西餐很豐盛，一個人一份是吃不完的。所以，我已點了菜，訂的是三份。四個人吃，也是足夠的。」

父親不吭聲，母親忙說：「可以，可以。」

上菜的時候，我發現羅隆基點的，幾乎全是牛排。豬排一類。而且，哪裏是他所說的「一個人吃不完一份」？

肚子尚未填飽，彬彬有禮的服務員即上前，輕聲問道：「飯後，要不要咖啡、紅茶、冰淇淋？」

不等羅隆基開口，我搶先喊道：「要，要。我要雙份霜淇淋。」

在飯桌上，羅隆基講了很多親熱的話：希望我常寫家信，信中毋忘對他的問候；希望我每年能回北京探望父母；希望我歸來時，身旁能有個如意郎君；希望能惦念著北京城裏一個孤苦伶仃的羅伯伯……原本，飲食聚會是件歡悅的事，經他這麼一說，變得慘兮慘兮。父親的話，就更少了。

飯畢，我再三道謝。大家步出賓館，穿過有假山、水池點綴的中式花園。時近中秋，冷的月色和黃的路燈透過凌亂的葉片，把斑駁的光影投灑在地面，晚風已分明帶著涼意。父親用車先送羅隆基回洒茲府。

到了他家門口，羅隆基問父親：「要不要進來坐坐？」父母連連擺手。其實，我是很想進去的。

羅隆基俯身汽車的窗口，對我說：「小愚，再見！羅伯伯祝你一路平安。」

不想，月下的一聲再見，竟是訣別。

回到家，父親讓廚師馬上給他煮一小鍋稀飯，說：「努生太小氣，我根本就沒有吃飽。」

此後，外地工作的我給父親寫的信，在末尾從未忘記問候羅隆基。父親的覆信對他的情況，卻隻字不提。

一九六四年，姐姐結婚，母親來信說，婚禮在家舉行，父親大宴賓客，請了以羅隆基為首的八個大右派。那日，羅隆基非常高興，席間談笑風生，還問起了遠在天邊的我。

一九六五年十二月，我在鄉下參加「社教」運動。一日，進縣城開會，在「社教」工作團團部的辦公桌上，放著剛到的《光明日報》。打開一看，發現刊登著這樣一條新聞：「全國政協委員羅隆基去世」。文字簡短，平淡如水。當夜，我回到茅草棚，流著眼淚給父親寫信，追問：我親愛的羅伯伯是怎樣地去世？

父親沒有回覆。

一九六六年春節，因批評單位領導而人身已不自由的我，沒有向組織請假，跟人家借了八十元，偷偷買了張機票，悄悄溜回北京。父親高興得親自到機場去接，我坐進老別克車裏，便問：

「爸爸，羅伯伯是怎麼死的？」

父親不作聲，司機不作聲，警衛不作聲。車外是一片殘雪和雪後的嚴寒。

第二天用過早飯。父親把我叫到他的臥室，對我說：「昨日，你剛從飛機下來，就打聽努生的情況。你要知道，現在的北京政治空氣很緊張。這些話題，都不宜在公共場合談論。現在，爸爸可

以告訴你——他是害心臟病突然去世的。據說，努生白天還給相好的女人打過電話，晚上又請別人吃飯，夜裏老病突然發作，想叫人來救助，伸手去按床頭的小鈴，只差半尺的距離，就斷了氣。

『才如江海命如絲』，這句詩用在努生身上，是合適的。」

我去過羅隆基的臥室，潔淨，有序，貴族氣息。我能想像出他臨終的樣子：掙扎，痛苦，死不瞑目。

父親歎息良久，又道：「如有儀鳳在，努生當不死。」後更正，說：「所幸儀鳳未嫁努生！」

「爸爸，死後你去看了他嗎？」我這樣問父親。

「或許因為我們是『聯盟』，也通知了我。我到迺茲府的時候，一切已被收拾得乾乾淨淨，也空空蕩蕩。我問民盟的人：『老羅寫的那些東西呢？』他們說：『組織上拿走了。』」

「羅伯伯寫了什麼書？」

「不，不是書，是日記。幾十年，他一向有記事的習慣。留下的這些文字，讓統戰部的人看看也好。努生筆下，一定罵我不少，這起碼能叫他們知道章伯鈞和羅隆基到底有無聯盟？」父親說到這裏，不知為什麼臉上浮起一絲苦笑。

母親還告訴我，羅隆基家中藏有一箱子女人寫給他的情書，裏面還有青絲髮。這些屬於隱私的物品，也被拿走。反右時，民盟的人罵他是「一日不可無女人的流氓」，可他劃右以後，依然故我。那時，我不大能理解男人的這些事，便去問父親：「你說羅伯伯是流氓嗎？」

「你要知道努生是獨身，他有權談情說愛。他的這種頗為浪漫的生活態度，與其說是品格沉

淪，不如說是在壓抑、委瑣的現實中，唯一可以表現自己，發洩活力的方式。當然，他也用這個方式擺脫精神孤獨。再說，交往的女友都知道羅隆基身邊還有其他女友的存在，但仍然願意保持交往。她們覺得老羅是有真感情的，不搞什麼欺騙。像與劉王立明的親密關係，就伴隨努生半輩子。

所以，有人是流氓，但努生不是。」父親在說最後一句話的時候，口氣幾乎是惡狠狠的。當時我不知父親所講「有人是流氓」，指的是誰。

不管別人怎麼罵他，官方怎麼說他，羅隆基的滔滔雄辯和喃喃情語，在我心中都是無比的美好和珍貴。

英雄無後，天才無種。羅隆基無妻又無後，他的弟弟與姪子繼承了他的財產：拿走了他全部的字畫；賣了所有的青花瓷器；接手了數千元的現金；兌換了從前的美國朋友送他的六百元美鈔；大概他還留有極少量的黃金。把他的書籍捐給了民盟中央，獨獨甩下骨灰，走了。

一九八三年一個冬日的晚上，由羅隆基供養讀完大學學業的姪子來京出差，提著個大蛋糕探望母親。他喜洋洋美滋滋地告訴母親：前不久，挑了十八幅齊白石的畫（羅隆基專門收藏齊白石），以三萬元的價格賣給了省博物館，現在自己是個萬元戶了。

母親送走客人後，哀歎不已，說：「我要有三萬塊錢就好了，可以留住老羅的藏畫。」

一九八五年，是父親誕辰九十週年，我們一家人在母親的帶動下，四方奔走，不斷請示，終被官方批准，搞了一個座談會。民盟中央是主辦單位之一。這次活動使民盟的人受到啓發，經過請

示，決定也照這個樣子，給羅隆基舉辦九十週年誕辰紀念活動。

一九八八年十月十四日，民盟中央召開了「紀念民盟創建人、著名愛國主義戰士和政治活動家羅隆基誕辰九十週年座談會」。

我對母親說：「即使民盟中央不請我參加，你也要帶我去。」

母親同意了。

在會上，統戰部部長閻明復做了總結性、評估性的發言，而給我印象最深的，卻是千家駒的即興講話。他坦言，從前自己一向看不慣羅隆基，所以反右時很積極。「大德不逾閑，小德出入可也。」如今，才認識到羅隆基在大節上，始終是沒有錯的。為此，他一直愧疚……

我們全家每年都要給父親掃墓。我第一次掃墓是在一九七八年平反出獄返京後，由母親帶我去的。

祭掃完畢，我問：「羅伯伯骨灰，也在這裡嗎？我想看看。」

母親答：「他的親人都不保留，民盟的人還會保管？」我仰望浮雲，滿臉淚痕。

「古來何物是經綸，一片青山了此身。」從父母雙亡、寡嫂收養到孤淒而死，屍骨無存，羅隆基始終是個飄泊無依的人。

二○○一年十一月完稿

二○○三年六─七月修改於北京守愚齋

【註釋一】潘光旦（一九○一—一九六七）原名光亶，又名保同，號仲昂，江蘇省寶山縣人。一九一三年江蘇省政府咨送北京清華學校。一九二二年秋赴美留學，入迪特茅斯大學，一九二四年獲學士學位；同年入哥倫比亞大學研究院，獲理學碩士學位。在社會學、優生學、家庭問題及進化論、遺傳學方面有很高的造詣。返國後歷任吳淞政治大學教務長，東吳大學法律學院預科主任，光華大學社會系主任、文學院院長，暨南大學講師，中國優生學會會長等職務。一九二七年春，與胡適、徐志摩等在上海籌設新月書店。一九二九年十月任第三屆太平洋國際學會中國代表團代表。一九三四年秋任清華大學社會學系教授，後兼清華大學校務長。一九三七年十月任長沙臨時大學教務長。一九三八年五月臨時大學改為國立西南聯合大學，任教務長。一九四一年參加中國民主政團同盟（即中國民主同盟之前身），任民盟中央常委。一九四九年十月任中央人民政府文化教育委員會委員。任第二—四屆全國政協委員。一九五七年劃為右派，後任中央民族學院專門教授。一九六七年逝世，終年六十六歲。一九七九年右派問題獲得改正。著有《優生學》、《優生概論》、《政學罪言》、《人文生物學論叢》、《中國之家庭問題》、《中國伶人血緣之研究》、《明清兩代嘉興的望族》等。

【註釋二】曾昭掄（一八九八—一九六七）字叔偉，湖南湘鄉人。一九一九年畢業於清華，赴美國麻省理工學院留學。一九二六年獲化學博士學位後，回國在中央大學任教授並兼化學系主任。一九三一年秋任北京大學教授、教務長兼化學系主任。一九三二年發起創建中國化學會，並擔任化學會會誌總編輯，還多次當選為中國化學會會長及常務理事。一九三五年擔任國立中央研究院評議員。一九三七年抗日戰爭爆發隨北大南遷，任長沙臨時大學、西南聯大教授。一九四四年，加入中國民主同盟。一九四八年四月選為國立中央研究院院士。中華人民共和國成立後，任北京大學教務長兼化學系主任、教育部副部長兼高教司司長、高教部副部長、中國科學院學部委員、化學研究所所長等職。曾被選為第一屆全國人大代表，第一—四屆全國政協委員。一九五七年劃為右派，一九五八年任武漢大學教授，一九六七年逝世，終年六十八歲。一九七九年右派問題獲得改正。著有《炸藥製造與實驗法》等。

【註釋三】范樸齊——生卒年不詳。國務院參事室參事，民盟中央委員兼宣傳委員會副主委，一九五七年劃為右派。一九七九年改正。

【註釋四】張志和（一八九四—一九七五）化名何渠安，筆名李凡夫，四川邛崍人。一九一六年畢業於保定軍校二期，畢業後服務於川軍，歷任連、營長，劉文輝川軍總司令部參謀，後又兼任兵工廠總辦。一九二七年加入中國共產黨，創辦《新川日報》、《新川報》。大革命失敗後和陳靜珊在上海開辦辛墾書店，又在家鄉辦敬亭小學和中學。一九三二年脫離川軍

【註釋五】劉王立明（一八九六—一九七〇）原姓王，名立明，婚後隨夫滬江大學校長劉湛恩姓劉。安徽太湖人。一九一六年留美攻讀生物學，回國後，於二十年代初開始創辦婦女刊物，發表文章，著書立說，宣傳富民強國，要求婦女解放，成爲我國早期婦女參政運動的倡導者之一。她領導中華婦女節制協會，反對包辦婚姻，倡導節制生育，開展婦女職業教育和興辦婦女福利事業。先後在上海、香港、重慶、成都、廣元等地，創辦婦女職業學校、婦女文化補習學校、婦女工藝生產社、婦女賑濟工業社等。抗戰前，在上海創辦了專爲單身婦女解決食宿困難的女子公寓，在江灣設立婦孺教養院，收容大批流離失所的婦女兒童，並給予一定的職業訓練和文化教育。抗戰期間，又在四川敍府和重慶分別創辦湛恩難童教養院和勝利托兒所，後者重慶唯一的全托托兒所。她還發動各階層婦女募集寒衣，支援前線，搶救傷員、難民和天津流亡學生，並負責主持梅園難民救濟所，一九三四年劉湛恩被日本特務暗殺，她秉承丈夫遺願繼續從事抗日運動。一九四四年加入中國民主同盟，並當選爲中央委員，與李德全等人發起組織了中國婦女聯誼會，團結進步婦女，宣傳民主反對獨裁。一九四六年，與陶行知等人倡導成立中國人權保障委員會，陶去世後，接管會務，積極接救被捕的進步人士及其家屬。建國後，任第一—四屆全國政協委員、全國婦聯常委、民盟中央委員、中華婦女節制會會長、世界婦女節制會副主席。一九五七年劃爲右派，一九七〇年逝世，享年七十四歲。一九七九年右派問題獲得改正。

【註釋六】周鯨文（一九〇八—一九八五）號維魯，遼寧錦縣人。青年時期從北京匯文中學畢業後，入日本早稻田大學學習政治學。一九三一年返國，主辦《晨光晚報》。一九三三年塘沽協定後，在北平組織東北民眾自救會，出版《自救》週刊。一九三六年任東北大學秘書主任兼法學院院長，並代理校長。一九三八年初赴香港，創辦《時代批評》半月刊，宣傳抗日。一九四一年中國民主政團同盟成立。爲發起人之一，一九四四年改爲中國民主同盟，被選爲中央常務委員，後任副秘書長。一九四九年後，任第一屆全國政協委員、第二屆全國政協常委、中央人民政府政務院政治法律委員會委員。一九五六年十二月去香港，後在香港主編《時代批評》及英文

出蜀。一九三四年出國考察，並與蘇聯政參觀，回國後曾去兩廣鼓動李宗仁等抗日運動，與陳靜珊等合辦《研究與批判》革新號。同年底在成都開展抗日救亡運動。回到成都後恢復黨籍，從事文化界救亡運動，與陳靜珊等合辦《新民報》，主編副刊《政經週刊》。應王陵基之邀，經黨同意，任三十集團軍副團長及總司令部參謀長，赴武寧抗日。一九四一年參加中國民主政團同盟（即中國民主同盟前身），任民盟中央委員、西南總支委員、主要從事國民黨西南高級軍政人員統戰工作。一九四二年將四川康省政府主席劉文輝引與周恩來見面，一九四九年後，當促成劉部起義。一九四五年在成都出資開辦健誠實業公司和臨邛茶廠，掩護地下黨和進步人士。一九四九年右派問題獲得改正。員、民盟中央委員。一九五七年劃爲右派，一九七五年逝世，享年八十一歲。

《北京消息》半月刊。一九八五年逝世，終年七十七歲。著有《人權運動綱領》、《風暴十年》。

【註釋七】葉篤義（一九一二──二〇〇四）安徽安慶人。畢業於燕京大學政治系。一九四四年加入民盟，後任民盟中央委員、宣傳部副部長。一九四九年後，任法律出版社社長，政務院政法委員、副祕書長，全國人大憲法修改委員會副祕書長。一九五七年劃為右派。一九七九年右派問題獲得改正，後任第六至八屆全國政協常委，民盟中央常委、副祕書長、中央副主席兼祕書長。

【註釋八】羅德先──生平不詳。

【註釋九】張東蓀（一八八七──一九七三）原名萬田，字聖心，浙江杭縣（今屬杭州市）人。早年留學日本，入日本東京帝國大學。辛亥革命時回國，歷任孫中山臨時大總統府祕書，上海《大共和日報》、《庸言》雜誌、《大中華》雜誌和《正誼》雜誌主筆，《時事新報》總編輯。並在上海中國公學任大學部部長兼教授。一九一九年在北京創辦《解放與改造》雜誌，任總編輯。次年改名為《改造》。一九二〇年與梁啟超等成立《講學社》，一九二二年與瞿菊農等創辦《哲學評論》，並主編《唯物辯證法論戰》。一九三二年與張君勱等在北平組織國家社會黨，並發行《再生月刊》。一九三四年與張君勱在廣州創辦學海書院任院長。後回上海，任光華大學教授。旋又去北平，任燕京大學教授，抗戰時期，曾一度被日軍拘禁。獲釋後，從事著作。一九三八年當選為第一屆國民參政會參政員。一九四二年當選為第二屆國民參政會參政員。抗戰勝利後，加入中國民主同盟。一九四六年一月出席中國政治協商會議。中華人民共和國成立後，任全國政協委員、中央人民政府委員、中國人民外交學會理事、政務院文化教育委員會委員。一九七三年六月在北京逝世，終年八十六歲。著有《道德哲學》、《認識論》、《科學與哲學》、《多元認識論重述》、《階級問題》、《知識與文化》、《思想與社會》、《理性與民主》等。

【註釋十】浦熙修（一九一〇──一九七〇）江蘇嘉定人（今屬上海市）。女。七歲隨母赴北京，讀一年高中即輟學。再進入京華美術學校學繪畫，兩年後接替大姐在北京女師大附小教課。後考入北京師範大學中文系，同時繼續在小學兼課。大學畢業後，任北京志城中學語文教員。一九三六年隨夫孟子英至南京工作。一九三七年任職《新民報》，初負責發行廣告，後升任記者，任採訪部主任。一九四八年夏，《新民報》被封後，繼續為上海、香港等地報刊撰寫揭露時政通訊；同年十一月，被捕入獄，經營救出獄赴上海。一九四九年曾參加第一屆全國政治協商會議。中華人民共和國成立後，任上海《文匯報》副總編輯兼該報駐北京辦事處主任，並被選為中國民主同盟候補中央委員、全國政協委員。一九五九年任全國政

【註釋十一】在五四運動中，羅隆基取代了清華最初的學生領袖陳長桐，領導清華學生參加了五四運動。而校方對學生的愛國行為早已不滿。一次學生開會，校長張煜全下令關閉電燈，不想此舉激怒了學生，學生點燃蠟燭繼續開會。恰巧這時有學生發現會場外有幾個打著燈籠的鄉下人，盤問後方知是校方請來準備彈壓學生的。由此引起清華學生驅趕校長風潮。張煜全、金邦正接連被學生列隊趕出校門。外交部派來第三任校長羅忠詒，尚未到任，就傳出消息說此人吸食鴉片，輿論譁然。短短幾年，清華三易校長，實不多見。在三趕校長的風潮中，聞一多寫宣言、貼標語，做的是文書工作，而羅隆基則充分發揮了他的領袖才能，演講、開會，鋒頭極健。羅隆基、聞一多等辛酉級學生，應該在一九二一年夏季畢業，而羅隆基和聞一多受開除學籍的處分，一年後才赴美。由於參加運動而受到校方的刁難。故羅隆基後來在人前誇耀自己是「九載清華，三趕校長」。

【註釋十二】劉清揚（一八九四──一九七七年）天津人。回族。女。五四運動時期，參與發起天津女界愛國同志會，擔任天津各界聯合會常務理事，並參加了周恩來、鄧穎超等發起組織的覺悟社。一九二一年在法國勤工儉學時加入中國共產黨。回國後，在廣州、上海、北平等地組織愛國婦女團體。一九二七年大革命失敗後脫黨。一九三一年積極從事抗日救亡活動。一九四四年在重慶加入中國民主同盟，被選為中央執行委員會委員兼婦女委員會主任。中華人民共和國成立後，歷任全國政協委員會常務委員、中國民主同盟常務委員、全國婦聯副主席、中國紅十字總會副會長。一九六一年重新加入中國共產黨。一九六八──一九七五年被監禁。一九七七年病逝。這裏說的「遠學劉清揚」是特指她的婚姻取得勝利之際，一九四八年十月二十三日張申府在《觀察》發表〈呼籲和平〉一文。十一月十五日民盟總部宣佈取消其盟籍。十二月二十六日劉清揚在《人民日報》刊登了離婚啟事。

【註釋十三】後證實此事並不屬實。

附件一

《民盟中央一級五十九名右派份子材料及處分決定》（一九五八年一月）第四頁

羅隆基，六十一歲，江西人，民盟盟員。所任主要職務：全國人民代表，森林工業部部長，全國政協常委，民盟副主席，外交學會副會長。級別：四級。

一、主要反動言行：

資產階級右派的首腦人物，章羅聯盟首要份子，羅隆基小集團的頭子，向共產黨向人民向社會主義發動了猖狂進攻。

反對黨對知識份子的領導，煽惑和籠絡舊知識份子抗拒思想改造，向黨「講價錢」，陰謀奪取黨對知識份子的領導權。在民盟全國工作會議上叫囂「今天的主要矛盾，是馬列主義的小知識份子領導小資產階級的大知識份子」。他說：知識份子和黨的矛盾是思想改造運動搞出來的。」提出黨應以「國士」對待知識份子，要「禮賢下士」、「三顧茅廬」。又說：「今天批評、鬥爭、改造、團結方式同『士』所期待的『禮賢下士』是有矛盾的。」

反對無產階級專政，破壞肅反運動。利用職權，蓄意搜集對肅反不滿的材料，公然煽動在運動中對黨和政府不滿的份子向黨進攻。公開提出成立「平反委員會」，「不但檢查三反、五反、肅反運動的偏差，還將公開聲明鼓勵大家有什麼委屈都來申訴」。羅的主張獲得一些反動份子的擁護，寫信稱羅是「萬家生佛」，並辱罵共產黨和人民政府。羅竟親筆批示要一一回答和指使這些反動份子「由各方面造成輿論，向中央統戰部和政協全國委員提出建議」。

反對黨在國家事務中的領導地位，反對國家的政治體制，誣衊國務院各部有職無權。反對將國家的重大政策問題先在共產黨內討論然後提出協商的做法。又說：「政府各部上有國務院的八個辦公室，有計畫委員會和經濟委員會，另外還有黨中央的各部，你這個部沒有法子有權。」

同章伯鈞等各右派份子夥同一氣，篡奪民盟領導實權，利用民盟合法組織，進行一系列的陰謀活動，使右派路線在民盟中央和一部份地方組織中佔統治地位。在政治上、組織上造成嚴重的惡果。在民盟全國工作會議上，反對

以幫助知識份子進行思想改造做為當前工作中心，主張以「鳴」、「放」做為中心工作，在會內會外，煽風點火，發號施令，佈置和發動在全國範圍內向黨向人民的猖狂進攻。同章伯鈞合謀在民盟成立四個工作組，制定反動的科學綱領和對於高等學校領導體制的建議。反對共產黨吸收知識份子，同右派份子密謀「盟要壟斷知識份子，擴大盟的隊伍」，「才能和共產黨平起平坐」。「講價錢」、「比力量」。

夥同徐鑄成、浦熙修等右派份子竄改《文匯報》的政治方向，把《文匯報》變成向黨猖狂進攻的宣傳工具。指示徐鑄成「不要相信報社黨委，有事到北京商量」，要《文匯報》「獨樹一幟」，「和《人民日報》唱對台戲」。宣傳帝國主義侵略陣營的強大，散佈國內外局勢緊張的空氣。宣稱：「國際形勢未必緩和」，「解放台灣沒有希望」，「美國一進攻，又要逃到內地，再受抗戰八年的苦頭」。到處宣揚反對蘇軍援助匈牙利人民。稱頌艾森豪在埃及問題上的做法「很漂亮，既得人心，又獲取了利潤」。認為「國內一團糟」，「中國可能發生匈牙利事件」。鼓動右派份子說：「越是在國家困難的時候，我們越要起來擔當責任。」

解放以來在民盟內部結成包括有張東蓀、周鯨文在內的秘密集團，進行反共反人民的陰謀活動，有組織有計畫地策劃部署，奪取據點、擴充實力、打擊排斥共產黨員和左派。經過揭露以後，仍然採取隱蔽方式，繼續活動。

二、鬥爭中的態度：

一直狡辯抵賴，經過多次批判，最近開始表示低頭認罪。

三、處理意見：

撤銷：全國人民代表、森林工業部部長、全國政協常委、民盟中央副主席、外交學會副會長。

保留全國政協委員。

降職、降級、降薪（降為九級）

民盟保留中委。

附件二

羅隆基著譯篇目

〔1〕〈美國未行考試制度以前之吏治〉《新月》一卷八—十月期（一九二八年十一—十二月）

〔2〕〈美國的吏治與吏治院〉《新月》二卷一期（一九二九年三月）

〔3〕〈專家政治〉《新月》二卷二期（一九二九年四月）

〔4〕〈論人權〉《新月》二卷五期（一九二九年七月）

〔5〕〈告壓迫言論自由者〉《新月》二卷六、七期（一九二九年九月）

〔6〕〈我對黨務上的「盡情批評」〉《新月》二卷八期（一九二九年十月）

〔7〕〈我們要什麼樣的政治制度〉《新月》二卷十二期（一九三〇年二月）

〔8〕〈汪精衛論思想統一〉同上

〔9〕〈論共產主義——共產主義理論上的批評〉《新月》三卷一期（一九三〇年三月）

〔10〕〈我們要財產管理〉《新月》三卷二期（一九三〇年四月）

〔11〕〈汪精衛先生最近言論集〉（書評）同上

〔12〕〈行政學總論〉（書評）同上

〔13〕〈漱溟卅後文錄〉（書評）同上

〔14〕〈政治思想之變遷〉（書評）《新月》三卷二期（一九三〇年四月）

〔15〕〈我的被捕經過與反感〉《新月》三卷三期（一九三〇）

〔16〕〈服從的危險〉（拉斯基著，羅隆基譯）《新月》三卷五、六期（一九三〇）

越是崎嶇越坦平

方方問（以下簡稱「問」）：凡五十年代過來的人，都知道章伯鈞是中國頭號大右派，能否談談他的生平？

章詒和答（以下簡稱「答」）：現在的人，只知章伯鈞是大右派。他以此獲罪，又以此留名。歷史本身就隱含著無法估計的因素在內。

一八九五年陰曆十月初一，我的父親出生在安徽桐城的一個地主家庭。所謂地主，不過小康之家。六歲那年，他的父親不幸溺水而亡。從此，他與二弟章伯韜（三歲）、三弟章伯仁（五個月）由兩位叔叔撫養。

他先入私塾，一年後轉入鄉間育才小學。我父親自幼喜讀書作文。每日歸家放牛，以牛背上的吟誦爲一大樂事。小學畢業遂投考省內有名的桐城中學。因數學不及格，幾將落榜。後因文章著實寫得漂亮，被校長（桐城派文人）破格錄取。章家距學校九十華里，那時的寄宿生須自帶伙食。於是，我的父親每月利用假日，由家肩挑大米、菜油，跋涉返校。他得知叔父爲侄兒的求學上進，不斷變賣田地，經濟日漸拮据，便更加刻苦自勵。

一九一六年二十歲的父親赤腳草鞋來到武漢，考入武昌高等師範英語系。這時，新文化運動正

以磅礡之勢在全國興起。他酷愛西方哲學著述，深受啓蒙思想的影響，明確意識到中國人必須用民主科學態度去重新審視歷史，正視社會現實。從此，民主主義開始成爲他政治上追求的理想。他一面勤學功課，一面結交有志之士。其中有惲代英，這個與他同齡的江蘇武進人，在武昌成立了「利群書社」、「互助社」、「共存社」。我父親常去書社讀書學習，與惲代英相處甚洽。後又與蕭楚女相識，蕭乃湖北漢陽人，熟悉武漢社會情況，遂多與之探討有關改造社會的理論和實踐問題。父親在武昌高師曾發起組織讀書會，繼而又參與組織學生會。五四運動爆發，他作爲武昌高師學生會代表參加了武漢學生聯合會，積極組織武漢學生開展反帝反封的愛國運動。

一九二○年，剛畢業的父親即被聘爲宣城師範英語教員。不久，升任該校校長（宣城師範又名安徽省第四師範）。爲了把學校辦成傳播進步思想的園地，他先後聘請惲代英、蕭楚女、陳霞年（陳獨秀之侄）來校任教。惲代英任教導主任兼國文教員，月薪與校長相等，大洋百元，父親與他商討革新教育的方針、計畫，決定從充實教材、改進教學方法入手。不僅使學生學好書本知識，還要懂得人生意義、樹立革命理想。爲此他倆付出很多心血。利用課堂宣傳民主科學，帶領學生走出校門，去瞭解中國社會現狀。

一次，惲代英領著學生遠走黃山，沿途作社會調查，數日不歸，家長紛紛跟父親要人，認爲這是把孩子引入歧途。他再解釋也無濟於事，最後鬧得滿城風雨，還告到蕪湖和安徽省當局。半年後，惲代英被迫離職，我父親通過高語罕介紹他到蕪湖省立第五中學教書。爲實現改革教育的理想，繼惲代英之後，父親又邀請蕭楚女任教。蕭楚女的作風不減惲代英，又極善講演，把個課堂作

為傳播真理、批判封建思想的講壇。結果，一波未平一波又起。蕪湖與安徽省教育廳，又免去蕭楚女之職，父親也憤然掛冠而去。他任宣城師範校長僅一年，其敢作敢為，改冒天下之大不韙的教育舉措，至今在安徽老一輩人心中仍傳為佳話。後來的宣城四師，一直是皖南新文化運動的中心。當然，現在「宣師」的學生已不明細這段歷史，據說該校園裏高懸著惲代英、蕭楚女的肖像，卻無人再提章伯鈞。

一九二二年，省長許世英以安徽省公費送我父親赴德留學。他在柏林大學哲學系攻讀黑格爾和馬克思列寧主義哲學。他與朱德同住一室，又經朱德介紹加入中國共產黨，並擔任黨小組副組長。

一九二五年鄧演達被迫前往歐洲遊歷，在這群留學生中與我的父親交往較密，常促膝長談，探索中國社會性質和中國革命的道路。對這兩個問題，兩人觀點極為接近，可謂志同道合。鄧演達的精闢思想，據我父親的闡釋和回憶，可以歸納如下：

資本主義在中國尚未形成，在經濟上受制於帝國主義。

中國資產階級並未掌權，國家政權實際上是軍閥、官僚、買辦的統治。

各中小城市雖被外國商品侵入而塗上一些資本主義色彩，但土豪劣紳依然壟斷了鄉村，廣大地區籠罩著封建主義制度。

中國現階段的社會結構，是處於「前資本主義時期」，是一個在帝國主義、封建勢力壓迫下不斷掙扎、日趨腐朽破碎的社會。而所謂前資本主義，則是指中國從東方式的封建社會走向近代資本

主義的轉變階段。

這種社會規定了現階段中國革命性質，是帶有民族性的平民革命，建立農工為重點的平民政權，實現節制資本（國家資本主義）和耕者有其田，以準備向更高的社會階段過渡。

鄧演達的觀點，不僅為父親所接受，而且運用於後來的革命實踐。在福建事變中他就是以這種理論為指導的。後來他在抗日戰爭、解放戰爭時期的言論，也一貫以這些理論來表明自己的主張。鄧演達被殺害，父親繼承著鄧演達這面旗幟，一直到新中國成立。第三黨幾次易名，但都是以鄧演達手擬的綱領作為黨章的基石。

父親對別人曾說：「要像寡婦守節一樣，守住鄧先生的精神。」我想，父親用他的一生完成了自己的承諾，並付出了失敗、流放、通緝、被黜，以及淒孤而死的代價。

我父親在柏林大學的四年，系統地研習了馬克思主義原著和充滿辯證精神的黑格爾哲學。因而，他有著建立在豐厚社會科學知識基礎上的理論堅定性和崇尚真理的革命意志。這一切，為其後來無條件獻身社會、追求進步奠定了政治思想基礎。他在北伐失敗後，參加發動南昌起義；在南昌起義失敗後，參加發動福建事變；在福建事變失敗後，流亡日本；在日本一邊重新學習、反思自省，一邊又重振組織；日寇發動侵略的槍聲一響，他立即潛回香港，率先回應中共《八一宣言》；在蔣介石宣佈解散民盟的時刻，他流亡香港，與沈鈞儒一道宣佈恢復民盟……。這一系列不屈不撓的表現，都與他在德國的初衷相一致。在家庭生活中，父親從來不怎麼檢查我的成績單，但極其重

視「如何做人」的教育。他常說：「要做一個真正的人，最起碼的條件和最終的要求就是表裏如一，始終如一。無論生憂患之中，還是處落魄之境，無論自幼至長，還是自長至老，在這個問題上應無一刻的鬆動。」

我父親的奮發求學與精神氣質，對他的兩個弟弟起著表率與帶動的作用繼他去德國之後，二弟伯韜赴法國留學，為中國留法勤工儉學語文部主任，且參加了中國共產黨；三弟伯仁到日本留學，後去蘇聯，也成為共產黨員，繼陳紹禹（王明）之後，任蘇聯遠東區伯力學校校長。一家三兄弟相繼出國深造，被家鄉親友同學稱為「一門三國」、「一門三龍」。而且，這「三國」、「三龍」還都是共產黨。但兄弟三人均未能善終，我父親成了反黨右派；我二叔操勞早逝；我三叔在史達林清洗中被槍決。

問：章先生最初是共產黨，為什麼又離開了共產黨？

答：這個問題我現在只能回答一部分原因。大革命失敗後，我的父親對當時共產黨內連續出現的「左傾」路線極為不滿。對第三國際亦大有看法。他作為接受西方教育的知識份子也深感自己不能適應。

所以在與中共失去聯繫之後，再也沒有主動恢復。他願意追隨鄧演達創建第三黨。鄧殉難後，他矢志奮鬥到底。在漫長的鬥爭中，他歷盡險阻，貧病交加。蔣介石用高官利誘，用權勢威迫，他都不為所動，成為中國現代史上的一個民主戰士。

問：**據我們所知，章伯鈞先生不僅是中國農工民主黨的領袖人物，而且還是中國民主同盟的創始人和實際負責人。**

答：是的，但現在實際上已經把章伯鈞遺忘了。記得一九八一年民盟中央召開了一次紀念建盟四十周年的座談會。母親就是興沖沖而去，悲戚戚而歸。

誰都知道，民盟是在抗日戰爭的緊要關頭建立的，它承擔著國共兩黨之外「第三者」角色和重要的調停作用，以推動兩黨團結抗敵。它是由三黨三派組合起來（即中華民族解放行動委員會、青年黨、國家社會黨、中華職業社、鄉村建設派和無黨派人士）。本著「一則團結各黨各派，抗拒蔣介石的打擊；一則同共產黨合作」的目的，父親懷著巨大的熱忱，拿出全部的精力投入了民盟的醞釀、籌建及日常工作，在周恩來的支援幫助下，奔走各方，溝通意見，尤其是爭取青年黨的加盟，我父親不知與李璜、左舜生打了多少交道。

一九四一年三月廿九日民盟秘密成立。父親是五人常務委員會之一員，兼任組織部長。

一九五八年一月廿六日，民盟中央宣佈撤銷章伯鈞民盟中央第一副主席兼組織部長的職務。我是章氏後代中唯一的一盟員。但只要提到民盟，我內心總是隱隱作痛。因為為了這個組織，我父親幾乎送命，他的家庭幾乎破裂，我和姐姐整天被擱在鄉下的紅薯地裏，形同孤兒。它存留在我心中。

問：現在出版的關於反右運動的書不少，您都看了嗎？

答：現在出版的關於反右運動的書，我翻翻而已，如葉永烈的，如化名為姚杉爾的《中國百名大右派》，它們算是文學作品吧。從前的血淚，可以成為現在的資本；寫別人的血淚，可以轉換為自己的資本；不懂得民主黨派，不熟諳共產黨與民主黨派的關係，是弄不透反右運動的。別以為把那些舊報紙上的東西用粗針大線穿起來，就自詡為「本書是一部系統研究一九五七年右派的問題的開山之作」，是對「那個悲劇時代的悲劇人物進行了真實的記述，披露了大量鮮為人知的史實」。我同意這樣的觀點：文學也在分化，就整體而言，幾年來，中國當代文學基本上無所作為。文學不再是藝術，而是商業活動的特殊形式。他們不是創作作品，而是製造作品，用發表過的文章或資料加以組合，再「返銷」給出版社。其中，紀實文學、內幕故事和名流生平、隱聞是其著重關注的領域。

問：那麼，您能談談反右中章先生的情況嗎？

答：對這個問題，我只能簡而言之。

新中國成立，我父親在政府部門和其他部門擔任許多職務。諸如中央人民政府委員、政務院委員、交通部部長、全國人大代表、全國政協副主席、農工中央主席、民盟中央副主席、《光明日報》社社長等等。每年都要出國，參加世界和平代表大會。他春風得意，心情舒暢。他認為自己是靠攏共產黨的，共產黨也是善待他的；與此同時，作為一個追求民主科學的職業政治家，對當時在權力

行使、方針決策、政策貫徹以及意識形態、外交業務方面存在的問題，他都有所察覺，也有所議論。

一九五七年四月三十日，他聆聽了毛澤東同志在最高國務會議上的講話，非常興奮。認為「人民內部矛盾」概念的提出，「今後主要是解決生產力與生產關係問題」的總體方針和「百花齊放，百家爭鳴」「長期共存，相互監督」的方針確立，是毛澤東對自身理論的突破。而這種突破將有益於他的社會實踐。父親說：第一代領袖是決心要把國家前途掌握在自己手裏的領袖；第二代領袖是要能滿足人民生活渴望的領袖，而生活又是不那麼容易滿足的。毛澤東提出了人民內部矛盾和解決途徑，他很可能要去完成兩代領袖的任務。當中共提出以反對官僚主義、反宗派主義、反主觀主義者內容的整風運動，我父親是相信的，相信毛澤東當初的確想整風，也要整風。但為什麼忽然從整風轉變為反右，又是在什麼時候確立了這種轉變，父親卻一概不知（現在有人考證是羅隆基的一句話觸怒了毛澤東同志，我不完全相信此說）。

既然確立了反右，也就同時確立了反右目標。於是中央統戰部出面召開座談會，讓目標「入圍」。於是中央統戰部長李維漢親自電話催促父親，一定要出席座談會，給中共提批評意見。父親再三推託，聲明自己的觀點意見平時都講過了。「平時講的不算數，一定要在會上講。」——看來，非去不可了。一九五七年五月廿一日下午，腹瀉不止的父親坐在「吉姆」車內，心裏還不知一會兒該說些啥？想來想去，想出個「設計院」，還有些即興內容⋯

今天，我談個人意見。近二十天來，全國各地都在談論人民內部矛盾，幫助共產黨整風，提出了很多意見，看來是正常的。共產黨的領導，共產黨的政策，共產黨的批評和自我批評精神，民主精神，已經取得了極大效果。

鳴，放，並不影響共產黨的領導，而是愈益提高了共產黨的威信。

現在工業方面有許多設計院，可是，政治上的許多設施，就沒有一個設計院。我看政協、人大、民主黨派、人民團體應該是政治上的四個設計院。應該多發揮這些設計院的作用。一些政治上的基本建設，要事先交給他們討論，三個臭皮匠，合成一個諸葛亮。

現在大學裏對黨委制很不滿，應該展開廣泛的討論，制度是可以補充的，因為大家都是走社會主義的路。這樣搞，民主生活的內容，就會豐富起來。

政協、人大不要待到期滿，今年就可以進行明年要做的大事的討論。不能全靠視察制度，對國家準備做的事情要經常討論，

近一兩年來，政府對老年知識份子問題，有所安排，收到了極大效果。但是還有些名望較小的知識份子，思想已經起了很大變化，生活也有困難，政府應當有適當的政策，逐步地解決他們的問題，

國務院開會，常拿出成品，這種形式主義的會議可以少開。

鎮反、三反、肅反中的遺留問題，黨和政府應該下決心，檢查一下，檢查要有準備，要好好做。

今後有關國家的政策、方針性問題，多聽聽多方面意見。如果黨內一決定，就那麼幹下去，是不能達到預期的目標的。如文字改革，我認爲既不是國防機密，又不是階級鬥爭問題，是一個人民內部矛盾問題，卻只由少數熱心分子作了討論。如果文字改革問題，等於社會主義、共產主義，我沒意見；我不反對；如果是文化問題，就應該在黨內外展開討論，應該多從學術、政治、道理上進行討論。

以上這篇刊於一九五七年五月廿二日《人民日報》的發言，最終成了我父親劃右的罪狀和定性材料。罪狀的第一條是主張政治設計院；罪狀的最後一條是反對文字改革。另加了一條是主張「輪流坐莊」。

一九八〇年中共中央決定給百分之九十九的右派平反，決定保留五個右派分子，以證明反右是正確的、必要的，領導者的錯誤在於「擴大化」。在此決定下達的前一天，中央統戰部把我母親（由我陪同）找去談話。談話大意是：

「既然中央給右定性爲擴大化，那麼就需要保留一些右派，要保留右派，就需要保留右派中的頭面人物；要保留右派的頭面人物，自然就需要保留章伯鈞先生。」

又說：「當年給章先生劃右的材料都不確實，從政治設計院到反對文字改革，都不能成立。而『輪流坐莊』則是程潛批判右派時說的，也被按到章伯鈞先生頭上。現在我們重新整理了材料，右派定性用的是孫大光的揭發材料。」說罷，問我母親有何感想。母親說：「對此決定，我只能服

從，而不能贊成。」有關領導說：「服從就好。以後我們對您及章家會有所照顧的。」

從府佑街出來，母親默然不語，兩手冰涼。她臨終前還一再對我說，自己心底還有一椿事。我知道母親的心事。其實，父親的事在一九五七年夏季就完全、徹底地結束了。我希望右派這兩個字永遠保留下去。它永遠屬於章伯鈞，屬於我最親愛的爸爸。

問：反右之後，章先生的心情如何？

答：這個題目是一個中篇題材。

劃右以後，他從一個忙碌的政治家變爲孤獨的思想者。從此，靈魂在自己軀殼裏無法安放。以至那副軀殼對於靈魂似乎都是「異己」的。蹐天蹐地，拘手孿腳。肉體的不自由，伴以心靈的不自由。人作爲「人」，被有形、無形的外在力量所剝奪。只把一小部分（而且是一部分的內心生活）留給了自己。除了被批判和被拋棄之外，父親一無所有。他看到的是頭頂上的一塊天空，面對的是一個妻子兩個女兒。也是到了這個時候，現實才終於提供了必要的距離，使得原本就極具哲學思辨力的父親得以看清歷史過程的「大躍進」、「三面紅旗」、「文革」，成爲一個孤獨的思想者。

我這裏僅舉幾個例子來說明：

當大家都在大躍進，歡呼「一天等於二十年，跑步進入共產主義」的時候，父親對我說：「對一個貧窮國家來說，經濟就是政治。現在我們的社會主義是畸形，我想連毛澤東本人也不知社會主義是什麼樣子。政治上是巨人，經濟上則是侏儒，加上我們總愛學蘇聯，把軍備開支列在第一。現

在一時看不出來。就像剛出娘胎的畸形，過幾年，我們作為社會的每個細胞，就會承受這種畸形的痛苦。對共產黨的最大威脅是什麼？不是抗美援朝，不是第三次世界大戰，而是一旦國門大開，老百姓發現外面的生活比自己好的時候，對一個執政黨的真正威脅便來臨了。」

當在反右之後，又搞反右傾，拔白旗運動，父親偷偷對我說：「近代中國之敗，敗在熱衷權力的人太多，始終忠於理想的人太少。發動批判的人如不能自我批判，他一定是把批判當作獲取權力的另一種形式。」

當「文革」一來臨，數億人都處在癲狂狀態的時候，爸爸告訴我：「中國現代史上最黑暗的時期開始了。對一個追求民主與科學的人來說，生是地獄，死是天堂。馬克思萬萬想不到他的哲學被糟蹋成這樣。報上宣傳的思想，與其說是哲學，不如說是宗教。只有一個主義歡迎它，那就是法西斯。」他對「統一思想，統一指揮」的五統一提法，覺得非常可笑，並建議我將來能讀讀一九四五年他在《中華論壇》寫的發刊詞。他去世後，我讀到了，父親是這樣寫的：「思想與政見是人人不必盡同的，亦事實上所不能盡同的。如強人以相同，或脅之以相同，只是徒勞而已。不同之中，何以相安？何以共處？則唯有遵守民主精神，確立民主的作風，尊重異己，接受批評，取人之長，補己之短，這是擇善而從，不必攻乎異端，如能如此，斯能安矣，斯能處矣。」

除了可以思想，父親還有深深的痛苦。他說這輩子面對共產黨，他問心無愧。但面對數十萬右派，數百萬知識份子，他的理智備受煎熬，他的情感處在永無休歇的歉疚之中。

反右運動中，與羅隆基、章乃器相比，父親認錯、認罪是最早的，而且是按著指定的調子去檢

查。為此，他反覆思忖，最終很快下了決心，他對媽媽和我說：「難道讓上面認錯嗎？我不認錯，這個運動能收場嗎？再不收場，擴大蔓延下去，到了鄉鎮小城就是抓人、坐牢、殺頭，老羅和乃器哪有我清楚。」

一直到死，父親不斷地和我談論中國知識份子的命運。每次談及都無比激動，無比痛心。父親認為，中國多的是知識者小人物。這種小人物也正是所謂小知識份子。貧窮的中國既然不可能支撐一個龐大的貴族知識階層，中國知識份子當中的大多數就注定了要與使用雙手的勞動者一樣，忍受屈辱和飢寒。安於卑屈的地位，以誠實勤奮的精神勞動來維持一個緊窄狹小家庭的生存。在生命價值與知識價值日趨低廉的國度，自然很少有發揮才力的場合，秀木卻又極易被外力摧折。不是中國人，不是知識份子就很難估量中國知識份子在現代史上承受過的壓力及份量。

問：關於您的母親，我們只知道她生前是全國政協常委，農工黨中央容監委員會副主席。您能不能較為詳細地談談她，以及她與章先生的婚姻？

答：我母親原名李淑嫻，其父在當地最早興辦洋學堂、女子學堂，開教育之先河。她自幼接受良好的正規教育。初中讀的是河北宣化中學，高中考入享有盛名的北京女師大附中，入學不久，即被推選為學生會《學生月刊》主編。一九二七年，傳來北伐戰爭勝利的號角，熱血沸騰的她，懷揣六枚銅板，跟羅瘦公之子羅中震毅然南下投奔革命。那時，一向關懷並支持她學業的大姐李哲民（北京女師大化學系助教兼附中化學教師）正在武漢兵工廠任技術員，並與擔任革命軍總政治部宣

傳科科長的章伯鈞結爲伴侶——

問：**對不起，我插上一句，是不是章先生有過兩次婚姻？**

答：不，準確地說，我的父親有過三次婚姻。

第一次是一九二二年在安徽桐城，由他的寡母包辦，娶當地農家女林氏，生子章師明。翌年，父親留學海外，獲哲學博士學位。一九二六年與好友孫炳文同船歸國，在廣州應中山大學文學院長郭沫若之聘，任該院哲學教授。月薪二八〇大洋。交黨費二〇〇元，八十元自由。須加以說明的是，我的父親是在德國經同窗朱德介紹加入中國共產黨的。當年在中大管理黨費的是徐彬如（前中國革命歷史博物館館長）。徐老晚年每每對我提及這段生活，總得意地說：「這二〇〇大洋可管用啦！那時的共產黨窮啊！」

一九二七年父親與郭沫若一道參加北伐戰爭，他倆從此搭檔工作三十載，一九五七年夏分道揚鑣。父親回憶第一次國內革命時期生活，常面帶笑容。他說：「那時人年輕，工作嚴肅緊張，生活簡單，情感上其實還是浪漫的。像郭沫若追求於立群，黃琪翔傾心範志超。在武漢政府工作，只要聽說有女士來投奔革命，一班光棍幹部都禁不住跑出來看，我就是這樣看中你母親的姐姐的。」一九三二年李哲民患肺結核，病逝於北平。斷氣前，她把自己的妹妹託付給丈夫。或許這是他一生中唯一的戀愛。它的時間雖短，但給父親留下了很長的回憶。——這是章伯鈞的第二次婚姻。我已經長大，爸爸還曾舉著一張他與李哲民上了水彩的結婚照片對我說：「好好看看，是你媽媽漂亮，還

是大姐（指李哲民）漂亮？」

一九三三年，父親正式寫信給母親，要求與之續弦。正在北京大學醫學院讀五年級的她，思前想後，既痛死者，又憐生者，遂於這年的暑假在上海與章伯鈞共結連理。有人說，女人是男人溫暖的港灣。我的父親在游離了兩個渡口之後，最終停泊靠港了。我的母親也是在一種異常複雜的心態下，允諾了這椿姻緣，可以說，是一種理性的選擇。從此，他們雙雙攜手，步向生活，共同面對不可測知的時代風雲。同時，也開始了她一生一世的牽累。

問：章伯鈞先生是您母親一生的轉捩點，否則，她可能成為一個很好的醫生。對嗎？

答：對，但又不完全。因為扭轉她人生生軌道的，還有鄧演達。

鄧演達與家父過從甚密。鄧演達從德國歸來，他們便一道在上海籌建中國國民黨臨時行動委員會（今日中國農工民主黨之前身），人稱第三黨。這個黨的構成，一部分是國民黨左派，如鄧演達、黃琪翔；一部分是從中共脫離出來的知識份子，如章伯鈞、張申府。

一九三二年鄧演達從東北返回北平，逗留了一周左右。他聽說李哲民的妹妹在此讀書。鄧一向對哲民有很好的印象，據同志們介紹其妹也表現不錯，於是決定抽空親自去北大醫學院宿舍看看。

當鄧演達出現在我母親面前的時候，她無論如何也不敢相信這個操著廣東口音的中年男人，就是參加辛亥革命，討伐陳炯明叛軍，組織領導北伐戰爭，一身兼四任，國共兩黨軍事精英皆出其門下的鄧演達，鄧見母親的宿舍堆滿醫學書籍，便問她是否想做個名醫。母親遂將自己願以知識、智

慧報效國民，服務社會的志向告訴鄧先生。鄧演達肯定了我母親的求知心，接著又向她講述了個人的觀點：治病固然好，但對於國民、社會來說，最爲重要和緊迫的是革命。中國革命道路漫長、曲折，需要許許多多有知識、有理想的青年去肩負革命，作持久的奔跑。職業是醫生，天職是革命。鄧演達的講話態度謙和、手勢生動，渾厚的聲音非常富於吸引力。最後，鄧演達看了看腕上手錶，即起身離去。他的來去似一隻鴻雁，了無痕跡，而他的話，卻像刀鏤斧鑿，永銘於母心。

問：您在剛才的談話裏，爲什麼要特別提到鄧演達看錶的細節？

答：您是一位精細的記者。

一九三一年八月十七日鄧演達在上海愚園路被捕。戴季陶乘機向蔣介石進言：中國當今政壇最可怕的敵人，不是汪、日，唯有鄧演達一人。這時，蔣介石收到歷屆黃埔畢業生請求釋放鄧的聯名信。此舉使靠黃埔起家的老蔣大爲震驚，他決心殺鄧。十一月廿九日蔣親自派其衛隊，將鄧殺害於南京城東。噩耗傳來，舉國駭然。特別是當我母親聽說一位看守託人輾轉送出鄧的遺物是一副對聯（上書：人生自當忙不息，天地原來未瞬留。）另有帶有汗漬與血痕的手錶。她泣不成聲，不由得想起鄧先生以革命爲天職的叮囑，想起鄧將軍臨別時朝手錶投去的匆匆一瞥。在悲痛欲絕的哭號中，她感到自己未來的人生旅途將永遠和鄧演達創建的第三黨的命運聯繫在一起。她要將畢生的精力與心智無條件奉獻給革命。在那幾天，我的母親與同學連夜印發「宋慶齡宣言」，趕寫反蔣標語。一月之內，標語傳單遍佈全城。她甚至與一些女學生黑夜摸到獅子胡同的北平衛戍司令部去張

貼。

在我父母的婚後，父親雙手贈她一個用白絹包裹的物件。打開一看，是鄧演達的那只金錶。此後，我母親奔波流離數十載，始終帶著這件遺物。它浸透著那個時代的風雨煙塵。一九六六年，紅衛兵連抄我家無數遍，這只手錶被抄沒。最珍貴的東西，以最粗暴的方式毀滅──中國的人與物之命運，常如是。

一九七八年我無罪釋放，媽媽要做的一件事就是帶我去南京祭掃鄧墓。秋陽下，我母女二人含淚佇立在鄧演達墓前，墓邊綠草如茵，橫七豎八地躺著一群青年，且又吃又喝。當我們默然離去時，只聽得背後傳來議論：「這鄧演達是誰？」「大概是鄧穎超的哥哥吧？」

問：想必你母親李健生先生在「反右」及「文革」中，都受到很大衝擊吧？

答：是的。「反右」紅火的時候，上級派人來動員她與我父親離婚，讓她遠看劉清揚、近學浦熙修（這二人都是在丈夫張申府、羅隆基倒楣之際，宣佈「劃清界線」的）。我母親聽了搖搖頭說：「我封建思想嚴重，在這個時候要老婆離婚，絕對辦不到。」翌日，這段話就上了首都各大報刊。自然，我的媽媽也戴上右派帽子。

談到「文革」，我的心情極其沉重。以後，我會專門撰文追述這段錐心裂肺的歲月。總之，一切慘烈無情都指向了兩個孤立無援的老人。那時的民主黨派以及政協均被紅衛兵、造反派一律當成牛鬼蛇神。而我的父母便是牛中牛，鬼下鬼。別瞧民主黨派從未執政，可整起人來一點也不遜色。

問：能否再介紹一下包括您本人在內的章氏後代的情況？

答：我父親有一個兒子，兩個女兒。

兒子叫章師明，即我的大哥。他一九二〇年生於我父親的老家安徽桐城，畢業於上海同濟大學。現任中國農工民主黨中央副主席，全國人大常委。

我的姐姐章詒學，一九三九年生於香港，畢業於北京大學物理系。現為北京第二光學儀器廠研究所所長，教授級高工。北京市政協常委，全國婦聯執委。

我叫章詒和，一九四二年生於重慶，畢業於中國戲曲學院戲文系。現在是中國藝術研究院研究員，中國民主同盟盟員。

問：如此看來，章氏後代皆為民主黨派成員，而且在事業上都有所成就。

答：成就二字不敢講。但我們幾個平素為人及工作成績，至少在民主黨派的圈子裏大家是清楚的。從職業上看，我的兄長有那麼點子承父業的意思。姐姐與我，一理一文。這與一九五七年後父親對職業的看法有關。家父歷盡政治風波，飽受精神折磨。一九五七年六月八日前，稱他為民主人士，高官厚祿；六月八日後，說他是馬路政客，人格全無。作為一個職業政治家，此時似乎才明白政治為何物。六十年代初，我就擇業問題請教他，父親說：「年輕時留學柏林，德國人告訴我，他們最尊崇的職業是醫生和律師，因為人命關天，故學這兩個專業的學制也最長。不想，當年我問異

國人的問題，如今你拿來問我。這裏，我只講一句話，你選擇什麼職業都可以，但我唯一尊敬的是科學家或藝術家。因為他們比較乾淨。」

自一九五七年始，我們三人在不同的地方均受著政治壓力與社會歧視，人生道路坎坷不平。譬如我，「文革」中以現行反革命罪判刑二十年，坐牢十載。父親歿於被捕之初，女兒生於囹圄之內，丈夫亡於平反之前。生活攪拌著血淚，血淚熔煉了靈魂。

我對這樣的人生並無怨悔，反覺自己有幸出自於這樣的家庭，非常珍惜它。儘管父親的骨灰擺進了八寶山，其實在他背上還背著黑鍋。越是如此，子女就越應自強。我們兄妹性格迥異，待人接物亦有所不同，但都自覺遵守一條「法則」，那就是自己的行為不能給父母抹黑。現在，我們三人均已年過半百，更感到有必要為父輩、為社會做點事情。

問：聽您的談話，是否還要為章伯鈞先生做點什麼？

答：是的，只要主觀條件具備，客觀環境允許。

往事並不如煙

PEOPLE ③①⑤

作　者──章詒和
主　編──吳家恆
編　輯──李濰美
美　編──張瑜卿
企　畫──張震洲
校　對──陳錦生‧趙曼如‧李昧
董　事
發行人──孫思照
總經理──莫昭平
總編輯──林馨琴
出版者──時報文化出版企業股份有限公司
　　　　10803台北市和平西路三段二四〇號四樓
　　　　發行專線──(〇二)二三〇六─六八四二
　　　　讀者服務專線──〇八〇〇─二三一─七〇五‧(〇二)二三〇四─七一〇三
　　　　讀者服務傳真──(〇二)二三〇四─六八五八
　　　　郵撥──一九三四四七二四時報文化出版公司
　　　　信箱──台北郵政七九～九九信箱
時報悅讀網──http://www.readingtimes.com.tw
電子郵件信箱──history@readingtimes.com.tw
印　刷──凌晨印刷股份有限公司
初版一刷──二〇〇四年十一月一日
初版十九刷──二〇〇七年三月十二日
定　價──新台幣三五〇元

國家圖書館出版品預行編目資料

往事並不如煙／章詒和作　--初版.--臺北
　市：時報文化，2004〔民93〕
　　面；　公分. --（PEOPLE；315）

　ISBN 957-13-4210-6（平裝）

　1.中國-傳記

782.18　　　　　　　　　　　93018226

ISBN 957-13-4210-6
Printed in Taiwan